AF524032

Deutsch sprechen lernen

Im Sprachbad, mit allen Sinnen und mit Phantasie

Ein Handbuch für die Praxis

Von

Helga Zitzlsperger

Schneider Verlag Hohengehren GmbH

Coverzeichnung und Fotos: Helga Zitzlsperger

Gedruckt auf umweltfreundlichem Papier (chlor- und säurefrei hergestellt).

Bibliografische Information der Deutschen Nationalbibliothek

Die Deutsche Nationalbibliothek verzeichnet diese Publikation in der Deutschen Nationalbibliografie; detaillierte bibliografische Daten sind im Internet über ›http://dnb.dnb.de‹ abrufbar.

ISBN 978-3-8340-2123-6

Schneider Verlag Hohengehren, 73666 Baltmannsweiler

Homepage: www.paedagogik.de

Inhaltsverzeichnis

1. Einführung und Überblick

Dieses Buch ist aus dem Bedürfnis entstanden, weitgehend unabhängig von technischen, vorab digitalen Angeboten einem körperfreundlichen Lernen das Wort zu reden. Dieser Lernakzent ist angesichts der Raffinessen im Raum der sozialen und digitalen Medien etwas ins Abseits geraten, dabei sind unser Gehirn, die Wahrnehmungen und Aktivitäten unserer Sinne, unsere Phantasie, bildliche Vorstellungskraft, unser damit verbundenes Erinnerungsvermögen und unsere Kommunikationsfähigkeit die eigentlichen, genialen Grundlagen unserer Lernfähigkeit. Wir drohen zu vergessen, dass unser Körper quasi die Hardware für alle Lernstoffe und alle technischen Lerneinsätze darstellt – ohne sie funktioniert kein nachhaltiges Lernen.

Titel und Untertitel des Buches weisen sowohl in die anvisierte Methode des Spracherwerbs für eine breite Zielgruppe als auch zu Abgrenzungen und sollen hier zuerst in Grundrissen vorgezeichnet werden. Grundlegende Details gehen auf Rückgriffe auf mein Werk *„Vom Gehirn zur Schrift. Lernen durch Bewegung – Hand- und Sprachspiele – Schriftspracherwerb – LRS-Prävention" (2008)* zurück, allerdings viel knapper, in einem veränderten Kontext und mit anderen Gewichtungen.

Es handelt sich um folgende wesentliche Bausteine, die das Grundgerüst der vorgestellten Methode des Sprechenlernens ausmachen und die deshalb alle Ausführungen als ein Wesentliches durchdringen werden:

Es geht um *Immersion* als organisatorischer Rahmen; moderne Medien als kritische Berührungspunkte; *Multisensorik und Bewegung* als körperliche Grundlage der Lernfähigkeit, um Anregung von *Phantasie* und zur *Imagination* als durchgängiges Motiv in den *Spiel- und Erzählstunden*, um *Symbolik und Bildsprache* als Schritt in höheres Verstehen auf abstrakt verdichtete Bilder und Zeichen; schließlich um *Märchen und andere Geschichten, Fingerspiele und Gedichte als Sprachmodelle,* die zugleich das Gespür für Grammatik mitvermitteln. Es geht also um einen eigenen didaktisch-methodischen Rahmen für den Spracherwerb und nicht um Ausführungen zur Sprachentwicklung des Kindes. Wer hier nach näheren Informationen sucht, sei beispielsweise auf die Werke von Szagun 2016 oder Siegmüller/Bartels 2017 hingewiesen.

1.1 Zielgruppe und Grundlagen

Die Ausführungen wollen einerseits allen Kindern beim Spracherwerb zugute kommen, zumal die Vorschläge für Schule und Elternhaus vergnügliche Erlebnisse darstellen. Sie wenden sich in organisiertem Rahmen aber ebenso an Kinder und Erwachsene mit Migrationshintergrund. Zu diesem Personenkreis zählen Einwanderer, Flüchtlinge, Asylanten. Schließlich wendet sich die vorgeschlagene Lernmethode in einem quasi immersiven Rahmen auch Kindern aus bildungsfernen Elternhäusern und sprachretardierten Kindern zu, wobei letztere allerdings bei Störungen spezielle therapeutische Unterstützung benötigen. Immer wird dabei zugleich der Weg in die Alphabetisierung erleichtert.

Im vorgeschlagenen Rahmen dominieren nicht Wortschatzübungen und Regeln der Grammatik und Satzkonstruktionen, sondern Reime, Rhythmen, gemeinsame Spiele und bunte Geschichten wie Märchen und Bilderbuchgeschichten und dies in Verbindung mit Finger- und Handspielen, Mimik, Gestik und schauspielerischen Interaktionen. Deshalb ist es allerdings vonnöten, sich Kenntnisse über die Funktionsweise der Sinne und des zentralen Nervensystems zu erwerben, den Stellenwert von Reimen, Rhythmen, Fingerspielen und anderen Spielen, von Bewegung, Mimik und Gestik für das Lernen zu erkennen und der Wirkung eigener Vorstellungskräfte und eigener Phantasien zu vertrauen.

Die Verfasserin verfügt über jahrzehntelange Erfahrungen bei der Vermittlung des Sprach- und Schriftspracherwerbs – sowohl in der Praxis in Sonder- und Grundschulen, im Schulkindergarten und im Förderunterricht als auch in der Lehre als Dozentin an einer Pädagogischen Hochschule und in Seminaren der Lehrerfortbildung. Zu ihren Verfahren zählen unter anderem ein lernstützendes Handzeichensystem, Körpersprache, Märchen und Phantasie anregende Geschichten (vgl. Zitzlsperger 1995, 2007 und 2008). Beeindruckend ist hierbei immer wieder das eingesetzte Handzeichensystem (motorische Stützen) für den Schriftspracherwerb, das körperfreundlich in Verbindung mit phantasieanregenden Geschichten auch lernschwachen Kindern neue Wege des Behaltens bietet, (vgl. Zitzlsperger: Ganzheitliches Lernen 1995), doch soll diese Methode hier nicht dargestellt werden – im Folgenden gelten etwas andere Akzente, die die Lernenden spielerisch in die deutsche Sprachwelt mit ihre Gestaltungsmöglichkeiten begleiten.

Die folgenden Ausführungen stellen keine Dokumentation eines Lehrgangs dar, sondern vermitteln positive Hilfestellungen zum Spracheerwerb, die auf konkreten Erfahrungen in den zit. Einrichtungen und ebenso in der Sekundarstufe 1 bei Projekten beruhen.

Das heißt: Das beim Spracherwerb angewendete Verfahren eines multisensorischen, ganzheitlichen Lernens motiviert Kinder und auch Erwachsene, da Lernfreude, Phantasie, die Resonanz des bewegten Körpers und ein Selbstvertrauen in eigene Fähigkeiten bewahrt oder neu geweckt werden. Diese – noch auszuführende – körperfreundliche Methode wirkt zudem LRS-präventiv, (vgl. Zitzlsperger 1995 und 2008), bezieht das soziale Umfeld mit ein und kann gleichermaßen innerhalb der Gruppe individualisierend eingesetzt werden.

Zuletzt verwendete die Verfasserin das Verfahren auch in einer Gruppe von syrischen und kurdischen Müttern mit ihren Kindern, (durchschnittlich 4–5 Mütter und 6–7 Kinder):

Insgesamt verstanden alle anfangs (fast) kein Deutsch, man musste quasi bei Null anfangen. Angesichts dieser Herausforderung sollen deshalb einige dieser von mir geplanten und durchgeführten Stundeneinheiten mit den Flüchtlingen in den

„Erzähl- und Spielstunden“ als konkrete Beispiele am Ende des Werkes noch zur Abrundung näher skizziert werden. Sie stehen im Imperfekt und betonen damit die bis jetzt gemachten Erfahrungen.

Im Prinzip sind alle vorzutragenden Elemente für eine Sprachvermittlung bekannt, doch geht es hier um ein Begründungsmuster für die besonderen Akzentsetzungen, die die Bausteine des Verfahrens bilden.

Zuerst werden im Folgenden theoretische Ausführungen geboten, die die Anwendung des Verfahrens unterstützen und plausibel machen sollen.

1.2 Immersion, das Sprachbad

Das Adjektiv ‘immersiv’ und das Nomen ‘Immersion’ bedeutet in etwa so viel wie ‘im Sprachbad’, in das man ‘eintaucht’: Jeder kennt das Sprachbad, denn jeder hat in diesem Milieu seine eigene Muttersprache erworben und kann auch den gleichen Prozess bei eigenen und anderen Kleinkindern bei der Entwicklung ihrer Sprechfähigkeit beobachten.

Das Kleinkind lernt die Muttersprache ‘immersiv’, wie in einem einhüllenden „Bad“ durch alltägliches Hören, Nachsprechen, Anwenden. Das ist kein bewusstes Lernen mit kognitiver Steuerung, und doch vollzieht sich beim Kind in einem angeborenen Drang nach Sprechen und Kommunikation die Sprechfähigkeit, indem es Worte, Äußerungen der Zuwendung, Fragen, Mitteilungen und auch zufällige Bemerkungen – beispielsweise unter Eltern, Geschwistern oder Fremden – hört, nachahmt und internalisiert. Dabei gestaltet sich ihre Sprache stetig durch ein wachsendes Repertoire an Worten, Satzmustern (Fragen, Rufen, Aussagen) und hierbei werden gleichzeitig die grammatischen Regeln übernommen, ohne dass sich das Kind der Grammatik als solcher bewusst ist. Es entwickelt beim Hören und Anwenden ein Sprachgefühl. Deshalb ist es wichtig, von Beginn an mit Kindern in normalen, vernünftigen Sätzen zu sprechen und nicht nur in Halbsätzen, nicht mit Infinitiven statt konjugierten Verben, nicht mit undeklinierten Adjektiven oder mit verdrehten Satzstellungen – in der Annahme, das käme dem kindlichen Geist einfacher entgegen. Beim Satzsprechen entwickelt sich – eben auf immersivem Weg – das Gespür für grammatische Formen, z. B.:

*Ich gebe ih**m** eine**n** Bleistift. Sie ernten mit **ihr** auf ein**em** Acker dick**e** Rüben. Das Kind macht groß**e** Augen und zieht ein klein**es** Stück Schokolade aus d**em** Schokoei ...*

Begleitet wird das Sprechen immer von Mimik, Gestik und Bewegungen, die teils als sprachliche Begleiterscheinungen angeboren sind (z. B. für bittende oder fragende Gesten, für zornige oder fröhliche Mimik, für abwehrende Bewegungen, für Zustimmung mit Nicken und Ablehnung mit Kopfschütteln u. ä.). Ebenso wird die Körpersprache der Umwelt aufgenommen und schließlich deuten und übernehmen Kinder auch die illustrierenden Hand- und Körperbewegungen der Bezugsperson, wenn diese z. B. eine Geschichte erzählt oder ein Bilderbuch erläutert.

Nicht zu vergessen sei der spezifische Akzent der Sprache, denn Deutsch, Französisch, Englisch, Spanisch usw. haben eigene Aussprachen und äußern sich auf unterschiedlichen Frequenzbereichen. Ergänzend seien Auszüge aus dem Internet zitiert (vgl. Immersion (Sprachwissenschaft und Erziehung) bzw. (https://de.wikipedia.org/wiki/Immersion_Sprachwissenschaft_und_Erziehung):

> *„Unter Immersion (lat. Immersio 'Eintauchen', daher auch deutsch ‚Sprachbad') versteht man in der Sprachwissenschaft und der Pädagogik eine Situation, in der Personen, vor allem Kinder, in ein fremdsprachiges Umfeld versetzt werden, indem sie – beiläufig oder gewünschtermaßen – die fremde Sprache erwerben. Anders als bei der Anwendung von Sprachlernmethoden folgt bei der Immersion der Erwerb der fremden Sprache ausschließlich den Prinzipien des Mutterspracherwerbs. (…) Immersion gilt als die weltweit erfolgreichste Sprachlernmethode."*

Nach einigen Ausführungen über andere Länder und Hinweisen auf den dortigen Grundschulunterricht heißt es dann auch : *„Der Vorteil des Immersionsunterrichtes ab der ersten Grundschulklasse besteht im Wesentlichen darin, dass die Schüler ohne ständige Erinnerung daran, dass sie sich eine Fremdsprache erarbeiten, diese quasi nebenbei erfassen."*

Mit der Zeit entwickelt sich ein 'Gerüst' von Grundbegriffen, mit deren Hilfe die Schüler ihre Arbeitsanweisungen immer besser verstehen.

„Immersion bewährt sich auch beim Spracherwerb für Geflüchtete. Je öfter sie in direktem oder idealerweise handelndem Kontakt sind und dabei ausschließlich in der Sprache des Gastlandes sprechen, desto schneller lernen sie die neue Sprache."

Auch Rollenspiele in Alltagssituationen sind methodisch-didaktisch geeignet, und sinnvoll ist es, möglichst wenig zu erklären oder zu übersetzen und lieber in der Gastlandsprache, hier Deutsch, das Gesagte, aber noch nicht Verstandene zu umschreiben und/oder szenisch-pantomimisch zu erläutern."

Die etwas veränderte Form bzw. Variante immersiven Lernens steht unter 'Abgrenzungen'.

1.3 Mit allen Sinnen – Körper, Kopf und Hände

1.3.1 Sinne und Wahrnehmungsintegrationen

'Multisensorisch' meint vielsinnig, sinnlich, sinnvoll, daher: mit allen Sinnen. Wer seine Sinne aktiv einsetzt, ist zugleich in Bewegung; ohne solche Bewegung gäbe es kein Denken und Gedächtnis, keine funktionierenden Sinne, keinen gesunden Körper und kein Lernen. Geist und Körper hängen mit ihren Funktionen eng zusammen und bedingen sich gegenseitig. Zugleich sind diese Prozesse immer mit Gefühlen besetzt. Nicht umsonst gilt die alte Erkenntnis auch im heutigen technischen Zeitalter weiterhin: Mens sana in corpore sano …

Unsere Sinne realisieren sich im Lernprozess durch Motivationen, die von außen (extrinsisch) oder von innen (intrinsisch) kommen.

Sehen und Hören, Tasten und Bewegen, Riechen und Schmecken spielen komplex zusammen, sowohl bei aktiv gesteuerten Wahrnehmungen als auch rezeptiv, eher nachspürend oder ganz beiläufig einwirkend. Dabei sind alle Sinnesanregungen zugleich unmittelbar emotional besetzt. Und bemerkenswert beim Sprechen: Wir bewegen nicht nur unsere Sprechwerkzeuge (Mundraum, Zunge, Kiefer, Stimmbänder, Atmung ...), sondern integrieren in diesen Prozess unbewusst die passende Mimik und Gestik oder die gesamte Körpersprache – wie gesagt: Der Körper hängt eng mit unserer geistigen Tätigkeit zusammen.

Unsere solcherart zusammenspielenden Sinne werden durch das zentrale Nervensystem (im Rückenmark und Gehirn, ZNS) wirksam. Bei gezielten Übungen (Training) kann man zwar *einzelne* Sinne aktivieren; im Zusammenspiel verschiedener Sinne aber, also bei Wahrnehmungsintegrationen, werden die Wahrnehmungen geschärft, präzisiert, wecken auch bildliche Vorstellungen, Gefühle, Assoziationen und stellen somit eine Grundlage für effektives Lernen dar. Zur Schulung tragen Geschicklichkeitsspiele, Reaktions- und Partnerspiele, Rate- und Suchspiele, Handwerkliches, Erzählen und dabei Schauspielern, gemeinschaftliches Malen und Schreiben, Kochen und Essen bei ... immer tragen diese Prozesse einem immersiven, multisensorischen, bildlich orientierten, Phantasie anregenden Lernen Rechnung – und das verspricht nachhaltiges Lernen (vgl. Zitzlsperger 1995 und 2008).

1.3.2 Unsere Hände

Ein besonderer Akzent wird im Gesamtrahmen des Körperlichen auf Finger- und Handspiele gesetzt. Durch Rollenzuweisungen an einzelne Finger kann man Geschichten erzählen, die rhythmisch und reimend parallel zu den deutenden Fingerbewegungen gesprochen werden und die Spaß machen, weil sie meist durch Nonsens glänzen. Durch sie werden das Empfinden für Sprechmuskulatur und Artikulation, die Atmung beim Sprechen, Konzentration und Hirntätigkeit gestärkt, ebenso das Gespür für Silben und Reime, für Bildvorstellungen zum Sinngehalt und die Ausdruckskraft der Stimme. Zwischen der Beweglichkeit der Finger und Hände, die durch die Bewegungen der Handgelenke und Arme ergänzt werden, vollzieht sich ein Prozess, der – empirisch erwiesen – sprechfördernde Zusammenhänge zwischen den Händen und der Sprechmotorik herstellen. Diese Kapazitäten werden durch weitere feinmotorische Tätigkeiten unterstützt.

Dem multisensorischen Lernen wird in der Theorie ein größeres Kapitel über das zentrale Nervensystem geboten, um damit das untrennbare Zusammenwirken der Sinne und des Körpers erfahrbar zu machen. Ebenso werden die Einflüsse der Hand- und Fingerbewegungen auf die Sprachentwicklung bewusst gemacht.

Dem Kapitel über das ZNS schließen sich praktische Spielvorschläge an; ebenso dem theoretischen Kapitel über die Hände als einem weiteren sogenannten 'Sprechorgan', hier in Form von geeigneten Finger- und Handspielen, mit Reimen, Gedichten usw., die bei Integration aller Sinne besonders wirksam die Sprech- und Sprachentwicklung fördern.

1.4 Moderne Medien; Nutzen und Grenzen

Obwohl ich in diesem Buch zu einem multisensorischen, ganzheitlichen Lernen anregen möchte, soll im folgende Kapitel mit einer Fokussierung auf digitales Lernen und dessen Notwendigkeit in heutigen Zeiten darauf hingewiesen werden, dass Leben und Lernen in eben diesem technischen Bereich doch seine Grenzen hat, und um diese Grenzen herum bewegt sich das vorliegende Werk, das damit nicht den Blick auf den digitalen Bereich verliert:

Der versierte Umgang mit digitalen Medien ist heutzutage ein 'Muss' ; wer diese Techniken nicht beherrscht, hat beruflich und im kommunikativen Bereich kaum noch Chancen. Zweifellos gehören sie heute auch zur Lebensrealität von Kindern und Jugendlichen, die bereits mühelos in solche Vermittlungsformen hineinwachsen, während sich die ältere Generation, besonders die 'Alten', in der Regel damit schwerer tut, obwohl sie sich durchaus ebenfalls an Formen digitaler Kommunikation gewöhnt haben. Kinder und Jugendliche sind regelmäßig online und denken und lernen bereits in entsprechenden Vernetzungen – sowohl im digitalen Netz als auch in und mit den entsprechenden Vernetzungen des eigenen Gehirns.

Allerdings: Den Vorteilen stehen durchaus Nachteile gegenüber, auf die man sich kritisch einlassen muss. Das bedeutet: Vor allem Kinder und Jugendliche müssen Medienkompetenz erwerben, um die Vorteile zu nützen und die Nachteile so klein wie möglich zu halten.

Längst ist der Konsum auch bei jungen Kindern gestiegen, wie eine Studie zeigt: Durch Handy-Verträge und digitale Einkäufe, entsprechende Spiele und Filmdownloads. Kinder sehen Fernsehfilme und Serien und konsumieren gleichermaßen Streaming-Angebote auf Netflix, das wegen seiner Filme und Serien beliebt ist. Sie chatten auf Facebook und im Internet und besonders beliebt sind derzeit offenbar Spotify, ein Musikstreamingdienst, der auch Videos und Hörbücher vermittelt, und YouTube. Letzteres ist insbesondere beliebt, weil man dort auch eigene Videos 'posten' kann beziehungsweise selbstgemachte Videos von anderen zu vielen Themen ansehen kann.

Dieses Konsumverhalten – hier nur als Trendmeldung zitiert – ging aus der repräsentativen Studie im Auftrag von 6 Zeitungsverlagen von 2019 hervor, den die Verlagshäusern Blue Ocean Entertainment, Egmont Ehapa Media, Gruner + Jahr, Panini Verlags GmbH, Spiegel- Verlag und Zeit-Verlag initiiert hatten. (Die Auswertung ist u. a. nachlesbar im Südkurier Nr. 191 vom 19. August 2019, S. 13; dort auch der Hinweis auf ein Interview mit dem Gehirnforscher Manfred Spitzer (vgl. www.sk.de/8838761).

Recherchiert wurde bei der zit. Untersuchung ferner: Die Kommunikation mit Freunden verläuft ebenfalls digital, Textnachrichten werden meist über WhatsApp und Fotos über Instagram getrailt. Gerne werden die Möglichkeiten genutzt, sich Informationen aus dem Internet zu holen, da sich die Möglichkeiten digitaler Medien, anschaulich darzustellen und Wissen zu erweitern, als ebenso nützlich wie reizvoll erweisen. Gerade dieses Nachschlagen im Internet dient ohne jeden Zweifel einem erfolgreichen Lernen.

Allerdings sollten die jungen Konsumenten gleichzeitig lernen, die Nachrichten kritisch zu konsumieren und auch den Wert der Quellenangaben zu beachten, zumal Schreiber in sozialen Netzwerken oft genug (z. B. im persönlichen, politischen und ideologischen Bereich) Halb- oder Unwahrheiten (die viel zitierten „Fake-News“) und Hetze verbreiten, ohne ihren Namen preiszugeben. Aus diesem Grund ist der Erwerb von Medienkompetenz nötig, z. B. als schulisches Unterrichtsfach. Es werden derzeit Medienentwicklungspläne erarbeitet, die ein pädagogisches Konzept der Mediennutzung und konkrete Strategien für die Unterrichts- und Schulentwicklung enthalten. Im Übrigen zeigt die Befragung, dass bei jungen Leuten dennoch das unmittelbare Gespräch über Telefon immer noch beliebt ist, dass sie in der Regel durchaus eine Balance zwischen analoger und digitaler Welt finden und trotz mancher Unkenrufe immer noch zu Büchern und Zeitschriften im Papierformat greifen.

Die Nachteile müssen aber bewusst bleiben. Untersuchungen verweisen darauf, dass bei hohem digitalem Konsum die Konzentrationsfähigkeit von Schülern sinke. YouTube-Filme dauern im Allgemeinen nur 5 bis 10 min; ähnlich rasch verläuft weitere Kommunikation oder Information – länger muss man sich nicht mehr konzentrieren. In der Folge sinkt mit der Zeit die Aufmerksamkeitsspanne. Ungefiltert strömen Zeichen und Bilder auf das Gehirn ein. Sie können in der Schnelle nicht vertiefend reflektiert werden, erzeugen möglicherweise Fehlinterpretationen und drohen kognitiv zu überfordern.

Falschmeldungen, Pornoszenen, Gewaltverherrlichung und Hetztiraden, meistens – wie gesagt – ungefiltert aus dem Anonymen, zeitigen eine besondere Wirkung: Werden sie immer wieder unkritisch aufgenommen, reagiert das konsumierende Gehirn so, als ob durch Wiederholung die Aussagen bekräftigt und deshalb akzeptabel seien, also Wahrheitswert besäßen, denn: Was man oft – wie beim Lernen – wiederholt, kommt am Ende als gesichertes Wissen an.

Beim Chatten, Lesen, Lernen und Surfen im Internet werden Hirnregionen angeregt, in denen sich das sog. ‘Arbeitsgedächtnis’ befindet, das bei digitalem Dauerkonsum überfrachtet wird. Hier ist zwischen dem Kurzzeitgedächtnis (KZG) und dem Arbeitsgedächtnis zu unterscheiden:

Während das KZG nur eine begrenzte Zeit Informationen speichern kann und dann erlischt, wenn nicht mit diesen Informationen gearbeitet wird, hat das Arbeitsgedächtnis Anteil am menschlichen Erinnerungsvermögen. Es kann Informationen vorübergehend speichern (wie das KZG), bildet aber auch beispielsweise die Voraussetzung für den Erwerb des sinnerfassenden Lesens, geplanten Schreibens und Rechnens, denn im Arbeitsgedächtnis werden die einfließenden Informationen nicht nur gespeichert, sondern auch manipulierbar. An Hand dieser Informationen wird solcherart ein gezieltes Lernen möglich: Es trägt zum gestaltbaren Wissenserwerb bei und ermöglicht ein Planen und Handeln, Problemlösen und logisches Vorgehen bei komplexen Aufgaben (Baddeley 1990).

Eine These besagt, dass das Arbeitsgedächtnis nur eine begrenzte Aufnahmekapazität von ca. sieben (plus/minus 2) Informationseinheiten habe (vgl. https://www.cognifit.com/de.wissenschaft/kognitive-fähigkeiten/). Werden entsprechend wenige Informationen gezielt bearbeitet, entwickeln sich dadurch neue Impulse, Ideen, Lösungen, und die Informationen gelangen erinnerbar ins Langzeitgedächtnis. Wird das Arbeitsgedächtnis dagegen durch Überflutung von Informationen überfrachtet, erlöschen die Impulse; Lernen und ein Speichern von Wissen fallen aus.

(Anm: Alan Baddeley hat hierzu eine weiterführende Idee eines Arbeitsgedächtnismodells als Mehrkomponentenmodell entworfen. Zur Schnellorientierung: ‹*Baddeley Arbeitsgedächtnismodell – wikipedia*›).

In Sorge wegen entsprechend negativer Folgen ist es mit Sicherheit folgerichtig, dass Kinder Lernbegleitung durch erfahrenere Personen benötigen und anlässlich entsprechender Informationen im Fernsehen, am PC, Laptop, Tablet, Smartphone oder durch Videos nicht alleine gelassen werden, bis die jungen Konsumenten medienkompetent geworden sind.

Der Gehirnforscher, Mediziner und Psychiater Manfred Spitzer warnt vor den digitalen Gefahren für Kinder, vor allem vor einer Verminderung der Lernfähigkeit der Kinder und Jugendlichen durch Bildschirmmedien. Lese- und Aufmerksamkeitsstörungen, Ängste, Gewaltbereitschaft und Gedächtnisprobleme würden besorgniserregend ansteigen und es drohe für Kinder die Entwicklung zu einer 'digitalen Demenz' (M. Spitzer 2012 und Spitzer 2015).

Man beklagt, dass viele Kinder heute wohl als Folge von Bewegungsarmut körperlich ungeschickter seien. Das beginnt bereits mit der gleichförmigen Tipp- und Wischmotorik der Finger am Smartphone, die beobachtbar bereits Vierjährige beherrschen, und geht damit weiter, dass ein Lernen über rein digitale Informationen eng kanalisiert verläuft, da der Blick in Nachbargebiete, ursprünglich ausgelöst durch emotional besetzte Assoziationen und Neugier auf weiteres Wissen, verdrängt wird. Das erzeugt auf Dauer Defizite im kognitiven, emotionalen und sozialen Bereich.

Besondere Hilfe tut not, wenn junge Menschen unbedacht Nachrichten und Fotos aus ihrem privaten Bereich veröffentlichen. Folge können Cybermobbing und Datendiebstahl sein. Aber nicht nur das: Schon in Untersuchungen 2018 über den geradezu exzessiven Gebrauch von Smartphone kommt es offenbar zu klassischen Abhängigkeitssymptomen wie ständige gedankliche Beschäftigung mit dem Gerät, die zu Beeinträchtigungen wie Schlafmangel und mangelnde Konzentration führen.

Die Dauernutzung verursache Depressionen, ADHS-ähnliche Verhaltenstendenzen und Unfälle und wissenschaftlich belegt seien die Herabsetzung wichtiger kognitiver und emotionaler Fähigkeiten. Die Nutzung bestimmter Apps lasse das Hirnvolumen schrumpfen, der Suchtcharakter sei wissenschaftlich erwiesen und viele seien gemütsmäßig unzufrieden, so Hessbrügge (Hessbrügge in bdw 10/2018 S. 80 bis 85, Quellenhinweis s. Literaturverz.).

Besonders zu beachten ist, dass bei einseitigem Gebrauch von digitalisierten Texten und Bildern die Sinnlichkeit des Wahrnehmungsprozesses eingeschränkt wird: Das Verstehen eines „Zwischen-den Zeilen-Angedeuteten" mit ihren emotionalen Untertönen; das Berühren von Material wie Papier, Stifte, Bücher oder Handwerklichem und das Erfassen von ergänzenden Seh-Hör-Tastereignissen, die auch subjektiv im Arbeitsgedächtnis weiter gedeihen; das Deuten von Körpersprache, das beteiligte Erinnern und ganz persönliche bildliche Vorstellen, das Begreifen und Einordnen subjektiver, auch unbewusst wirkender Assoziationen und Erfahrungen, die eben nicht von außen kanalisiert sind, oder das genüssliche Verweilen im Raum der bunten Phantasie, auch im Rahmen einer papier- und buchblätternden Ästhetik: Sie lassen anhalten und reflektieren, sie regen multisensorisch unterschiedliche Gehirnareale bis in die Körpertiefe an und machen das Gehirn „fit" und aktiv – sie führen vom Körper zum Geist und zur Sprache.

Ist es angesichts der erwähnten Probleme eigentlich nicht ausreichend, im Grundschulalter nur Grundkenntnisse in der Handhabung moderner Medien zu vermitteln und erst in den fortführenden Schularten den Wissenserwerb auf den digitalen Bereich zu fokussieren?

Ranga Yogeshwar meint konstruktiv kritisch:

„Uns fehlt jegliche Grammatik, die die digitale Welt ordnet. Wir wissen ja nicht einmal, wer was von uns weiß, wofür diese Informationen genutzt werden, wie viel Geld damit verdient wird, ob unsere Grundrechte respektiert werden". (Interview mit dem Südkurier, 1. August 2019, S. 11).

Zweifellos sind digitale Medien eine Herausforderung, die man reflektiert anwenden muss, wenn sie nützlich sein sollen. Schließlich hat sich jeder damit zu befassen. Ohne entsprechende Kenntnisse kann bereits die derzeit heranwachsende Generation nicht mehr beruflich miteinander konkurrieren. Eine Prognose besagt, dass fast zwei Drittel der heutigen Kinder einmal in Jobs arbeiten werden, die es noch gar nicht gibt – vielleicht als Coach für smarte Maschinen, als Bioelektroniker oder Neurochip-Designer; oder als selbständige Spezialisten, als ein Clickworker, so die Psycholgin Constanze Holzwarth in Bild der Wissenschaft 10/2018, S. 37.

In dem vorliegenden Buch aber möchte ich Aspekte vorstellen, wie ein multisensorisches Lernen verläuft, das heutzutage oft vernachlässigt wird und doch so elementar effektiv ist, denn es verläuft von Mensch zu Mensch; vom Menschen zum sinnlich wahrnehmbaren Gegenüber und zu den Dingen seiner Umwelt; vom Menschen über Bücher, Bilder, Bewegungen, Phantasien, Körperausdruck, emotionaler Einfühlung und sozialen Wahrnehmung zum Du und so zum Sprechen, zu Körper, Hirn, Herz und Hand – und nicht vom Menschen zur Technik.

In den 'Abgrenzungen' wird die 'Dosierung' medialer Einsätze noch einmal thematisiert.

1.5 Phantasie und Imagination: Grenzenlose Welten

'Wissen' ist definierbar und hat entsprechend seiner Bereiche Grenzen. Phantasie aber ist unbegrenzt und umfasst die ganze Welt. Ohne Phantasie wäre unsere Welt arm, farblos, trocken, sie kann aber auch psychische Probleme schaffen. Sind Phantasien menschenspezifisch? Das weiß man nicht. Auf jeden Fall scheint es sich um Strukturen der Psyche zu handeln, die – nach C. G. Jung – eine grundlegende Beziehungsform zwischen dem bewussten Subjekt und den sonst unzugänglichen Tiefen des Unbewussten stiftet. Die Seele schaffe die Bilder und Symbole und sei selber Bild, so Hark nach C. G. Jung (Hark 1988, S. 35/36); sie übertrage in den Bildern die Psychodynamik des Unbewussten in das Bewusstsein.

Die Wirkung hieraus erweist sich als elementar: Bildliche Vorstellungskräfte sind ein wesentlicher Bestandteil unseres kreativen Denkens mit all ihren Assoziationen; sie bereichern das Lernen und Behalten durch alternative Vorstellungs-, Gestaltungs- und Erinnerungsmöglichkeiten, durch ihre farbige und oft originelle Bildsprache und durch ihre Symbole und Metaphern, die mehr ausdrücken als reine Begriffe.

Phantasie will gepflegt sein. Die inneren Bilder entsprechen „Imaginationen" (imago (lat.) = Bild); sie sind also eine Vorstellungskraft, die bildlich eine 'Innenwelt' schafft. Einzelne Vorstellungen nennt man „Phantasma" und die Tätigkeit, sich in der bildlichen Innenwelt zu bewegen, ein „Phantasieren".

Die vielfältigen Äußerungsformen treten (nach C. G. Jung u. a. als Archetypen) in Träumen, Visionen oder schöpferischen Prozessen zutage, wobei ihnen Erinnerungen und Erfahrungen anhaften. Phantasien können belastend sein, wenn sie in das Bewusstein einbrechen und Unruhe oder Unheil stiften und eigenen Verdrängungen ungebeten Raum geben (Hark 1988, S. 125–127). Pädagogisch, psychologisch und didaktisch konstruktiver und damit verantwortbar sind dagegen bewusst gelenkte oder einfach zugelassener Phantasien, die im allgemeinen Lernprozess nicht den Anspruch aktiver Imaginationen mit therapeutischer Wirkung tragen – letztere gehören in die Hand einer Fachkraft.

Als Klassiker kann folgende Erklärung gelten: *„William Stern (1914/1952) folgend versteht er unter Phantasie das grundlegende Vermögen des Menschen, nach eigenen Wünschen oder Bedürfnissen die unmittelbare Realität zu verlassen, zu verändern oder umzugestalten. Phantasie ermöglicht, anders gesagt, die uneingeschränkte Anpassung der (inneren) Realitätskonstruktion an die Bedürfnisse des Ich – sie ist, in Piagets Worten, 'reine Assimilation'. (...). Im Unterschied zur kreativen*

Imagination stehen bei der Phantasietätigkeit jedoch die affektiven Bedeutungen der inneren Realitätskonstruktion im Vordergrund.“

(Hoppe-Graff/Hye-On Kim in Oerter/Montada 2002, S. 918).

Wir bedienen uns der Phantasie im Alltag, indem wir die inneren Bilder mühelos in das Vorstellungsvermögen und Denken integrieren. Elemente der Erinnerung, Erfahrungen und Vorstellungen werden zu neuen Bewusstseinsgebilden umgestaltet. Quasi simultan verbinden sich Sprache, innere Bilder, Sinnlichkeit, Bewegungen und Emotionen innig und bewirken so beim Denken und Lernen eine tief wirksame Gestaltungs- und Einprägekraft.

In der Praxis haben sich folgende Erfahrungen und Wirkungen mit und durch Phantasie als besonders konstruktiv erwiesen:

➜ Die schöpferische Kraft als Ein-Bildung ist eng mit Gefühlen verbunden – das erkennt man rasch an Mimik, Gestik, Bewegungen, Stimmfärbung usw. So wirkt das Sprechen lebendig und vermittelt sich vom Ich zum Du.

➜ Phantasie bildet eine subjektive innere Welt, eine psychische innere Realität, die im Erzählen, Spielen, Gestalten immer wieder mit äußerer Realität in Verbindung gebracht wird. Hiervon zeugt jedes Kinderspiel.

➜ Sie ermöglicht Perspektivenwechsel und Empathiefähigkeit (z. B. durch Spiele mit Rollenwechsel).

➜ Phantasie greift über bisherige Erfahrungen hinaus. Das erkennt man bei Lernenden, wenn sie sich zu ihren Einsichten, Ansichten und neuen Überlegungen äußern, auch als Aha-Erlebnis.

➜ Sie ermöglicht Umdeutungen der Welt bis hin zu scheinbaren Unmöglichkeiten. Kinder und kreative Erwachsene spielen gerne verbal mit Ideen, neuen Erkenntnissen, Übertreibungen; dabei geht automatisch ihre Körpersprache sinnentsprechend mit.

➜ Mit Phantasie kann eine mentale Regelung von Konflikten, Ängsten und Bedürfnissen gelingen. Besonders Stoffe wie Märchen mit ihren zu Abenteuern bereiten Protagoniste oder Bilderbücher mit der Veranschaulichung von Tatbeständen, Neuheiten oder Irritationen fordern Beobachtung und kritisches Nachfragen heraus und ermöglichen eine gestaltende Annäherung an Angstobjekte oder Wunschsituationen. Solche Regelungen schaffen Kinder selber bei ihren Rollenspielen.

➜ Sie kann Wissenslücken ausfüllen und setzt da ein, wo reines Wissen an seine Grenzen stößt. Hier beginnen Gedankenspiele, die alternative Sichtweisen ermöglichen und die oft genug bei allen die Bereitschaft erhöht, sich darüber sprachlich mitzuteilen, andere in Staunen zu versetzen, sie zu provozieren oder sich einfach genüsslich vor anderen darzustellen und ein Echo zu erwarten.

➜ Kinder wollen Verbindungen zwischen Realität und Phantasie herstellen, um fremde Erfahrungen einordnen und neu interpretieren zu können. Sie wägen hierbei Phantasie und Wirklichkeit gegeneinander ab und hinterfragen immer wieder die phantasiebetonte Präsentation in ihrem Verhältnis zur Wirklichkeit mit Fragen wie: Ist das denn wahr? Kann so etwas wirklich passieren? Ist das nicht gelogen? Darf man das? Ich hätte an der Stelle lieber ... Wie kann man bei einem Pferd zu einem Ohr rein und zum anderen raus wandern? Warum kann ein Geköpfter wieder lebendig werden? Warum lebt man weiter, wenn man der heißen Sonne oder dem kalten Mond nahe gekommen ist? Wo geht im tiefen Brunnen die andere Welt los? ... usw.

➜ Hier sind Nahtstellen zum Fabulieren und freien Sprechen oder zum Rezitieren gemerkter Erzählstellen, und diese Bereitschaft zu sprachlichen Äußerungen erwacht besonders, wenn man Märchen, Sagen oder andere geeignete Geschichten erzählt oder Beobachtungen an Bildern äußern lässt. Wegen der abstrahierenden Darstellung besonders von Märchen ist die Gelegenheit gegeben, das Verständnis für Symbole und Metaphern zu wecken und Bildverdichtungen zu verstehen – sie bereiten auch auf höhere Literatur vor und tragen deshalb einen hohen Bildungswert in sich.

➜ Phantasie beflügelt und ist der Nährboden für Spaß an liebenswürdigen, romantischen oder bizarren Vorstellungen, an Nonsens oder Provokation. An ihr wird Sprache und das Bedürfnis nach Sprechen geweckt; zugleich wird solches Sprechen auch spontan körperlich durch Mimik, Gestik und Bewegung bereichert.

➜ Auf Grund der vielen bis hier genannten Vorteile kann man Phantasie bescheinigen, dass sie kognitiven, sozial-emotionalen und psychischen Gewinn bringt. Zugleich ist sie eine Energiequelle, die Wunscherfüllungsgedanken erlaubt, zur seelischen Entspannung beiträgt, im Kleid phantasieträchtiger Bilder verborgene Gefühle freisetzt und Identifikationen und Projektionen ermöglicht. Und hier auch werden darstellendes Spiel, Theater und gestisch begleitetes Erzählen immer wieder gefördert.

Anm.: Die Gedanken über Phantasie sind themenbedingt explizit aus praktischen Erfahrungen in Projekten und aus pädagogisch-psychologisch orientierter Literatur gewonnen, die immer wieder auch die Themen 'Phantasie und Angst' miteinander verbinden, z.B. bei: Armbruster (2008), Bauer (2002), Betz (1998),Heger (1997), Rogge (1997), Zitzlsperger (2007 und 2008). Hoppe-Graff/Hye-On Kim (2002). Hier erweist sich, wie stark Phantasie auf Geist und Seele, auf Imaginationskraft und Gestaltbarkeit einwirkt.

Wegen all der zitierten Vorteile werden bei den immersiv angelegten Erzähl- und Spielstunden regelmäßig Märchen und Geschichten mit ihrer bildstarken Sprache erzählt, dazu Reime und Gedichte, Hand- und Fingerspiele durchgeführt; darin liegt im vorliegenden Werk ein besonderer Akzent.

1.6 Symbole: Bedeutsame Verdichtungen

„Ein Symbol ist ein 'stehendes Bild', das in sich die verschiedensten Wesensmerkmale vereinigt. Im Unterschied zu 'laufenden Bildern' (wie z. B. im Kino, Fernsehen oder Traum) ist im Symbol die wesentliche Aussage in einem einzigen Bild zusammengefasst. (...) Die Bilder bilden die innere Wirklichkeit ab und setzen uns ins Bild über bisher unbekannte Seiten unserer Person. (...) Die geistigen und seelischen Antriebskräfte haben ihren Ursprung und ihre Quelle in den Archetypen. (...). Der Psyche des Menschen wohnt die Fähigkeit zur Symbolbildung inne. (Hark nach C. G., Jung, 1988, S. 157–160).

'Symbol' ist ein vieldeutiger Begriff; ich beziehe ihn hier – unabhängig vom engeren Jungschen Begriff – vor allem auf ein Symbolverständnis, wie es bei Interpretationen und für ein vertiefendes Verstehen sinnvoll ist, beispielsweise im Umgang mit Texten (u. a. mittels der abstrakt komprimierten Handlungen in Märchen oder den Sprachbildern in Lyrik); mittels Dingen (z. B. Kreuze, Fische u. a. ...), mittels Handlungen (taufen, umarmen, töten ...); mittels Figuren (alter Mann, Geist, schwarzes Pferd, Drache ...) oder mittels Zeichen (Pfeile, Farben, Gesten ...) – Erkenntnisse hierzu lieferten unter Beachtung entwicklungspsychologischer Einsichten mit weiteren Quellenverweisen z. B. Betz (1989); Butzkamm und Butzkamm (2004); Montada (2002) und Zitzlsperger (2007 und 2008).

- ➜ In Symbolen verbinden sich (Bild-)-Zeichen, Objekte, Figuren oder Vorgänge mit einer Idee.
- ➜ Sie tragen in sich eine tiefere Bedeutung, ein 'Mehr', das man sich erschließen kann.
- ➜ Die Symbolisierungsfähigkeit ist im Menschen angelegt, doch ein Wissen um ihren sprachlichen Ausdruck als Begriffe und die Bedeutung von entsprechenden Bildern, Zeichen, Dingen, Figuren oder Handlungen muss erst erworben werden.
- ➜ Symbolische ‚Bilder' werden durch individuelle Vorstellungen überformt. So kommt es zu subjektiven Deutungen.
- ➜ Kleine Kinder ab etwa dem 2. Lebensjahr benützen sogenannte „Als-ob-Spiele". Das ist kraft der angeborenen Symbolisierungsfähigkeit möglich und fördert das Symbolverständnis, indem sie einem 'Gemeinten' einen Ausdruck verschaffen.
- ➜ Sie gestalten mit dieser Fähigkeit die Dinge ihrer realen Umwelt frei um und setzen ihr Vorstellungsvermögen zur Aus- und Umdeutung ein. Dabei spielen sie dieses *Gemeinte* als Symbol- bzw. Fiktionsspiel.
- ➜ Diese Spiele regen die kindliche Phantasie an; sie entwickeln die Sprache der Kinder und bereichern deren Sozialverhalten und Alltagswissen.
- ➜ Schon kleine Kinder können durchaus zwischen Realität und ihren Fiktionen unterscheiden. Sie deuten z. B. kurzfristig symbolisch einen Klotz zu einem Auto um und spielen damit eine eigene Idee aus, dann erledigt sich diese Fiktion wieder, der Klotz ist ein Klotz.

- → Phantasie- und Imaginationskraft ermöglicht zunehmend ein Verständnis für (sprachliche) Bildverdichtungen, für Symbole und Metaphern in Erzählungen. Ein wachsendes Symbol-Verständnis ermöglicht den Zugang zu Kunst und höherer Literatur.
- → Schon in frühen Jahren wandern zuhörende Kinder in eine symbolische Bilderwelt, die sie bald intuitiv (unter Umständen anfangs auch mit Hilfe kleiner Erklärungen) verstehen. Eine *Krone* wird nun zum Symbol für König/Königtum, ein *Ring* zu einem Versprechen oder einer eindeutigen Zugehörigkeit und *Haut oder Fell,* in die man sich wickelt, zu einer schützenden Hülle. *Farben* lassen Zustände erkennen: *Rot z.B. deutet auf* Heftigkeit oder Lebendigkeit hin, Schwarz auf Zerstörtes oder Tod, Gold auf etwas Erhabenes oder Göttliches, Weiß auf Reinheit und Unschuld ... *Tod und Wandel zu neuer Gestalt* gehen mit dem gelingenden Heldenschicksal einher, der 'trotz allem' siegt; *geheimnisvolle Gaben* (Ring, Feder, Haar, Nüsse, Lampe, Pfeife ...) helfen den Heldenfiguren nicht nur, sie sind bei richtiger Verwendung magische Dinge aus einer Jenseitswelt, einer Anderswelt, die außerhalb unserer Erkenntnis liegt. Alte, Weise, sprechende Tiere usw. geraten zu wissenden Helfern und Ratgebern; das Meer oder tiefe Brunnen führen mental in Anderswelten und zur Bewusstseinserweiterung ... (vgl. Lüthi 2004, 2005).
- → Die Ausführungen mögen Hinweise sein, wie fruchtbar Theater und Rollenspiele, das Hören von bildverdichteten Märchen und Geschichten, das Beobachten mimisch-gestischen Erzählens und das Deuten von Fingerspielen, Verkleidungen und Bildern für die geistig-seelische Entwicklung ist. Kinder malen bereits ein *'Gemeintes'* schwungvoll, z.B. Pfeile für Blitze, ein kariertes Viereck für ein Bett, eine Blume für einen Garten, ein riesiges Maul für einen gefährlichen Riesen, eine blaue Welle für Wasser ... gerade das vorläufige Unvermögen zu korrekten Zeichnungen forciert die eigene Form der Präsentation eines Gemeinten. Die Erzählstunden mit ihren Spielen, Märchen, Finger- und Handspielen tragen stets Symbolisches in sich.

In die weiteren Ausführungen (über Multisensorik, Spiele, Handtheater, Bilderbücher, Märchen usw.) fließen symbolische Bilder und Handlungen ohne weitere Kommentare ein.

1.7 Märchen – Wesensmerkmale und Bildungswerte

In diesem Kapitel integrieren sich alle bisher zitierten Lernerfahrungen, da Klang und Sprache, Sinne und Körper, Bildlichkeit und Imaginationskraft, Phantasie und Symbolik, Spiele und immersive Lernsituationen die erzählten oder vorgelesenen Geschichten sprechfördernd zum Leben erwecken.

Es ist naheliegend, den Märchen einen hohen Bildungswert zuzuschreiben, da sie die Entwicklung verschiedener Kompetenzen anregen, besonders der sprachlichen und literarischen Kompetenz, ebenso einer Ich- und Sozialkompetenz (allgemein über die literaturwissenschaftlichen und volkskundlichen Beiträge: vgl. Rölleke 2006). Märchen und ähnliche Geschichten regen zu Nachdenklichkeit, Urteilsfähigkeit und Diskussionsbereitschaft an, da die Inhalte oft provozieren, wenn beispielsweise altes Brauchtum, Ungerechtigkeit, Grausamkeit, Verrat, unmögliche Arbeitsaufträge oder Strafsysteme angesprochen werden. Doch gerade diese Themen regen zum Fragen und Diskutieren an. Sie sensibilisieren an Hand der Märchenstoffe für grundethische Werte, bieten ein Feld für weit gefächerte Sachfragen, werden zum Resonanzraum für subjektive Befindlichkeiten, bieten Themen für kreative Aktivitäten und zur Vertiefung interkultureller Begegnungen (vgl. z. B. Zitzlsperger 2014) und ermöglichen im Sprachunterricht Fortschritte beim Deutschlernen.

Um das breit gelagerte Spektrum an Bildungswerten von und durch Märchen darzustellen, seien komprimiert folgende Gedanken genannt, die ich in zahlreichen Märchenprojekten und weiteren Unterrichtsstunden gewonnen habe: Bei den Lese- und Schreiblernprozessen im Anfangsunterricht der Grundschule, mit Lernbehinderten, in Deutschstunden mit Märchenprojekten von der Grundschule bis zu Abiturklassen und in Seminaren mit Studenten.

Als relevant kann man folgende Punkte betrachten, die vorwiegend einer pädagogisch-psychologischen Perspektive geschuldet sind und die vor allem auf Märchen, teilweise aber auch auf Geschichten wie Mythen, Sagen, Legenden und märchenartige Geschichten anwendbar sind:

- ➜ Zaubermärchen, auch Wundermärchen oder Wunschdichtungen genannt, erzählen oft lebensnah in verdichteter Form (über Sprachbilder, Metaphern, Symbole) knapp und abstrahiert mittels eines einsträngigen Handlungsweges. Dieser folgt einer relativ einfachen Logik und hat oft Erfahrungen gelebten Lebens zum Thema.
- ➜ Im Märchen finden sich Themen, die dem konkreten Leben ‚abgeschaut' sind, nur eben abstrahiert, wundersam verkleidet oder extrem formuliert. Darin geht es um Liebe, Treue, Vertrauen oder Hass, Verrat und Verleumdung, um Leichtsinn, Fleiß oder Faulheit, um Trauer, Freude oder Freundschaft, um das Schicksal des Dummlings, den keiner ernst nimmt, um Weise, Berater und Helfer oder Schädiger, um erlösungsbedürftige Figuren oder um beharrliche Zielerreichung (Näheres zur Märchenforschung z. B. in Röhrich 2001 und 2006)
- ➜ Die überschaubar wenigen Figuren im Märchen besitzen keine Individualität, sondern sind Typen. Deshalb eignen sie sich besonders für Identifikationen oder Projektionen. Sie wirken jeweils isoliert innerhalb ihrer Episoden (Lüthi 2005).
- ➜ Das Aussehen der Figuren entspricht im Sinne eines flächenhaften Stils (Lüthi 2005) ihrem Wesen: ‚Schön' verweist auf fleißig, klug, ehrlich …, 'hässlich' dagegen auf böse, verlogen, leichtsinnig …: Das Innere, Wesensmäßige ist solcherart sichtbar nach außen gekehrt. Wer aber beispielsweise schön, aber faul ist oder umgekehrt häßlich, aber fleißig, gütig, klug …, der erscheint erlösungsbedürftig oder angreifbar. Sein Zustand ist unstimmig.

- ➜ Besondere Vorkommnisse im Märchen können beim Hörer aktuelle Betroffenheit, eine stille Resonanz oder Diskussionsfreude auslösen.
- ➜ Zaubermärchen machen Mut, dass das Leben trotz aller aufregenden Prüfungen eine gestaltbare Zukunft bieten kann.
- ➜ Sie fördern das Verständnis für bildliche Darstellungen und Redensarten; ihre sinnhaltigen Geschichten regen zum Nachdenken an.
- ➜ Sie fordern – psychologisch gesehen – zu Grenzüberschreitungen auf, indem sie den Helden bis in Anderswelten führen oder ihm Begegnungen mit dem Numinosen (mit Hexen, Feen, weisen Alten ...) ermöglichen. Insgesamt wird kaum nach realer und anderer Welt unterschieden. Die Grenzen sind fließend, das Zauberische, Wunder oder Übernatürliche wirkt mit dem Diesseits verwoben. Alles spielt sich auf einer Ebene ab, weshalb Menschen, Dämonen oder Tiere, ja sogar Pflanzen und Dinge auch einfach miteinander kommunizieren können (Eindimensionalität, Lüthi 2005).
- ➜ Grausamkeiten können erschrecken, führen aber differenziert zu Fragen nach Recht und Unrecht und zu den Gründen grausamer Strafen. Gespräche über negative Verhaltensweisen wirken besonders anregend, wenn die Protagonisten im Märchen jene ethisch-moralischen Werte verletzen, die – im Gegensatz zum zeitbedingten Strafrecht – nicht justitiabel sind und deshalb statt der irdischen Rechtsprechung von Jenseitsmächten (wie Frau Holle, Feen, Alte ...) bestraft werden. Das betrifft beispielsweise Figuren und hier besonders die Unhelden, wenn sie sich geizig, hochmütig, faul, hartherzig oder roh im Umgang mit Tieren gebärden. Interessanterweise urteilen und werten Kinder und Jugendliche nach meinen Erfahrungen anders und milder als Erwachsene, dabei aber kritisch und alternativ vor allem da, wo es um bestrafte junge Menschen geht, denen sie noch einmal eine neue Chance zur Bewährung gewähren wollen, während sie Erwachsene strenger als im Märchen in die Verantwortung nehmen. (Zum Thema Grausamkeiten: vgl. besonders Zimmermann 2016, Zitzlsperger 2016). Grausamkeiten im Märchen unterliegen einer 'narrativen Moral', in der alles gilt, was zum Glück des Helden gereicht. Sie verliert ihre Wirkung und Berechtigung da, wo das Bezugssystem des betreffenden Märchens / Geschehens verlassen wird.

  Im Übrigen suchen Kinder bereits früh in Fingerspielen, Rotten- und Rollenspielen Provokationen und Grausamkeiten auf, die sich verbal und spielerisch erschöpfen, aber Kindern beim Erlebnis von Grenzerfahrungen und ihrer Verortung in der Welt helfen.
- ➜ Konstruktiv erzählt das Märchen von Tierhelfern und anderen realen oder jenseitigen Wesen, die den bedrängten Helden zu Hilfe eilen. Sie erscheinen als magische Kraftträger, als Seelentiere oder gar als selber erlösungsbedürftige Tierhelfer und können auf psychologisch deutbare Vorgänge verweisen, die veranlassen, sich mit seinen eigenen inneren Kräften auseinander zu setzen.

- ➜ Märchen regen zum Verstehen von Sprachbildern, Symbolen und Metaphern und zu entsprechenden Sinnfragen an. Durch diesen Kompetenzerwerb lassen sich die sprachlichen Darstellungen besser verstehen. Ebenso werden in der Folge weitere Literatur, Kunst, Kultur, Religion, Musik und Brauchtum einsichtig.
- ➜ Die Phantasiewelt als eine geistig-seelische Energiequelle äußert sich in Bildern, die mittels Imaginationskraft in der Psyche des Menschen entstehen und eine Verbindung zwischen Psyche und Realität herstellen. Figuren, Motive und Handlungswege der Märchen bereichern die Phantasie, wodurch Welterweiterung, Belebung der eigenen Innenwelt, Nachdenklichkeit, Wissenserweiterung und Empathiefähigkeit möglich werden.
- ➜ Mit Phantasie können mentale Grenzüberschreitungen bis in die zit. Jenseitsdimensionen gelingen, in denen man sich wie in einem Film zu bewegen vermag. Solche transzendentalen Erlebnisse wirken als Bewusstseinserweiterung in der Regel befriedigend, da sich in ihnen Fakten und Wünsche nach eigenen Regeln kombinieren lassen und solches traumhafte Bilderleben dabei jederzeit steuerbar bleibt. Das Erschließen neuer Bewusstseinsebenen macht gleichermaßen offen für ungewohnte Deutungsmuster und interkulturelle Bezüge.
- ➜ Mit Phantasie lassen sich Ängste und Aggressionen abarbeiten und Konflikte aus neuer Perspektive angehen, denn Märchen bieten in einem weiten Rahmen Möglichkeiten für ertragreiche, expressive Darstellungsweisen, wie sie gerade dem seelischen Bedürfnis des Hörers/Lesers gut tun, sei es durch szenisches Spiel, durch Malen, Musizieren, Rezitieren, durch Pantomime, Puppentheater usw. Bei allen auf die Psyche wirkenden Vorgängen muss allerdings bewusst bleiben, dass Problemfälle in die Fachhand gehören.
- ➜ Die typischen Wesensmerkmale von Märchen (vgl. Lüthi 2004, 2005) prädestinieren es für tiefere Einlassungen: Ein erweitertes Denken durch Märchen und auf Grund der zit. Eindimensionalität ermöglicht, wie bereits erwähnt, eine Transzendenz, eine geistig-seelische Bewegung zwischen Diesseits und Anderswelten. Damit gelangt man auf eine psychologische Ebene, aber auch in mythische, religiöse oder völkerkundliche Dimensionen.
- ➜ Der flächenhafte und abstrakte Märchenstil ermöglicht mittels Identifikationen und Projektionen Rollenspiele, Rollenwechsel und Rollenvariationen, ebenso Empathiefähigkeit, Perspektivenwechsel und zugleich kreative Kombinationsmöglichkeiten. Bei Diskussionen wird oft in einer Anverwandlung das eigene Ich in die Geschichten eingebunden. Als darin Betroffener wird aber bei Jugendlichen dann aus heutiger Sicht und Kenntnis argumentiert; so kann auch der Märchengehalt mit seiner Sinnaussage anverwandelt werden.
- ➜ Im kreativen Gestalten vollzieht sich ästhetisches Lernen. Ästhetik meint hier die Lehre von der Wahrnehmung: Lernen mit den Sinnen und an den Sinnen schult Geist und Körper und lässt ebenso die Subjekt- wie Objektseite bewusst wahrnehmen, also ebenso den Rezipienten wie auch den Märchenstoff.

- Durch Märchen lernt man, neben Sprachbildern, Metaphern, Symbolen und Vergleichen auch mit *figurativer Logik* umzugehen. Es handelt sich hierbei um ein analogisches, bildliches Verstehen, bei dem man in und mit den Sprachbildern und ihrer Aussagekraft lebt. Die Bilder haben ihre Schlüssigkeit und ermöglichen eben ein anderes, eher intuitives Verstehen. Im Grunde werden Sprachbilder mit Sprachbildern beantwortet (vgl. Haas 1997). Einprägsam sind weiterhin – besonders in den grimmschen Märchen – die eingestreuten Sprichwörter, volkstümlichen Redensarten und magischen Formeln, der Dreierrhythmus in der Textstruktur und die rhythmisch und klanglich durchstrukturierte Sprache mit ihren Wiederholungen, auch Alliterationen, die das Merken erleichtern (vgl. auch Rölleke 2006).

  Einen weiteren Reiz bietet die altertümliche Sprache insgesamt: Gerade Schüler verwenden sie beim Fabulieren eines Märchentextes gerne und gekonnt und verleihen so ihren Werken etwas vom Raunen aus alter Zeit. Vorab die grimmschen Märchen wirken nachhaltig als Sprachmodelle und regen beim Texten zu poetischen, anspruchsvollen und sorgsam gewählten Ausdrucksformen an.
- Märchen ermöglichen, bei Vertiefungen eigenes Sachwissen in vielen Fachbereichen zu erweitern und damit in Geschichte, Gesellschaft, Rechtsprechung, Brauchtum, Völkerkunde, Mythen, Religion, Kultus, Kunst, Musik, Sprache, Geografie usw. einzudringen.
- Märchen haben das Potential, pädagogisch-didaktisch auf kognitiver, sozial-emotionaler, psychologischer und psychomotorischer Ebene zu wirken. Auch sensibilisieren sie – beispielsweise bei Projekten – zur Selbstbestimmung, Mitbestimmung und Solidarität und entwickeln Kompetenzen im medialen, Umwelt bezogenen und interkulturellen Bereich, der einer Völkerverständigung dient.
- Schließlich regen Hören, Spielen und Erzählen von Märchen das ganze Gehirn an und wirken im Sinne ganzheitlichen Lernens und Erlebens (vgl. Kap. Gehirn).

Man sieht: Wer Lernprozesse anregt, ohne Märchen mit einzuplanen, nimmt den Lernprozessen quasi Glanz und treibende Kraft. Die knappen Ausführungen über Märchen – immerhin ein Konzentrat aus jahrzehntelanger Forschung und Praxiserfahrung – wollen als Grundlage und Legitimation für ihren Einsatz bei den weiteren Beschreibungen gesehen werden.

1.8 Zusammenfassend: Abgrenzungen und Schwerpunkte

Die bisherigen Darlegungen in der Einführung hatten zum Ziel, auf thematische Schwerpunkte, auf Abgrenzungen oder veränderte Akzentuierungen hinzuweisen:

Zu 1.1: Der Materialaufwand ist einfach, aber bewusst auszuwählen: Erzählstoffe, Schreib- und Malmaterial, Hefte, Bilderbücher, Sachabbildungen, Spielfiguren, Gesellschaftsspiele, kleine und größere Gegenstände der Umwelt, Geschirr, Lebensmittel u. a.m. Die Gruppen umfassen je nach Situation in der Regel 4 bis 8 Personen, die gemeinschaftlich um einen oder zwei Tische herum (oder je nach Thema einfach im Kreis) sitzen. Auch Einzelpersonen profitieren von einem immersiven Lernverfahren. Der Kenntnisstand in Deutsch erweist sich im Allgemeinen innerhalb einer Gruppe (z. B. mit Flüchtlingen) als gemischt, weshalb Binnendifferenzierungen in der Ansprache und bei fördernden Eingriffen mit bedacht werden sollten.

Zu 1.2: Das „Lernen im Sprachbad" (gemeint ist Deutsch als Fremd- oder Zweitsprache) vollzieht sich idealerweise in einem alltäglichen Rahmen. Das lässt sich aber unter den gegebenen Umständen, also bei einem Deutschlernkurs, kaum durchführen. Doch schon eine Variante bringt Erfolg. Wenn sich die Gruppen oder Einzelpersonen regelmäßig (ein, zwei oder mehrmals die Woche) unter immersiven Bedingungen treffen, bei denen man mit den Klienten nur deutsch spricht, dann stellt solches Vorgehen durchaus eine vertretbare Variante dar.

Zu 1.3.1: Multisensorisch-ganzheitliches Lernen ist die Essenz aller Lernmethoden und Lernprozesse. Eben solchem natürlichen Lernen, das die Kapazitäten des Körpers und Gehirns ausnützt und nicht den technischen Raffinessen soll hier alle Aufmerksamkeit zuteil werden. Kopf und Körper spielen auf einer vielseitigen, auf allen Körperebenen dicht vernetzten Klaviatur zusammen, wodurch viele verschiedene Lernwege möglich sind – je nach eigenen Anlagen, Stärken, Eigenheiten. In einem größeren Kapitel wird deshalb genauer auf die Funktion der Sinne und auf Aktivitäten des Gehirns eingegangen, ergänzt durch eine Sammlung von sinnesanregenden Spielen.

Zu 1.3.2: Die Hände des Menschen sind ein Geniestreich der Evolution. Die besondere Ausgliederungsfähigkeit der einzelen Finger, die Stellung des opponierbaren Daumens als Gegenhand und ihr Einsatz als Kontaktorgan entwickeln sich in der gleichen Zeit: im 2. Lebensjahr, in der Kinder zu sprechen beginnen. Diese Zusammenhänge sollen ihre Darstellung finden, auch mit einem ausführlichen, zum Sprechen anrgenden, geeigneten Angebot an Finger- und Handspielen.

Zu 1.4: Moderne Medien: Lernen ohne moderne Medien hat heute keine Zukunft mehr – zu sehr sind alle Lernprozesse und Zukunftsplanungen darauf eingestellt. Digitale Lernmethoden, die mit ihren technischen Möglichkeiten bisweilen geradezu faszinieren können, werden besonders von der Jugend gewünscht. Aber gerade deshalb soll hier auch betont werden, dass solche modernen Lernmethoden nicht ohne einen motorisch-sensorisch angeregten Körper funktionieren kann, vor allem, wenn es um Sinnverstehen, Argumentieren, Merken und alternatives Denken geht. In der Praxis werden sich klärende Rückgriffe auf Smartphone, Laptop oder Tablet (z. B. beim Nachschlagen von Begriffen aus dem Arabischen, Russischen usw. ins Deutsche) nicht vermeiden lassen – und so wird auch die Arbeit am Computer für Klienten wichtig, die außerdem in Sprachkursen und in der Ausbildung lernen und im Internet recherchieren, wenn es um Texte, Märchen, Gedichte, Brauchtum,

Grammatik, Fachbegriffe, Fremdwörter usw. geht. Auch in unseren Erzähl- und Märchenstunden mit Müttern und Kindern und im Nachhilfeunterricht kam es vor, dass eine Erwachsene gelegentlich ihr Smartphone einsetzte. In anderen Fällen suchten ältere Kinder oder Erwachsene im Internet nach Spielen, Lied- oder Erzähltexten, um ihre Hausaufgaben zu machen.

Für die Praxis allgemein zum digitalen Einsatz für Kinder mag gelten: Das Eine tun und das Andere nicht lassen, wenn es die Situation erfordert. In Arbeitskreisen, in denen Deutsch als Zweitsprache vermittelt wird, heißt das auch: *Digitale Teilhabe* eröffnet mögliche Wege zu *sozialer Teilhabe.* Nur: Die vorliegenden Ausführungen wollen vor allem den unbedingten Stellenwert der *körperlichen Teilhabe* am Lernprozess betonen, weil er gerne übersehen wird und doch Grundlage allen Lernens ist.

Zu 1.5: Phantasie und Bildlichkeit – ohne sie wird Denken, Lernen und Sprechen, Behalten und Erinnern unlebendig und starr. Phantasie meint nicht ausufernde Spinnereien, sondern eben jene Vorteile, die im entsprechenden Kapitel ausgeführt wurden. Durch das Bewegen eigener Phantasie in der Begegnung mit Lernstoff wird alles Wahrgenommene subjektiviert, lässt sich besser behalten und sorgt für eine Anverwandlung fremder Stoffe an die eigenen Kapazitäten im Denken, Merken, Erinnern, Verhalten und ihrer sprachlichen Veräußerung.

Zu 1.6: Symbole verschlüsseln *tief-sinnig* die Welt. Mit Imaginationskraft und einem wachsenden Verständnis für Abstraktionen, Zeichen und Andeutungen erschließen sich tiefere Sinnschichten mit ihrem 'Mehr'-Wert. Gepflegt wird also im wahren Wortsinn ein *sinn–volles* Lernen, das Zeichen, Bilder und sprachliche Ausdrucksformen verschlüsseln und entschlüsseln kann. Das eigene Gehirn kann mit seinem ganzen gespeicherten Wissen aktiv werden, kreative Lösungen suchen, innere Bilder als Merkhilfen schaffen, Assoziationen herstellen und Sachverhalte abstrahieren.

Zu 1.7: Über Märchen und ihren Lern- und Bildungswert wurde im entsprechenden Kapitel bereits viel gesagt. Märchen und ähnliche Geschichten regen elementar als Sprachmodelle an. Sie rühren immer auf Grund ihrer bilderreichen Sprache, die im Erzählen von Emotionalität getragen ist, das Gehirn ganzheitlich an. Sie erzeugen Spannung, interessieren Groß und Klein und sorgen im interkulturellen Austausch für gegenseitiges Verständnis.

2. Multisensorisches Lernen: Anatomische und neurophysiologische Grundlagen eines Denkens, Lernens und Sprechens, oder:

Wie Gehirn und Körper sinnlich-sinnvoll das Lernen managen

(Anm.: Detailliertere Auskünfte hierzu, gerade in Verbindung mit Lernen und für weitere Ausführungen bieten unter anderem die Bücher der Verfasserin: *Vom Gehirn zur Schrift* (2008), *Ganzheitliches Lernen* (1995) und *Märchenhafte Wirklichkeiten* (2007) (s. Literaturverzeichnis).

2.1 Einführung

Nach wie vor ist ein beeindruckender Sachverhalt zu jener Rolle zwischen menschlichem Körper und Geist gültig, den die Neurophysiologin und Pädagogin Carla Hannaford wie folgt formuliert hat:

„Lernen, Denken, Kreativität und Intelligenz sind nicht nur Prozessabläufe des Gehirns, sondern des ganzen Körpers. Empfindungen, Bewegungen, Emotionen und Funktionen zur Integration des Gehirns gründen im Körper. Die menschlichen Qualitäten, die wir dem Geist zuschreiben, können nie getrennt vom Körper existieren." (Hannaford 1997, S. 11).

Hannaford betont immer wieder die enge Verbindung von Körper und Geist, die auch das Emotionale mit einbezieht:

„Körper, Denken und Emotion sind durch neurale Netzwerke eng miteinander verflochten und funktionieren als Einheit, um unser Wissen zu bereichern. Und die neurowissenschaftliche Forschung trägt zur Klärung der Frage bei, wie und warum eine umfassende emotionale Entwicklung Voraussetzung für das Verständnis von Beziehungen, rationalem Denken, Phantasie, Kreativität und sogar für die Gesundheit ist." (Hannaford 1997, S. 59).

Auf dieser Spur lässt sich folgen, wenn es im Verein mit Phantasie um freie und gezielte Bewegungen, um Spiele, Reime, Märchen, Bilder und gemeinsame Tätigkeiten mit dem Ziel geht, Deutsch im Sprachbad zu erlernen. Solches Lernen wird als stimmig und befriedigend empfunden, da neues Wissen immer wieder an vorhandenes anverwandelt wird und hierbei Körper, Geist und emotionale Befindlichkeit gleichermaßen mit einbezogen sind. Leitlinie bleibt: Sprech- und Schriftsprache können nur aus gelingender Wahrnehmungsintegration entstehen. Aus solch sinnlichem Lernen erwächst ganzheitliches Lernen, das die Lerngegenstände besser in ihrer Vielfalt erschließt als reines Kopflernen.

2.2 Erste Lernprozesse durch Interaktionen

Das Kind entwickelt sich schon während der Schwangerschaft durch Interaktionen mit seiner Umwelt: Sein Tastempfinden im Mutterleib ist bereits in den ersten Lebensmonaten wirksam, bald auch sein Lage- und Gleichgewichtssinn und mit viereinhalb Monaten sein Hörsinn. Nach der Geburt beginnt es, aktiv auf Umweltreize zu reagieren: Es hört, spürt, riecht, schmeckt und sieht immer besser. Dabei ist ihm wesentlich, die angenehmen Reize erneut zu erfahren und seine Reaktionen darauf zu wiederholen, Unangenehmes aber zu vermeiden. Schon in diesen ersten Aktivitäten, begleitet von liebevollen oder anregenden Worten der Umwelt, liegen Wurzeln des Spracherwerbs, denn hier vollziehen sich Lernprozesse, die sich nur dann aus einer potentiellen Voraussetzung heraus weiter entwickeln, wenn die Umwelt angemessene Reize bietet, auf die das Kind reagieren kann, um die entsprechenden Funkionen zu stärken (Radigk 1998, vgl. auch Spitzer 2019).

Das Kind wächst damit nahtlos in eine sprachliche, später auch schriftsprachliche Umwelt hinein – durch Kommunikation mit seiner Familie und dann zunehmend mit seiner weiteren Umwelt. Begriffe, Satzbau, Grammatik – durch Lernen am Modell (durch die Erwachsenen) und Anwendung vollzieht sich das Sprechenlernen immersiv.

Dieser Prozess wird in den Erzähl- und Spielstunden noch einmal aufgeweckt: Durch Erzählen und Nacherzählen, Bewegen, Spielen in Gemeinschaft, Zuhören und Sprechen, durch Reimen, mit Fingerspielen und Handtheater, wie dies übrigens bereits Fröbel (1844) angeregt hat. Vielfalt fördert die körperliche, psychische und geistige Entwicklung des Kindes, und so lernt es sinnlich-sinnvoll das Begreifen, Erfahren, Verstehen.

Die folgenden Kapitel bieten Grundkenntnisse über das ZNS, denn wer hier genauere Kenntnisse über die entsprechenden Funktionen hat, kann für sich und andere auch gezielter und bewusster planen, Zusammenhänge erkennen und lernen. Zu den Funktionen, die unser menschliches Verhalten ausmachen, zählen Denken und Gedächtnis, Sprache, Wahrnehmung, Emotion und Aufmerksamkeit.

2.3 Das Nervensystem – Grundlage des Lebens, Denkens, Sprechens

Die folgenden Sachverhalte sollen komprimiert vor allem als Überblick und Impuls dienen, sich näher mit dem ZNS zu beschäftigen:

Das zentrale Nervensystem (ZNS) umfasst *Gehirn und Rückenmark*. Alle Nervenzellen, die außerhalb des ZNS liegen, bilden das sogenannte *periphere Nervensystem* samt seinen Fortsätzen *(Axone bzw. Neurite)*, die in Bündeln aus dem Gehirn austreten und in den Körper hineinführen (Linder 2005). Dieses periphere Nervennetz funktioniert autonom, also selbständig, und versorgt zum Einen die Skelettmuskeln, zum Anderen die Eingeweide (Magen, Darm, Lunge usw.) mit ihrem *vegetativen Nervensystem*. Das periphere Nervennetz steht in einer engen Wechselwirkung mit dem Gehirn: Denken, Lernen, Erinnerung, Vergessen, bewusste und unbewusste Wahrnehmungen und psychische Zustände wie Freude, Trauer oder Wut beeinflussen den Körper und durch die wechselwirkende Antwort des Körpers darauf ebenso das Gehirn. Ein Gehirn, das unter Stress und Angst steht, kann sich also körperlich in Formen von Stress- und Angstsymptomen auswirken, umgekehrt bewirken Freude und Erfolgserlebnisse auch Energieschübe im Körper. Unter Angst und Druck kann man bekanntlich nicht erfolgreich lernen, in einem angenehmen Rahmen dagegen umso besser.

Für das Sprechenlernen bedeutet das pädagogisch-didaktisch gesehen: Neugier wecken, Spannung erzeugen, Zeit geben für Wiederholungen, eine ansprechende Atmosphäre schaffen, Kreativität gewähren, Loben, Zuversicht wecken – eigentlich lauter gute Sachverhalte und Selbstverständlichkeiten für ein erfolgreiches Lernen.

Die an diesen Vorgängen beteiligten Nervenzellen werden als *Neuronen* bezeichnet. Sie bestehen aus einem *Zellkörper* mit einem *Zellkern*, in dem sich die *Chromosomen mit den Erbinformationen* befinden. Im umgebenden Plasma ruhen *Organellen*, die den Zellhaushalt besorgen und beim Denken und Lernen besonders aktiv werden. Dabei vermitteln Neuronen ihre Botschaften auf elektrochemischem Weg. *Sensorische Nerven im ZNS* bearbeiten Impulse, die *von afferenten (zuführenden) Bahnen* vom Körper ins ZNS gelangen. Sie werden aus den Sinnesorganen (Augen, Ohren, Nase, Zunge, Haut, aus dem Gleichgewichtssystem im Innenohr und aus den tiefensensiblen Bereichen der Muskeln, Sehnen, und Gelenke) gesendet. Umgekehrt schickt das ZNS auf *efferenten (ausführenden) Bahnen* Impulse als „Befehle" in den Körper.

Das neuronale Netzwerk im Gehirn ist unglaublich dicht, funktioniert aber hierbei äußerst differenziert, denn einwirkende Impulse werden über *verzweigte Verlängerungen der Nervenzellen (sog. Dendriten als Empfänger von Signalen)* und über *Schaltköpfchen (sog. Synapsen)* auf elektrischem Weg weitergeleitet und präzisiert, bei Stress aber auch unterbrochen. Der ganze neurale Prozess kann in Kopf und Körper nur durch all jene Bewegungen und Wahrnehmungsreize effektiv gelingen, die gleichermaßen von außen (durch Sinnesreize) und/oder von innen (durch den Gleichgewichtssinn, die Tiefensensibilität, Schmerzen u. a. m.) kommen, ebenso durch Ernährung und Sauerstoff.

Koordinierte Bewegungsfolgen regen zusätzlich die Produktion von *Neurotrophin* an (vgl. Hannaford 1997, S. 136). Das ist ein *neuraler Wachstumsfaktor*, der die Nervenvernetzungen immer weiter anregt, verdichtet und damit das Lernen und Behalten durch Bewegung immer effektiver macht.

Wenn Sinneseindrücke verarbeitet werden, spricht man von *Empfindungen:* Sie sind subjektiv durch Vorwissen, eigene Erfahrungen, Umwelt und Gefühle geprägt. Wir nehmen solche Reize persönlich wertend, bewusst oder unbewusst wahr (Zimmer 2006). Bei einem Ablauf von Reizaufnahme, Weiterleitung und nun auch Koordination mit anderen Reizen bis zur Verarbeitung im Gehirn spricht man dann von einem

Wahrnehmungsprozess.

Es liegt also auf der Hand, dass Bewegungen und Sinnesanregungen auch beim Spracherwerb eine wesentliche Rolle spielen. Sprechen, Geschichten hören, Märchen erzählen, reimen, Finger bewegen, Theater spielen ... alle Impulse wandern durch den Körper, der angeregt und bewegt sein will. Hier begegnen sich objektiv Sprache, Schrift und Umwelt mit den subjektiv geprägten Empfindungen des Individuums.

In diesem 'Raum' eines ästhetischen Lernens spielt sich auch der Spracherwerb ab. 'Bewegtes' Erzählen, vielfältiges Spielen, sinnlich-sinnvolle Beschäftigungen – sie sind Bausteine für eine geistige Entwicklung und für Intelligenz; ohne Sinnestätigkeit und Bewegung aber bleibt die geistige Entwicklung – sinnlos? – auf einer schmalen Spur stecken.

2.4 Der Hirnaufbau – ein Wunderwerk

Wie erwähnt, laufen alle wesentlichen neuralen Prozesse durch das ZNS, also durch Rückenmark und Gehirn. Hierbei sind im Gehirn die Leistungsbereiche verschieden organisiert (vgl. Abb. 1):

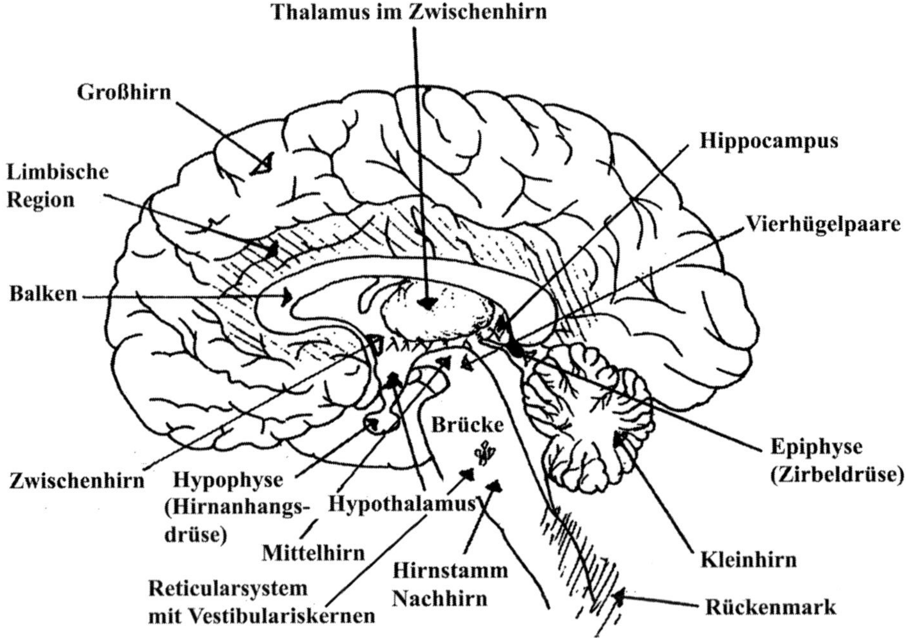

Abb. 1 Schematische Darstellung des Gehirns. Aus: Zimmer, Renate. Ausgabe von 1995, S. 33; bearbeitete Neuauflage: 2019

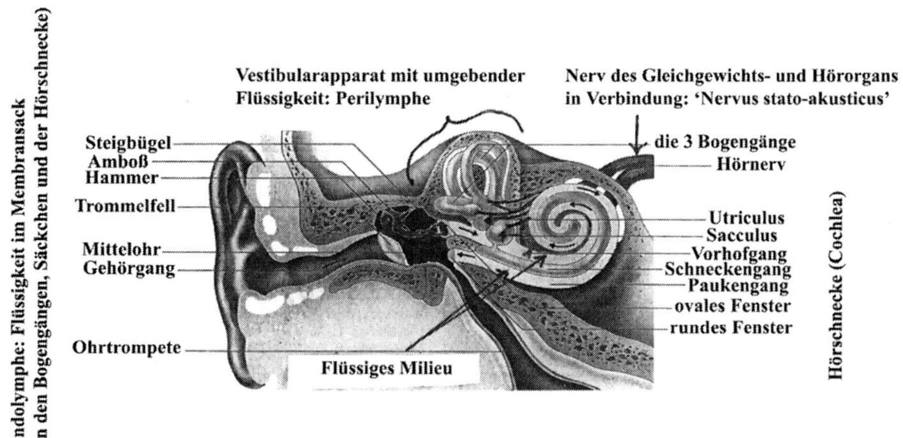

Abb. 2 Übersicht über den Aufbau des menschlichen Ohrs. Aus: Linder Biologie, Gesamtband von 1989, S. 235, bearbeitete 24. Auflage: 2019

2.4.1 Das Rückenmark in der Wirbelsäule

Es zieht im Schutz des *Wirbelkanals* vom Kreuzbein bis zu den sieben Halswirbeln hoch. Zwischen den Wirbeln treten 31 Nervenpaare hervor, die den Körper umfassend versorgen. Im *Rückenmark* liegen lebenswichtige Schaltzentralen, die dem Gehirn ununterbrochen unbewusst ablaufende Aufgaben über ihre motorischen und sensorischen Nervenbahnen abnehmen

2.4.2 Das Nachhirn, ein Lebenszentrum

Ab den Halswirbeln wird das Rückenmark komplexer, geht so ins *Nachhirn* über und dient dort der Lebens- und Selbsterhaltung. Unter anderem werden dort Kreislauf, Atmung, Verdauung, Schlaf und Wachheit reguliert, ebenso Reflexe wie der Lidschlag, Husten, Niesen oder Erbrechen. Diese Vorgänge laufen meist unbewusst ab (vgl. Zimmer 2006, Popper/Eccles 1989). Besonders interessant ist hier die Lage des *Reticularsystems*, das Alfred Tomatis (1987, S. 141; 2000) als *Urgewebe* bezeichnet. Es bildet sich bereits im Embryo als Grundstruktur des Nervensystems für erste Informationsübertragungen aus. Später steuert es alle eingehenden Informationen und sorgt für ihre Feinübertragungen, indem es Impulse verstärkt, verlangsamt, hemmt oder auch mit Weckimpulsen unsere Aufmerksamkeit steuert (Bauer 1976, S. 177–178; 2006).

Im Reticularsystem liegen die *vier Vestibulariskerne* (Deiters, Schwalbe, Roller und Bechterew), die eine Art *Urhirn* bilden. Sie stehen mit dem *Raum-, Lage- und Gleichegewichtssystem im Innenohr* in Verbindung und koordinieren alle Bewegungsaktivitäten für beide Körperseiten (Tomatis 1987).

Man sieht: Bewegung greift tief ins Gehirn hinein. Jegliche Bewegung wird empfindbar, kontrollier- und steuerbar. So können wir über unser Körperschema verfügen.

Wenn das Reticularsystem und damit das Gleichgewichtssystem im Innenohr nicht angeregt wird, kann man keine Informationen aus der Umwelt aufnehmen. Erst all die sensomotorischen Reize, die aus den Sinnen und Bewegungen kommen, wecken das Gehirn auf, machen uns aufmerksam und lernfähig. Sie steuern schon ab Kleinkindalter die kognitive Entwicklung und unterstützen das Merken, z. B. die Sprachmodelle beim Zuhören, bei der Unterhaltung oder beim Erzählen.

2.4.3 Vom Bewegen, Gleichgewicht und Hören (vgl. Abb. 1 und 2)

(Anm.: Wer sich über Details zu den angesprochenen Themen und weitere Themen der Humanbiologie informieren will, sei beispielsweise auf Ayres 2013, Hannaford 2016; Hynek/Bayer/Zrzavy 2014; Faller/Schünke 2016 oder Tomatis 2000 verwiesen).

Das folgende Kapitel fällt teilweise ausführlicher aus, weil es elementar den Zusammenhang von Bewegen, Hören und Sprechen aufweist. So wurde bereits ein Zusammenhang zwischen Nachhirn und Innenohr festgestellt, da der Körper mit all seinen Empfindungen über dieses organische Sytem sowohl mit der Kontrolle der Bewegungen als auch mit dem Hören, dem Denken, Sprechen und Lernen selbst verbunden ist.

Multisensorisches Lernen wird einsichtig, wenn man weiß, dass sich im Zuge der Evolution zwischen Bewegungskontrolle und Hörfähigkeit ein enger Zusammenhang entwickelt hat, der existentiell für die Lebewesen auf dem Land wichtig wurde:

Das Ohr besteht aus dem *Außenohr* mit der *Hörmuschel* und dem *äußeren Gehörgang,* der bis zum *Trommelfell (einer Membran)* reicht. Hinter dem Trommelfell, nun also im Körperinneren, beginnt *das Mittelohr* mit der *Eustachischen Röhre,* der sogenannten *Ohrtrompete,* die mit dem Rachen in Verbindung steht. Vor allem ruhen hier die *drei Gehörknöchelchen*, die den Schall als Leitungsbahn ins Innenohr weiterleiten: Der *Hammer,* der an der Innenseite des Trommelfells befestigt ist und die Schwingungen des Schalls aufnimmt; der *Amboss,* der den Schall weiterleitet und der *Steigbügel,* der den Schall über das *ovale Fenster*, eine Membran im *Schläfenbein,* ins flüssige Milieu des *Innenohrs* leitet. Das Innenohr befindet sich im Schutze des harten Schläfenbeins und wird zusätzlich durch eine das Innenohr umgebende Flüssigkeit, die *Perilymphe,* stoßgedämpft.

In diesem Innenohr – dem ältesten Teil in der Evolution und eingebettet in das harte Felsenbein (Schläfenbein) – ruht neben dem Bereich zur Schallverarbeitung auch der sogenannte *Vestibularapparat:* ein differenziertes Organ für *Lage, Raumorientierung, Haltung und Gleichgewicht*, ohne das wir nicht einmal aufrecht stehen könnten und das nun aber – als eines der wundersamen Entwicklungen im Zuge der Evolution – mit der sogenannten *Cochlea, der Hörschnecke,* verbunden ist.

Der Vestibularapparat besteht aus den *flüssigkeitsgefüllten Säckchen Utriculus und Sacculus* mit *Schwerkraftrezeptoren* und *den drei Bogengängen*, die im Verhältnis zueinande räumlich angeordnet sind (nach oben / unten, hinten / vorne und rechts / links). Sie ermöglichen mit ihren *Bewegungsrezeptoren* die Wahrnehmung und Kontrolle von Bewegung, Beschleunigung, Verlangsamung, die Kopfstellung und das Raumempfinden; ebenso ermöglichen und kontrollieren sie das Empfinden von Berührungen, die eng mit der Motorik verbunden sind (vgl. Ayres 1984, S. 48 f., 2013. Tomatis 2000; 1987, S. 129 f., S. 101 f.; Manassi 1987; Zitzlsperger 2008, S. 22 f.). In diesem Rahmen reifen die *Kinästhetik* (das Stellungs- , Spannungs- und Bewegungsempfinden des eigenen Körpers) und die *Propriozeption* (die Tiefensensibilität bzw. Eigenwahrnehmung).

Um kontrolliert und artikuliert zu sprechen, sind mit dem vestibulären System und der Hörschnecke verbundene taktil-kinästhetische Reize nötig, die auch den feinen Muskeltonus der Sprechmuskulatur schulen. Das geschieht bereits beim Spielen, Basteln, Bauen, Malen, Schneiden, Kochen, Obst schälen, Gemüse Putzen, Sortieren …, ebenso mit Fingerspielen, Handtheater, Mimik und Gestik beim Erzählen … Solche Schulung kann sich genussvoll im immersiven Rahmen abspielen: In der Küche, am Arbeitstisch oder Spielbrett, im Erzählkreis, beim Einkaufen, im Schwimmbad …

Die bereits erwähnte *Hörschnecke (Cochlea)*, ein schneckenförmig gewundenes Gebilde mit *Hörzellen,* bildet mit dem Vestibularapparat eine *Funktionseinheit,* da beide durch eine *schallvermittelnde Flüssigkeit* miteinander verbunden sind: Gleichgewicht, Lagesinn, Raumwahrnehmung und Hören hängen also eng zusammen! Wie gesagt: Es ist sinnvoll, Bewegungen mit Hörerlebnissen zu verknüpfen und hierfür beispielsweise Buchstaben, Sätze oder Erzähltes mit Zeichen, Mimik, Gesten oder mit Singen und Rhythmus zu verbinden (vgl. Zitzlsperger 1995 und 2008).

Die Hörschnecke bildete sich in der Evolution erst aus und „hängte sich" dabei quasi an das bereits vorhandene Gleichgewichtsorgan der im Wasser lebenden Tiere (Fische usw.) „an", als manche Lebewesen vor Urzeiten das Wasser als Lebensraum verließen und sich nun im Luftraum mit den Schallwellen darin orientieren mussten. *Mittelohr und Ohrmuschel als Anhangsgebilde* entwickelten sich entsprechend später, um die Analyse im höheren Frequenzbereich (über den Luftraum) zu maximieren. So kam es durch die gemeinsame Flüssigkeit (die Endolymphe), die das Hör- und Gleichgewichtssystem miteinander verbindet, zu jener *Funktionseinheit*, die geradezu genial erscheint (vgl. Tomatis 1987, S. 64 f., 2000) und zum Lernen bewusst aktiviert werden kann:

Vestibular- und Hörbereich verarbeiten die ankommenden *Schallpakete* wegen ihrer spezialisierten Nervenzellen verschieden: Bewegungen wirken auf die Flüssigkeit im Gleichgewichtsorgan ein, ebenso akustische Rhythmen und Zeitfolgen oder Brummtöne aus dem tiefen Frequenzbereich bis etwa 16 oder 32 Hertz; und hier werden auch zuvor integrierte Bewegungsmuster erinnert (z. B. Rhythmen, Tanz- und Marschmusik oder Takte …).

Kontinuierliche Töne über 16 bis 32 Hertz dagegen werden in der Hörschnecke verarbeitet. Also: Bewegen, Klatschen, Rhythmisieren, Singen, Gestikulieren, dazu die angepasste Stimmgestaltung wie beim Geschichten erzählen oder Bewegungsmuster wie bei Tanzbewegungen oder Sprechentwürfen: Sie wirken in dieser Funktionseinheit einprägsam, fördern das Merken und dienen beispielsweise beim Geschichtenerzählen den Zuhörern und Beobachtern auch als Lernmodelle.

Das rhythmische Empfinden des Menschen bringt es mit sich, dass schon kleine Kinder bald rhythmisch beim Sprechen und Singen mitklatschen können und zwar in Silbeneinheiten. Es geht hier nicht um die grammatisch korrekte Silbentrennung, sondern um die allgemein als rhythmisch empfundene Struktur bei offenen und geschlossenen Silben. Dieses Silbenempfinden lässt sich zum Sprechenlernen ausnützen: Reime, Sätze, Lieder werden rhythmisch mitgeklatscht, geklopft oder mit Instrumenten betont (Trommel, Triangel …). Damit werden die Sprachmuster in Silbeneinheiten strukturiert und die Artikulation wird gefördert.

(Anm.: Zu den Subsystemen und Äquipotentialen im Großhirn, zur Taubstummensprache, die das Nichthörbare durch Bewegung ersetzt, zum Klatschen und Handzeichensystem als LRS-Prävention und zur Unterstützung des Lesen- und Schreibenlernens vgl. u. a. Zitzlsperger 1995 (Ganzheitliches Lernen) und 2008 (Vom Gehirn zur Schrift).

Die untere Hörgrenze liegt beim Menschen bei etwa 20 Hertz, die obere bei 15000 bis 20 000 Hertz; die menschliche Sprache bedient sich – je nach Sprache – etwa der Frequenz zwischen 100 und 4000 Hertz. Helle Töne und Klänge – beispielsweise im Bereich von 5000 bis 10000 Hertz – regen das Gehirn zur Aktivität an, tiefe Frequenzen (unter 16 Hertz) beruhigen den Körper und können sogar einschläfernd wirken. Hier ahnt man bereits die Wirkung von Musik auf den Menschen.

Schallpakete lösen einen regelrechten Bewegungsdrang in Verbindung mit dem Hören aus. Für Lernen bedeutet das noch einmal: Sprechen in Verbindung mit Ausdrucksbewegungen, Mitklatschen und Bewegungsfolgen, mit rhythmischem Aufsagen von Wortfolgen und Reimen und dergleichen Formen mehr – sie dienen dem Erlernen von Sprache und Sprechen, vermitteln ein intuitives Verständnis für grammatische Regeln und fördern zugleich die Artikulation.

Als bemerkenswert in diesem Zusammenhang muss man auch registirieren, dass sich der *weiter führende Hörnerv* und der *Nervenstrang* aus dem Vestibularapparat zu einem *gemeinsamen Nervenstrang, dem nervus stato-akusticus,* verbindet und solcherart eine *Informationseinheit* bildet, die nun – auch mit den Informationen aus dem Nachhirn (dem Reticularsystem) – eine hörende und Bewegung empfindende Einheit bildet, die bis ins Großhirn gelangt.

Unter geeigneten Bedingungen entwickelt sich nicht nur ein akustisch korrektes 'Hören' aus, das auch zur Lautanalyse befähigt, sondern *ein 'Horchen'* (vgl. Tomatis 1987, S. 171; 2000), das einem 'Lauschen' entspricht, einer vertieften Klanganalyse, mit der man Inhaltliches mit ihren feinen Zwischentönen erspürt, mit dem man im eigenen Inneren etwas zum Schwingen bringt, weil Resonanz ausgelöst wird, weil man verbal versteckte Botschaften erspürt, weil man in einem Hörerlebnis versinken kann – mit Horchen kann man sich auch in die „Wellenlänge“ eines Gegenübers einfühlen und sich für andere und anderes öffnen (Empathie).

Erzählen, Vorlesen, selber Lesen, Kommunikation, sie führen zum Horchen, das sich auch neuen Inhalten öffnet und zugleich den Spracherwerb fördert.

2.4.4 Das Kleinhirn, Koordinator für Fließbewegungen (vgl. Abb. 1)

Während in den motorischen Feldern des Großhirns *Willkürbewegungen* geplant und aufrecht erhalten werden, übernimmt das *Kleinhirn* – am unteren Hinterkopf gelegen – in steter Wechselwikung mit dem Großhirn und dem Innenohr präzisierende Korrekturen, die eine *Feinkoordination der Bewegungsabläufe* und damit fließende Bewegungen ermöglichen. Durch Übung werden solche Bewegungsabläufe *automatisiert,* so dass man mit der Zeit auch mehrere Tätigkeiten gleichzeitig ausführen kann: Zeichnen oder malen und nebenbei reden; rhythmisch zu Fingerspielen sprechen und deutende Bewegungen gestalten; singen beim Tanzen; Autofahren und zugleich schalten, reden und doch auf den Verkehr achten; kochen, ein Rezept befolgen und nebenbei plaudern – das sind Situationen, bei denen sich *Automatismen* (durch viele Übungen und Wiederholungen bestimmter Tätigkeiten) und konzentrierte geistige Leistungen ergänzen und die man auch beim Sprach- und Sprechenlernen aktualisieren kann.

2.4.5 Das Mittelhirn, eine Steuerzentrale (vgl. Abb. 1)

Das Nachhirn geht ‘aufwärts’ in *das Mittelhirn* über und wirkt dort als wichtige *Umschaltstation,* vor allem mit den oberen und unteren Vierhügelplatten (Vierhügelpaar). Diese übernehmen zahllose verfeinernde Steuerungsfunktionen, unter anderem für *die Augenbewegungen*, für die Einstellung der Augen auf Nah und Fern, für das Richtungssehen und die Pupillengröße. Hier treffen auch Impulse der gebündelten Hör- und Bewegungsnerven zur Verfeinerung ein, um dann umgeschaltet ins *Zwischenhirn und Großhirn* zu gelangen. Diese Vorgänge sind organisch und funktionell unglaublich dicht vernetzt und differenziert. Im Zwischenhirn verbinden sich dann die Bewegungen, Hör- und Sehereignisse als Handlungen, als Denken und Emotion untrennbar miteinander – Bewegung ist ein Denken in Handlungen!

2.4.6 Vom Sehen, Schauen und Spüren, Tasten

2.4.6.1 Sehen und vertiefendes Schauen

Während sich Tast- und Gleichgewichtssinn und dann der Hörsinn bereits in den ersten Monaten der Schwangerschaft entwickelt haben, kann der *Gesichtssinn* erst nach der Geburt aktiv werden. Dabei ist er aber prinzipiell bereits funktionsfähig. Der Sehsinn ist – wie erwähnt – über *das Mittelhirn* wegen seiner Verbindungen zur Raumorientierung und Bewegungskontrolle funktionell eng mit Bereichen des

Stammhirns verknüpft. Das Kind entwickelt durch stete Anwendung seiner Sehfähigkeit mit der Zeit ein *visuelles Gedächtnis.* Kinder haben ein unglaublich rasches visuelles Erkennen, mit dem sie Gesehenes speichern, erinnern und abrufbar halten. (Das bemerken Erwachsene z. B. regelmäßig beim Memoryspielen!).

Die positiven Wirkungen eines erinnernden Sehens sind unübersehbar: Lesen, schauen, beobachten, den Kopf, Hände und Finger danach bewegen, Papier und Dinge anfassen, spüren, umblättern, handhaben, werken – alles klingt zusammen und erzeugt innere Bilder und erinnerbare Vorstellungen, die nicht nur die Phantasie nähren, sondern auch zur Versprachlichung verlocken. Diesen multisensorisch initiierten Vorteil kann das einseitige Sehen an digitalen Medien nicht erreichen.

Beim *fokalen Sehen* lernt das Kind, Farben, Formen und Muster zu erkennen, Hell und Dunkel zu unterscheiden und das Gesehene zu fixieren, also auch Details zu erfassen; ebenso beherrscht es nach und nach die *Visuomotorik,* mit der es den Raum und Bewegungen darin erfassen und einschätzen lernt. Es geht um das Ich im Verhältnis zu Entfernungen, Größenverhältnissen und Höhen, beispielsweise um Treppenstufenhöhen oder Wurzelwerk, auf die man seine Bewegungen abstimmen muss, oder um den Ball, der auf einen zusaust und der rechtzeitig abgefangen werden muss ... Durch Übung entwickelt sich auch die *Figur-Grund-Wahrnehmung*, indem man lernt, sich auf die anvisierte Figur zu konzentrieen und den Hintergrund als momentan unwichtig auszublenden.

Besonders geeignet für die Schulung des Sehens sind Bilderbücher. Durch ihre Betrachtung gelangt das Kind vom Erkennen der zweidimensionaler Abbildungen zu dreidimensionalen Vorstellungen. Bei der Entwicklung dieses mit der Raumorientierung verbundenen Vorgangs lernen Kinder ebenso wie Erwachsene, Symbole „für etwas" zu verstehen, (Farben, Zeichen, Abstraktionen), Bildzusammenhänge zu erkennen, sie zueinander in Beziehung zu setzen, kraft Phantasie Handlungen herzustellen und dabei über ihre Eindrücke und Vermutungen zum Bildgeschehen zu sprechen.

Bilderbücher spielten im Unterricht und besonders in unseren Erzähl- und Spielstunden immer eine wichtige Rolle. Davon profitierten auch die Kleinkinder in der Gruppe, weil sich allgemein dabei ihre *Wahrnehmungskonstanz* fördern ließ, die sich bereits in den Vorschuljahren entwickelt: Man lernt, an Dingen das „Wesentliche" (trotz Drehung oder Veränderung des Objekts) zu erkennen. Das ist eine geistige Leistung, die mit Abstraktionsfähigkeit einher geht: Ein Stuhl bleibt zum Beispiel ein Stuhl, auch wenn er umgeworfen, von hinten oder in Teilen gezeigt wird. Ein Bär bleibt ein Bär, auch wenn er mal auf den Hinterbeinen steht, mal auf vier Beinen oder nur mit dem Kopf zu sehen ist ... Hier wird *generalisiert.*

Bilderbücher eignen sich gut zum Sprach- und Sprechenlernen, weil mit zunehmendem Alter gemäß der entsprechenden körperlichen und geistigen Reifeprozesse die äußeren Abbildungen in der Phantasie verlebendigt und in Worte gekleidet werden können. Beim Hören von Märchen und anderen Geschichten andererseits „malt" jeder Rezipient ganz subjektiv und mit seinen eigenen Assoziationen seine inneren

Bilder, seine Vorstellungen zum Gehörten, und er kann auch an diesen Details Worte finden. Innere und äußere Bilder, subjektive Empfindungen und die Wahrnehmung von Worten, Texten, Erzählgut – sie bilden ein produktives Ensemble, das als solches über ein hohes didaktisches Potential verfügt.

Es ermöglicht schließlich auch, sich auf das Gesehene genauer einzulassen, Ästhetisches oder Ungewöhnliches zu genießen, Fremdes wirken zu lassen, den Dingen oder Bildern nachzusinnen, Details zu beobachten – so wird das 'Sehen' zum *'Schauen'*. Dieser Prozess fördert die emotionale und kognitive Entwicklung und steht im Gegensatz zu den schnell ablaufenden Bildern und Szenenwechseln in Videos, im Fernsehen usw., die vordergründig ablaufen und keine Zeit lassen, sich in innere Zusammenhänge genauer zu vertiefen.

Ein 'Schauen' lässt sich unter anderem auch fördern, wenn man mit Kindern 'Schatzkisten' anlegt, in denen jeder schöne oder besondere Dinge sammelt und den anderen vorstellen darf: Federn, hübsche Steine, Hölzchen, Blätter, Felle, Bilder, eine alte Brosche, etwas Glitzerndes, buntes Glas ... Man berührt die Dinge, schaut, spricht, streichelt, reicht weiter, tastet, ordnet ein ... bewegen und tasten, sehen/ schauen und hören/horchen, auch riechen und schmecken wirken wieder vollsinnlich und sinnvoll in ihrem wahren Wortsinn zusammen und fördern zudem Sprache und Sprechen.

2.4.6.2 Tasten, Spüren und Sehen mit der Haut

Im Mutterleib ist der Hautsinn als erstes Sinnesorgan entwickelt (ab ca. 8 Wochen). Die Haut ist unser größtes Sinnesorgan, hängt unmittelbar mit Gefühlen zusammen und ist mit ihren vielfältigen Funktionen für uns existentiell wichtig: Sie atmet, schützt den Körper vor Verletzungen, kann Wasser und Fett speichern, reguliert die Wärme, kann Giftstoffe ausscheiden und Signale setzen: durch Erröten, Erblassen, Ausschlag oder Flecken. Die Haut ist Mittler zwischen Ich und Umwelt und schon der Säugling beginnt seine Welterkundung mit dem Tasten und Fühlen und gedeiht nur, wenn er durch Wiegen und Streicheln Geborgenheit erfährt.

Die *Hautsinne* werden durch die *Hautsinneszellen* zusammen mit dem *Nervengewebe* verwirklicht und bilden die Grundlage für das *taktile System*, das neben seinen Aufgaben, Temperatur-, Schmerz-, Berührungs- oder Druckempfindungen auszulösen, etwas Besonderes leistet:

Durch Tasten kann man seine Umwelt auf eigene Weise erkennen, denn 'blindes' Berühren, Abtasten und Drücken von Dingen erzeugen Vorstellungsbilder, wobei auch Größe, Dicke, Form, Temperatur, Material, Oberfläche und Binnenstrukturen erkannt werden können. Dies gelingt, weil Tastereignisse durch Informationen aus den Muskeln ergänzt werden, denn die Berührungsreize laufen durch das Nachhirn, Klein-, Mittel- und Zwischenhirn weiter bis in die Großhirnrinde, wo die Reize bewusst wahrgenommen, korrigiert und durch Rückkoppelung in tieferen Hirnregionen präzisiert werden.

Im Zwischenhirn geschieht hierbei Wesentliches: Bewegungs- und Tastempfindungen erfahren dort in der 'Relaisstation' des Thalamus und anderen Zwischenhirnkernen eine qualitative Veränderung: Sie werden mit Gefühlen besetzt. Hier verbinden sich Emotion und Kognition unlösbar und erfahren auf dem Weg über das Frontalhirn den Sprung ins Geistige, in Denken, Gedächtnis und Erinnern.

Tastende Erkundungen schaffen zusammen mit *kinästhetischen* Impulsen (Kinästhetik als Lage- Kraft- und Bewegungssinn bzw. Bewegungsempfinden) *neurale Bahnungen,* die eben dadurch den Aufbau *kognitiver Strukturen* anregen. Das heißt: Während eine rein taktile Empfindung quasi passiv erlebt wird, ist ein *tastendes Begreifen als Verbindung von Spüren und Bewegen* eine *aktive Erkundung* und meint solcherart *Haptik* und *haptisches Lernen.* Es unterstützt ein kognitives Lernen, wirkt als *taktil-motorische Erfahrung* intensiv konzentrierend und wird in der Regel lustvoll erlebt, zum Beispiel bei Spielen mit dem 'Fühlsäckchen', mit dem man auch den Wortschatz und ein geschicktes Abfragesystem in der Lerngruppe initiieren kann, oder indem man einem Spielpartner etwas auf die Haut zeichnet oder mit dem Finger einer vorgeritzten Spur oder einer Hohlspur nachfährt. Auch hier werden durch die entprechenden Berührungsreize in der Vorstellung visuelle Bilder wach. Zudem gibt es ein Subsystem, das im Großhirn Gespürtes/Taktiles in Visuelles umsetzt (vgl. Äquipotentialität, Zitzlsperger 2008, S. 36, nach Schmidt 1992). Auf diesem Zusammenhang beruht das Prinzip der Braille-Schrift für Blinde.

Die Nähe zwischen dem Hautsinn, dem Gesichts- und Muskelsinn – also mal vorrangig tasten oder schauen oder bewegen) lässt ein faszinierendes Zusammenspiel mit unterschiedlichen Gewichtungen dieser Wahrnehmungsreize zu und erhöht gleichzeitig den Grad der Wachheit und Aufmerksamkeit. (Am Rande bemerkt: Der Grund hierfür liegt phylogenetisch in der Gemeinsamkeit der altertümlichen sog. *Cortizellen,* die sich heute noch im Innenohr und in der Haut bewähren (vgl. Zitzlsperger 2008, S. 43, 44).

Die Nähe zwischen Visuellem und Taktilem zeigt sich auch darin, dass das Auge selber fähig ist, wahrzunehmen, wie sich etwas vermutlich anfühlt: weich, hart, rauh, glatt, seidig, geriffelt, nass, spröde ... Kraft dieser Erkenntnis lohnen sich Spielformen, bei denen optisch Wahrgenomenes mit seinen vermuteten Eigenschaften beschrieben wird. Und immer wieder: *Taktil-motorisch-visuelle Ereignisse* wirken konzentrierend und andächtig stimmend. Fühlsäckchen, Eigenschaften raten, Rückenschreiben und Bilderbücher mit Collagen abtasten und dabei erzählen – das regt das Sprechen an. (Bei den Bilderbüchern setzte ich auch selbst hergestellte Collagebücher mit Märchenthemen ein (s. Kapitel 3 und 5).

Am Ende sei noch eine besondere Sehleistung angemerkt: Das menschliche Auge vollzieht beim Lesen sogenannte „Saccaden", Blicksprünge, um das zu Lesende an der Stelle des schärfsten Sehens (die Fovea) zu erfassen. Circa vier Mal pro Sekunde springt das Auge beim Lesen, erfasst dabei dominante Blickeinheiten und bewegt sich weiter – ein Prozess, so geschmeidig, dass man meint, die Sehbewegung sei fließend.

Will man nun Lernenden einen Text geben, wie es sowohl im Schul- und im Nachhilfeunterricht wie auch in den zit. Spiel- und Erzählstunden mit ihrem Familiencharakter der Fall war, in der auch eine Frau in Ausbildung stand und Schulkinder dabei waren, dann ist es – ein durchaus LRS-pärventives Verfahren – sinnvoll, die Wörter, die es zu lesen gilt, mit Silbenbögen zu strukturieren. Das besorgt in der Regel die Lernbegleitung, um Tücken der besonderen Silbentrennungen zu umgehen (z.B. Trennung zwischen Konsonantendopplungen oder bei Konsonantenhäufungen). So werden die Blicksprünge geordnet und das Texteverstehen erleichtert.

Sehen und Schauen stehen also über das verknüpfte System des Taktilen in Verbindung mit Kinästhetik und Tiefensensibilität und diese wiederum mit dem Hören/ Horchen: Ein wunderbares, rundum multisensorisches Netzwerk in Verbindung mit Informationen, ob kognitiv, emotional, bildlich oder klanglich besetzt, – so lässt sich sinnlich – sinnvoll die Welt erfassen; das Lernen wird zum Erlebnis. Mit diesem Kontextwissen versteht man auch Redensarten besser, bei denen Mentales als sinnliche Tätigkeit dargestellt wird, beispielsweise, wenn einem „ein Licht aufgeht", wenn wir „etwas ins Auge fassen" oder aber „unseren eigenen Augen nicht trauen" und „etwas nicht ganz blicken", wenn uns „etwas berührt" und „bewegt", man „standhaft ist", uns etwas „aus der Bahn wirft" oder man „auf etwas eingeht" …

2.4.7 Lebens- und lernwichtig: Das Zwischenhirn und Limbische System (vgl. Abb. 1)

In der Hirnorganisation weiter 'nach oben' hat sich über den bisherigen Hirnteilen (dem Hirnstamm) im Laufe der Evolution das *Zwischenhirn* gebildet. Es schließt mit dem sog. *Limbischen System* oder *Limbischen Lappen* bereits *primitive Teile des Großhirns* (des Neocortex) ein. Dieses wiederum hat sich über Jahrmillionen zum Großhirn mit seiner Großhirnrinde weiterentwickelt und machte schließlich den Menschen auf einmalige Weise auch selbstbewusstseinsfähig.

Der *Limbische Lappen* steht immer in enger Beziehung zum Stammhirn, zu tieferen Bereichen des Zwischenhirns und ebenso zum Großhirn: Es macht in dieser zentralen Stellung nun nicht nur Lernen durch Erfahrung, Verhaltensänderungen und bewusstes Handeln möglich und realisiert insgesamt das Gedächtnissystem, sondern regelt diese Prozesse zugleich in steter Verbindung zum Körper. Im Zwischenhirn und dem Limbischen Lappen werden *emotionale Reaktionen* durch einen veränderten Transmitterhaushalt möglich, wodurch sich Emotionen und Denken integrieren, Denkinhalte und Verhaltensweisen also immer mit Gefühlen besetzt sind. Damit werden Grundlagen für soziales Verhalten und Empathiefähigkeit gelegt und jegliches Lernen und Verhalten geregelt (Hannaford 2016).

Emotionen spielen eine grundlegende Rolle. Interessant ist in diesem Zusammenhang eine Anmerkung des Neurowissenschaftlers Antonio Damasio in seinem Werk *'Descartes Irrtum'*…, von 1994. Er sagt:

„... Ich vermute (sogar), daß die Menschheit nicht an einem Defekt ihrer logischen Kompetenz leidet, sondern vielmehr an einem Defekt ihrer Emotionen, die wichtige Informationen für den logischen Prozess bereitstellen.“ (Zit. nach Hannaford 1997, S.59). Diesen Gedanken führt Damasio in der Forschung mit seinem neuesten Werk: *„Am Anfang war das Gefühl. Der biologische Ursprung menschlicher Kultur“* fort (Damasio 2017).

Im Zwischenhirn befinden sich zahlreiche lebens- und lernwichtige Zentren, beispielsweise der *Thalamus* für Gefühlsregungen und Stimmungen. Er ist eine Art Umschaltstation, der jegliche Wahrnehmungen mit Gefühlen besetzt (Freude, Lust, Trauer, Angst, Wut, Schmerz, Ekel, Überraschung), diese interpretiert und bewertet. Erwähnt sei auch der *Hypothalamus* als Hormonzentrale, die den Körperhaushalt regelt, und die *Hypophyse. Die entsprechenden Körperhormone* setzen Transmitterstoffe (Hirn-Botenstoffe) frei, die auch das Lernen durch körperliche Reaktionen beeinflussen: Fühlen sich Lernende ermutigt und erfolgreich, dann fließen die Informationen in ihrem Nervensystem und sie lernen und behalten ihr Wissen, während unter Stress und Angst die Synapsen blockieren und damit Informationen nicht ins Gehirn und Lernnetz gelangen können.

Außerdem gibt es u. a. die lebenswichtigen *Basalganglien,* die als *Zwischenhirnkerne* umfassend mit über- und untergeordneten Hirnbereichen verbunden sind und wesentlich für limbische und kognitive Regelungen und für die Bewegungssteuerung zuständig sind (in Verbindung mit dem Neurotransmitter Dopamin, ohne den z. B. die Krankheit Parkinson entsteht). Und elementar wichig: Der *Hippocampus,* der zentral für Lernen und Gedächtnis zuständig ist. Er regelt nicht nur unsere Grundbefindlichkeit, sondern wird immer auch aktiv, wenn Neues gelernt wird oder Informationen ergänzt werden (Spitzer 2006, Zitzlsperger 2008, Schachl 2005, Hannaford 2016). Hier werden außerdem Informationen aus dem Ultrakurzzeitgedächtnis (UKZG) ins Langzeitgedächtnis (LZG) verwandelt – um so besser, je mehr man sich mit dem Lernstoff beschäftigt und ihn ab und zu auch wiederholt, denn bei Nichtgebrauch der Informationen verkümmern diese nachweislich (Eccles 1989, S. 460), während dauerhafte Erinnerungen abrufbar als LZG im Großhirn abgelegt werden (Eccles 1989, S. 469 f.)

Alle Informationen, die aus der Großhirnrinde kommen und alle Sinnesimpulse durchlaufen das Zwischenhirn und Limbische System. Ihre zitierte emotionale Besetzung wird in dieser Qualität erinnert, angemessen weitergeleitet oder aber unterdrückt – dies, um vor Überreizung zu bewahren, um die Reize oder Erinnerungen als unwesentlich, als unnütz oder gar schädlich zu tilgen. Sind sie jedoch zugelassen, dann werden sie mit früheren Erfahrungen verglichen, bewertet und ‘bearbeitet’. Diesen Prozess ermöglichen unter anderem die erwähnten Transmitterstoffe und Synapsen. Es ist ein vielfältiges Wechselspiel erregender oder hemmender Botschaften vom Großhirn bis in den Körper hinein und zurück.

Die sogenannten *Mandelkerne* (Amygdalae) führen wieder über verschiedene Umschaltstationen in ihrer Wirkung bis ins *Frontalhirn* und bis zu Bereichen, die mit kognitiven und sensorischen Prozessen zu tun haben. Sie gelten als 'Angstzentrum', das z. B. Fluchtreflexe auslöst. Wesentlich dienen sie zur Interpretation von Gesichtsausdrücken, von Körpersprache und zur Gestaltung von Mimik, Gestik, Handzeichen und Stimme. Durch ihre Verbindung mit dem *Hippocampus* sind sie immer mit Gefühlen verbunden und hier liegen wiederum Nahtstellen zur Praxis, wenn man beispielsweise angemessen spricht oder erzählt und dabei das Geäußerte auf lebendige Weise zu Sprachmodellen werden lässt; aber auch, wenn es um Signale und Wahrnehmungen aus dem Körper oder der Umwelt geht, die ein planendes Verhalten erfordern. Emotion, Körper und Verstand sind untrennbar miteinander verbunden. (Hannaford 2006, Eberhard-Metzger in bdw 3 / 1999).

Signale des *Geruchssinns* werden schließlich – im Gegensatz zu allen anderen Sinneswahrnehmungen – direkt in das Limbische System projiziert, weshalb Gerüche heute noch beim Menschen intensiv mit Gefühlen und Erinnerungen verbunden sind.

Düfte besitzen nachweisbar psychische Wirkungen; sie können bei richtiger Auswahl Schmerzen reduzieren und vor Stress schützen. Gerüche werden von chemischen in elektrische Signale umgewandelt und so in das Riechhirn geleitet. Von da werden sie vom Mandelkern und Thalamus analysiert, emotional bewertet und im Gedächtnis gespeichert, wofür auch der Hippocampus zuständig ist (Tenzer 2018). In der Praxis kann man sich diese Kenntnisse nutzbar machen, um in der Gruppe immer wieder angenehme kleine Dufterlebnisse zu schaffen: Mit Riechsäckchen, gefüllt mit Lavendel oder Kräutern; mit einem blumigen Parfum zum Schnuppern auf der Haut, mit einem Blumenstrauß, einem Kräuterbündel, direkt auf der Wiese oder mit Heu.

2.4.8 Das Großhirn, unsere Denkzentrale (der Neocortex) (Abb. 3 u. 4)

Das Großhirn in seiner Ausdifferenzierung und Leistungsfähigkeit ist einmalig unter den Geschöpfen. Durch dieses Wunderwerk kann der Mensch lernen, sich verhalten und sich seiner selbst bewusst empfinden. Ich werde hier nur Details ansprechen, die einen Überblick gewähren und dann besonderen Einfluss auf das anvisierte Sprechenlernen haben. Ansonsten sei auf entsprechende Literatur verwiesen. Im Weiteren lassen sich die Ausführungen auch mit Hilfe der **Abb. 3 und 4** nachvollziehen.

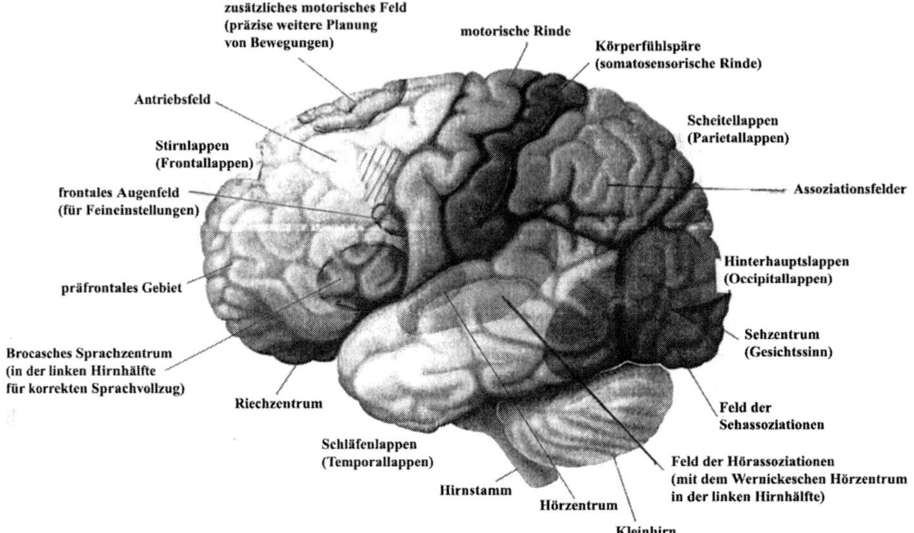

Abb. 3 Aus Spectrum der Wissenschaft: Gehirn und Nervensystem. Verlagsgesellschaft mbH & Co. Heidelberg 1988, S. 136

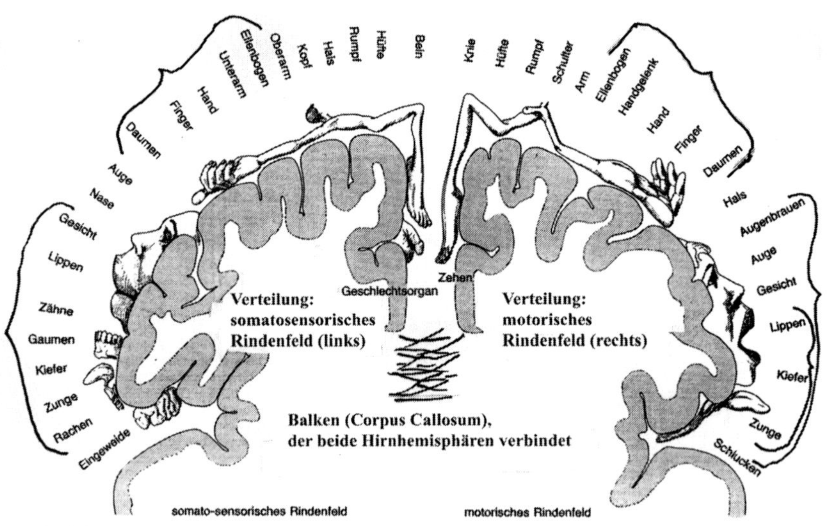

Bild 2: Im somato-sensorischen Feld der Großhirnrinde (links im Querschnitt) treffen die Signale ein, die die Sinnesorgane des Körpers zum Gehirn schicken. Das motorische Rindenfeld (rechts im Querschnitt) steuert die Körperbewegungen. Da jedem Körperteil ein bestimmter Bereich dieser Rindenfelder zugeordnet ist, kann der gesamte Körper auf die Hirnoberfläche projiziert werden. Dabei entsteht in jedem Rindenfeld ein „Homunculus", das heißt ein verzerrtes Bild des Menschen. Die Verzerrung kommt dadurch zustande, daß die Größe des Rindenfeldes, das einem Körperteil zugeordnet ist, nicht der Größe dieses Körperteils entspricht, sondern der Präzision, mit der er gesteuert werden muß. Beim Menschen sind die motorischen und sensorischen Felder für das Gesicht und die Hände besonders groß. Die hier wiedergegebenen Querschnitte zeigen jeweils nur eine Hälfte des Rindenfeldes: das linke somato-sensorische Feld, das Informationen von der rechten Körperhälfte erhält, und das rechte motorische Feld, das die Bewegungen der linken Körperhälfte lenkt.

Abb. 4 Homunculus. Aus: Spektrum der Wissenschaft: Gehirn und Nervensystem. Verlagsgesellschaft Heidelberg 1988, S. 114.

2.4.8.1 Überblick

Wie erwähnt, entwickelte sich das Großhirn im Laufe von Jahrmillionen aus dem *Riechhirn,* aus dem dann mit dem *Limbischen System* eine Art *Urbewusstsein* entstand, das im Zuge der Weiterentwicklung fähig wurde, Gefühle wahrzunehmen und zu bewerten.

Die *neuronale Vernetzung* der Großhirnrinde ist unglaublich dicht und verarbeitet nicht nur alle Sinnesmeldungen und die Willkürmotorik, sondern dient auch mental dem Merken, Erinnern, Sprechen, Planen, Vergleichen, dem Bewerten und der Wahrnehmung von Gefühlen bis hin zu sozialem Verhalten und zur Empathiefähigkeit. Hier werden die Informationen gespeichert, auch Bilder, Zeichen und Sprache; die Außenwelt wird abgebildet, Vergangenes wird erinnerbar und Zukünftiges planbar. Kreative Prozesse finden hier ebenso statt wie Wertungen. Und: Durch diese Fähigkeiten wird der Mensch sich seiner selbst bewusst, er hat ein *Ich-Bewusstsein.*

Das Großhirn ist in seiner nur *3 mm dicken Rinde* gefaltet, wodurch die Oberfläche um ein Mehrfaches vergrößert wird. Die Windungen nennt man *Gyri,* die Furchen dazwischen *Sulci.* Da das Großhirn in eine linke und eine rechte Hemisphären geteilt ist, wirkt sie scheinbar symmetrisch, aber mit jeweils sich ergänzenden Eigenschaften. *Beide Hemisphären* sind durch das *Corpus Callosum*, den Hirnbalken mit seinen etwa 200 Millionen Nervenfasern miteinander verbunden (vgl. Abb. 1), so dass die Hälften *komplementär zusammenarbeiten* und ihre Informationen austauschen können.

2.4.8.2 Die Landkarte im Gehirn (vgl. Abb. 3)

Zu Forschungszwecken hat man die verschiedenen Hirnrindenregionen nummeriert: in der sog. Brodmannsche – bzw. Penfield – Landkarte. Hier ihre auffälligsten Regionen bzw. Areale:

Auf beiden Seiten gibt es seitlich den *Schläfenlappen (Temporallappen),* in dem sich unter anderem das *Hörzentrum* befindet. Am Hinterkopf befindet sich der *Hinterhauptslappen (Okzipitallappen)* mit dem *Sehzentrum*, das Bilder und Visualisiertes bearbeitet. Zwischen beiden Lappen liegt in einer Übergangszone unter anderem der *Hirnrindenbezirk (das Areal) des sensorischen Sprachzentrums*, in dem sich *akustische Erinnerungsbilder* und die *Sprachbildung für sprachlogische, sinnvolle Aussagen* miteinander verbinden.

Am Schädeldach liegt der *Scheitellappen (Parietallappen):* Bei ihm fallen zwei langgezogene Windungen auf, die sich einer Furche entlang von oben über die Kopfseite bis zu einer weiteren Furche am Schläfenlappen hinzieht (vgl. Abb. 3). *Die vordere Windung* ist die *motorische Rinde*, in der Bewegungen geplant, über Rückkoppelungsschleifen auf ausführenden Bahnen zur Verwirklichung bis in tiefere Hirnregionen vermittelt, korrigiert oder verfeinert an die Großhirnrinde zurückgegeben werden, um über die daneben liegende *hintere Windung, die somatosensorische Rinde*, aufgegriffen zu werden. Diese Rinde fungiert als *Körper-*

fühlsphäre, in die die eben thematisierten Bewegungsempfindungen aus dem Körper eintreffen, auch Tastempfindungen, die wiederum über Assoziationsfelder mit dem Visualisieren verbunden sind. Und dann vermittelt diese somato-sensorische Rinde erneut die empfangenen Impulse an die vordere Windung zur weiteren Realisierung (Eccles 1989).

Im *Frontallappen,* der erst über mehrere Umstrukturierungsschübe nach der Pubertät voll ausgereift und wesentlich auch das Ergebnis früher Fördermaßnahmen und eines anregenden Sozialisationsprozesses ist (Hüther 2006, S. 131), werden alle aus anderen Bereichen des Gehirns eintreffenden Informationen, auch sprachliche Ereignisse, gelernt, eingeordnet, gespeichert und zu einem Gesamtbild zusammengefügt. Hier werden Gedanken, Gefühle, aufmerksames Gerichtetsein, Vergleiche und Wertungen vollzogen, auch die innere Orientierung, die zu ethisch-moralischen Entscheidungen befähigt.

„Ohne Frontalhirn kann man keine zukunftsorientierten Handlungskonzepte und inneren Orientierungen entwickeln, kann man nicht planen, kann man die Folgen von Handlungen nicht abschätzen, kann man sich nicht in andere Menschen hineinversetzen und deren Gefühle teilen, auch kein Verantwortungsgefühl empfinden. Unser Frontalhirn ist die Hirnregion, in der wir uns am deutlichsten von allen Tieren unterscheiden. Und es ist die Hirnregion, die in besonderer Weise durch den Prozess strukturiert wird, den wir Erziehung und Sozialisation nennen". (Hüther 2006, S. 130/131).

Im Frontalhirn liegen für diese Leistungen u. a. auch ergänzende *prämotorische Felder, sog. Antriebsfelder,* die zusätzlich für den reibungslosen Ablauf von Bewegungsentwürfen dienen: besonders ein weiteres Feld auf der vorderen Scheitelhöhe für Bewegungsplanung, eines für Augenbewegungen, eines für die Feinmotorik der Hände und eines für die Sprechorgane im Broca-Sprechzentrum, einem motorischen Zentrum , das für den Sprachvollzug, für korrekte Artikulation und Satzkonstruktionen nach grammatischen Regeln zuständig ist. Hinteres und vorderes Sprachzentrum (Wernicke und Broca) ergänzen sich mit ihren Kapazitäten, um sinnvolle Aussagen korrekt formulieren zu können (Zitzlsperger 2008, S. 47 ff.).

Jede Bewegung steigert die Durchblutung im Frontalhirn, je komplexer, um so intensiver, und damit werden die Antriebsfelder weiter aktiviert und leistungsfähig. Bereits das Denken und Planen einer Tätigkeit setzt die Hirnaktivität in Bewegung, quasi in einer Vordatierung (Eccles 1987, S. 355f., 438f.).

Alle Sinneswahrnehmungen aus dem Körper entfalten sich über Rückkoppelungsschleifen auf dem Weg über die 'Relaisstation' des Thalamus nicht nur in den erwähnten speziellen Hirnrindenbezirken *(den Feldern, Arealen).* Sie sind auch untereinander durch *Assoziationsfelder* verbunden, die als *funktionelle Einheiten* (Tomatis 2000) aufeinander bezogene Verknüpfungen erlauben. Assoziationsfelder ermöglichen ein multisensorisches Lernen, da man nun beispielsweise Handbewegungen mit Sprechen und Klangbildern oder Tastereignisse mit Vorstellungen, Rhythmen und Sprache oder Hören mit Bildern, Bewegungen und Riechen verbinden kann. Hier liegen Orte, die auch den Märchen ihre volle Entfaltung ermöglichen.

2.4.8.3 Homunculus – das 'Menschlein' im Gehirn (vgl. Abb. 4)

Auf dem langgezogenen Doppelwulst der *motorischen und somatosensorischen* Rinde ist der ganze Körper als Menschenfigur projiziert- für jedes Detail von der Zehe bis zum Kopf gibt es repräsentierende *Projektionen im Neuronennetz* der Hirnrinde. Allerdings sind diese Projektionen nicht nach unseren Vorstellungen von menschlichem Ebenmaß verteilt, sondern in verzerrten Größenverhältnissen: Je nachdem, wie wichtig und aktiv diese Körperteile für den Menschen sind und entsprechend wie hoch die Präzision zu ihrer Steuerung und die entsprechende Größe der Projektionen auf der Hirnrinde sein muss.

Abb. 4 zeigt deutlich, wie extrem in diesem *Homunculus* die Repräsentation für die Hände und Finger bis zu den Handgelenken und für das Gesicht sind, hier vorab für die Sprechwerkzeuge von den Lippen, der Zunge und dem Kiefer bis zum Rachenraum. Hände und Mundregion ergänzen ihre Leistungen beim Sprechen und sie nehmen mehr als ein Drittel der gesamten Homunculus-Projektion auf der Großhirnrinde ein. Dabei regen sie große Teile des Gehirns an: Es wird wach und hat viele Verbindungen zu tieferen Regionen, um das Gesprochene ins emotional besetzte Gedächtnis überzuführen.

2.4.8.4 Linke und rechte Hirnhemisphäre

Viele Regionen im Gehirn sind symmetrisch angelegt, augenfällig hierbei die *linke und rechte Großhirnhemisphären*, wobei jede Hälfte spezifische Funktionen erfüllt, aber mit ihrem arbeitsteiligen Verfahren kompensatorisch mit der anderen Hälfte zusammenwirkt. Erst die Anregung des *ganzen* Gehirns und der Kapazitäten beider Hirnseiten bewirken ganzheitliche, vollsinnliche Wahrnehmungen und Lernprozesse. Beim Lernen im immersiven Rahmen geschieht dies durch die alltäglichen oder gesteuerten Tätigkeiten und Bewegungen, durch den partnerschaftlichen Umgang mit anderen, durch Spiele, Geschicklichkeiten, aktive Umweltauseinandersetzung und Übungen 'wie von selber'.

Durch *Überkreuzbahnungen* und das *Corpus Callosum,* (den Balken), der die beiden Hälften verbindet und erst beim angehenden Schulkind weiter reift, kommunizieren alle Areale ihren Funktionen entsprechend miteinander. Die linke Seite ist in der Regel dominant und steuert die rechte Körperseite, (siehe Rechtshänder usw.), die rechte Seite steuert die linke. Es gibt aber auch eine rechtsseitige oder gemischte Dominanz. Durch überkreuz geführte Bewegungen der Arme und Hände wird die Kommunikation der beiden Hirnseiten gefördert.

Für das Sprechenlernen und Erzählen kann man bewusst die sich ergänzenden Kapazitäten der beiden Seiten einsetzen:

Die linke Hemisphäre ist die eher logisch orientierte Seite. Sie erweist sich in der Regel im verbalen Bereich (s. Broca-Sprachzentrum) als überlegen und übernimmt bei Zahlen, Buchstaben und Lauten, bei Wortfindungen, syntaktisch geordneten Sätzen, Grammatik und Regelhaftigkeit die Führung. Sie ist eher rational, linear und analytisch orientiert, nimmt Einzelheiten und Unterschiede wahr, ermöglicht sequentielles Denken mit Gefühlskontrolle und kann planen, strukturieren und zukunftsorientiert arbeiten. Ob bei Bewegungsfolgen im Sport oder beispielsweise beim Gestalten in Kunst oder Musik: Die aufbauenden Elemente für die Zielform werden zu ihrer Realisierung mit den Mitteln der linken Seite, aber ergänzt durch die der rechten Seite, angeleitet, wobei man bereits rein nach Vorstellung Übungen und Gestaltungen planen und visualisieren kann, sozusagen 'mental auf Probe'.

Die rechte Hemisphäre ergänzt sich mit ihren eigenen Leistungen zur linken. Sie ist eher nonverbal orientiert, nimmt Ganzheiten, Bilder und Bedeutungen wahr, ist gestaltorientiert, kann figural ergänzen, räumlich konstruieren, aus einer Handlungsfolge Sinn herausfinden und Redefluss und Sprechbewegungen mitsteuern. Sie dient dem Sprachverständnis und lässt Gefühle zu, geht eher intuitiv und analog vor, integriert Bewegungsmuster und verbindet Wahrnehmungen mit bewussten Emotionen. Bildvorstellungen, wie sie z. B. durch Märchen und ähnliche Geschichten geweckt werden, rhythmische und sprachliche Einheiten, wie sie Musik und Lieder bieten, Bewegungsmuster, die figural aus einem Bewegungsfluss erfolgen oder die Mehrdeutigkeit von Sprache in Sprachspielen, Bildsprache, Phantasiegebilden, Symbolen oder Metaphern – sie sind Kapazitäten der rechten Hirnseite, die wir für kreative, lebendige, tiefsinnige Aktionen brauchen. Außerdem wirkt diese Seite hervorragend als Gedächtnisstütze: Wenn wir uns einen neuen Begriff oder eine Abfolge merken wollen, lassen wir primär zur Sprache ein Bild oder eine Bildsequenz in der Vorstellung zu – die bilden sich wie von selbst im Kopf. Solche Verbildlichungen sind oft erinnerungsstärker als so manche Begriffe, Abstraktionen oder Abfolgen von Wörtern.

Der Balken (das Corpus Callosum) verbindet in Bruchteilen von Sekunden die Reize und Informationen, die in einer der beiden Hirnseiten beginnen. Voll funktionsfähig sind sie ab etwa dem 7./8. Lebensjahr, da sie dann erst gänzlich durch eine Isolierschicht myelinisiert sind . Erst dann bilden beide Hirnseiten eine funktionelle Einheit, während vorher beide Seiten weitgehend in sich geschlossene Einheiten bilden. Gefördert wird der Reifeprozess einer Myelinisierung, der sich erst in der Pubertät vervollkommnet, durch Bewegungen und vollsinnliche Aktivitäten; damit verbessern sich zugleich die kognitiven Funktionen (vgl. Hannaford 2013; 1984, S. 95).

Eine beidseitige Körpersprache legt nahe, dass das Gehirn in ganzheitlicher Weise aktiv wird, da es Sprache mit gezieltem Wortschatz, Satzbau und ihrer Sprachlogik (linke Seite) einsetzt und gleichermaßen das sprachliche Potential der rechten Seite mit ihrer Bildern und Bewegungsmustern, Intonationen und Klängen, Farben und Sinnzusammenhängen, Analogien und Ganzheiten einbezieht.

2.4.9 Was bedeutet ganzheitliches Lernen? (vgl. Abb. 1 bis 4)

Was verbirgt sich nun hinter diesem Ausdruck? Es geht um eine vielseitige, multisensorische Gegenstandserschließung, bei der beide Hemisphären, wie eben dargelegt, integriert und unter Anregung aller Hirnrindenbezirke (die vier 'Lappen') zusammen arbeiten: sowohl die primären Felder als auch die Assoziationsfelder. Hier liegt unter anderem das Potential zum Perspektivenwechsel, der durch Phantasie beflügelt wird. Ganzheitliche Wahrnehmungen werden außerdem erreicht, weil das Gehirn bereits in den Tiefen des nicht bewussten Stammhirnbereichs Vorleistungen erbracht hat: Durch ein Unterdrücken oder Löschen von Impulsen, die es für unnötig oder schädlich hält und durch Verstärken und Präzisieren von Reizen, die es für wichtig hält.

Die Empfindungen der Sinnesreize führen im limbischen System dazu, dass unser Denken auch von Emotionen begleitet wird und es mit diesen Qualitäten bewusstseinsfähig macht. Damit besetzen Gefühle alles rationale Denken, Werten und ebenso kognitive und kreative Prozesse. Sie tragen zum ganzheitlichen Lernaspekt bei, denn ein Denken ohne Gefühle gibt es im Prinzip nicht.

Ein interessanter Aspekt ist für das Verhalten noch Folgendes: Das Emotionale geht dem Denken voraus, denn es gehört entwicklungsgeschichtlich zum älteren Anteil unserer geistigen Aktivitäten (vgl. Limbisches System). *„Das Emotionale vermag deshalb den Weg zum Bewusstsein zu öffnen oder zu blockieren, Zuwendung zu fördern oder zu hemmen, geistige Tätigkeiten zu intensivieren oder abzuschwächen"* (Radigk 1991, S. 120).

Wer also Freude und Interesse am Lernen hat und darin bestärkt wird, lernt besser als die Missmutigen oder Ängstlichen. Wer aufgeschlossen ist, kann im Erzähl- und Spielkreis beispielsweise die positive Atmosphäre, in der auch viel gelacht wird, genießen – ein kleiner Ausschnitt aus einem ursprünglich immersiven Rahmen.

Dazu kommt: Thalamus (im Zwischenhirn) und Großhirnrinde stehen in einem sog. *thalamo-cortikalen Neuronenkreis* miteinander in Verbindung. Das Großhirn kann im Wechselspiel der beiden Instanzen mit Geist und Verstand Gefühle kontrollieren und die 'Oberhand' gewinnen: Durch Reflexion werden hier in einem Akt zunehmender Selbstbeherrschung Wut, Angst, Entsetzen oder Ekel bewusst beeinflusst. (Radigk 1991, S. 121, Zitzlsperger 2007, S. 61/62).

Denken ist eine innere Aktivität, die ursächlich aus Bewegung entsteht. Dabei haben Lernen, Übungen und Wiederholungen auch den Effekt, dass sich Automatismen entwickeln, die im Gehirn Bahnungen schaffen und dabei Energien für bewusstes weiteres Handeln und Lernen freisetzen. Nur so gelingt es beispielsweise, ein Auto zu steuern und gleichzeitig auf den Verkehr zu achten oder zu sprechen. Oder: Man macht Notizen und erläutert nebenbei eine Idee. Oder: man räumt auf und konzentriert sich nebenbei auf Nachrichten oder ein Hörprogramm.

Der ganze Körper erweist sich unter anderem als ein 'Sprechorgan'; er ist nicht nur Hörender und Sprechender, sondern auch Lebensquell, Ausdruck, Gestalter, Koordinator. Ihn einzusetzen ist schlicht sinnvoll.

Um dies noch einmal konkret darzustellen: Wenn Kinder, Jugendliche und auch erwachsene Deutschlernende z.B. Gelegenheit hätten, anderen ein Märchen oder andere geeignete Geschichten zu erzählen, in denen innere Bilder mit Worten gemalt werden, dann würden sie ganzheitliche Erfahrungen machen: Indem sich Sprache, Logik, Abfolge, Bewegungsgestaltung und Zeit mit Bildkraft, Emotionen, Vergleichen, Metaphern, Symbolen, musikalischen Elementen, spontanen Bewegungen und Räumlichkeit verbinden. Dabei lernen Körper und Geist in bewusster und unbewusster Form, lassen das Bewegungsrepertoire reifen und mit ihm auch die kognitiven Fähigkeiten, denn wie gesagt: Denken und Gedächtnis erwachsen aus Bewegung.

2.4.10 Weiterführung

Das folgende Kapitel (3. Praxis) wendet sich nun solchen Spielformen zu, die möglichst viele Sinne und damit den Körper, das ganze Gehirn und das Sprechen anregen. Beachtet wurde bei der Auswahl Folgendes:

- Die Spiele sind von den Regeln her unkompliziert und können bald auch von denen bewältigt werden, die Deutsch erst lernen müssen. Die Vorschläge sind alle erprobt.
- Die Spiele tragen einen gewissen Wettbewerbscharakter, so dass sich die Mitspieler aus Ehrgeiz oder Neugier darauf konzentrieren und gar 'die Zeit vergessen'. Sie reden oder äußern sich spontan. Dabei kann man je nach Können der Spieler, ob Kinder oder Erwachsene, den Schwierigkeitsgrad variieren.
- Die Spiele sollten Anlässe zum Sprechen bieten und seien es vorerst nur Ausrufe, kleine Fragen, Kurzkommentare und Antworten Dazu zählen auch sinnvolle Fragestellungen wie beim 'Fühlsäckchen', 'Ich seh' etwas, was Du nicht siehst' oder Quartett. Mit ihnen wird zugleich der Wortchatz gesteigert.
- Ein Wechsel in der Spielfolge, bei der mal mehr die Hände und mal mehr der weitere Körper bewegt werden, – und der Mund zum Sprechen ist immer dabei –, beugt einem Abwendungsverhalten vor. Sehen und Beobachten, Lauschen und Zuhören, Tasten, Schmecken und Riechen, Nachahmen, Fingerspiele, Arm- und Körperbewegungen, Laufen, Hüpfen ... das alles sind Mittel zur Sprach- und Sprechförderung.

3. Praxis: Immersives Lernen durch kommunikative Begegnungen: Mehr als 50 einfache Spiele zur Sinneserziehung und Sprechanregung

'Mit den Sinnen zu spielen ist umfassendes Lernen'
(Bücken 1987, S. 11)

Anmerkungen:

1. Es gibt vielfältige Literatur und Praxisbücher über den entsprechenden Themenbereich – selber recherchieren lohnt sich. Exemplarisch sei nur außer Bücken (s. o.) Diepmann 2013 genannt, deren Spiele sich mit Themen zum Jahresablauf, zur Natur, zu Entdeckungsspielen und Balance befassen. Da sich diese Spiele an ein junges Pulikum wenden, sind sie nicht schwierig und dafür zum Sprechenlernen auch z. B. für Flüchtlingskinder gut geeignet.
2. Kürzel: **S** bed.: Sinnesanregung als Schwerpunkt, diese aber immer in Verknüpfung mit anderen Sinnen. Alle Spiele enthalten wegen der Informationen und Anregungen zum Sprechen einen kognitiven Gewinn, der aber nur noch bei besonderen Herausforderungen erwähnt wird. Auch ein- oder mehrmals erwähnte besondere Reize und Wirkungen werden dann einfach als Kenntnis vorausgesetzt, um Wiederholungen zu vermeiden. Die Spiele lassen sich entsprechend dem Alter und Kenntnisstand der Lernenden gut differenzieren.

S: Hören und Bewegen, Verstehen, Wortschatz, Reaktion, Reden: **„Ich seh etwas, was du nicht siehst."** Einer sagt den Satz, andere fragen: „Was siehst du denn?" Der erste antwortet z. B.: „Etwas Rotes …". Nun fragen und deuten die anderen, bis einer das Richtige erraten hat, der dann seinerseits die Frage stellen darf. So kann man Farben und auch Eigenschaften wählen, z. B. etwas Rundes, Kaltes Helles, Weiches … Es war und ist das Lieblingsspiel der Flüchtlingskinder in der Erzählstunde. Sie liefen durch den Raum, am schnellsten flitzte immer der 6-jährige Mohammed im Rollstuhl umher. Bewegung, Fragen, Aufregung, spontane Sprachanwendung wechseln ab.

S: wie oben: **„Alle Vögel fliegen hoch, die Amsel …! das Eichhörnchen …!"** Einer spricht den Satz und reißt grundsätzlich 'verführerisch' die Arme hoch, auch bei falschen Behauptungen. Alle müssen genau aufpassen: Fliegt ein Schwein etwa hoch? Eine Elster? (bei neuen Begriffen sollte die Lernbegleitung informieren). Und Türen? (Großes Gelächter…). Und Hühner? … Jeder ist der Reihe nach dran – ein beliebtes Spiel! Der schönste Satz von Marja, als sie einen Hund fälschlich hoch fliegen ließ: „Aber wenn er Flügel hätte, täte er doch fliegen!" ein perfekter Konjunktiv …

Hilfestellung: In unserem Spiel- und Erzählkreis malte ich quasi als **'bildlichen Spickzettel'** kommentierend auf einen DIN-A-4 Bogen Figuren: Huhn, Ente,

Katze, Wolke, Hund, Hahn, Biene, Krokodil, Vogel, Esel, Mücke, Türe, Löffel ... und derjenige, der den Leitsatz sprach, zeigte vorher kurz auf das Bild. Das unterstützt das Verstehen, sichert den Wortschatz und gibt ein Erfolgsgefühl.

– **Variation: S:** wie oben, vermehrt kognitiv: Alle Tiere schwimmen im Wasser – die Fische! Der Hase! Der Krebs ... Es ist gut, vorher wieder an Hand der Abbildungen den Wortschatz zu erarbeiten. (Ich malte die Dinge in Anwesenheit der Kinder, das regte das Sprechen, Vermuten und weitere Vorschläge an). Bei dem Bild mit Tieren / Dingen zu: „Alle Tiere schwimmen im Wasser, die ...“ malte ich: einen dunklen Fisch, ein Krokodil, Steine, Hase, Krebs, einen bunten Fisch, Enten, Stuhl, Muscheln, Wasserschildkröte, Blume, Kaulquappe ... Und da gibt es – wieder sprechanregend! – einiges zu überlegen: Schwimmen Muscheln? Woran erkennt man eine Wasserschildkröte? Warum Krebse? Und gibt es Blumen im Wasser? Aber können sie schwimmen? ...

S: Gezielte größere Bewegungen, Gleichgewicht halten, beobachten, reagieren, sprechen: **Das Spiegelspiel.** Es ist bei Kindern sehr beliebt. Ein Kind macht ein Tier vor: Storch auf einem Bein, Vogel mit schwingenden Armen, Pferd mit Sprüngen, Hund mit Männchen machen, Frosch hüpfend ... die anderen raten, was es ist und ahmen dann die Bewegungen nach. Wer eine kleine Geschichte dazu weiß, kann erzählen. Und wie ist das, wenn ein Storch einem Vogel begegnet? Oder ein Frosch einer Schnecke? Kann man das spielen?

S: Horchen, reagieren, reden: **Hänschen, piep einmal:** Die Kinder sitzen im Kreis. Ein Kind mit verbundenen Augen wird zu einem der Kinder im Sitzkreis geführt. Es setzt sich auf dessen Schoß und sagt: „Hänschen, piep einmal“. An dem ‘Piep’ soll es erkennen, wer das Kind ist. Wenn das nicht gelingt: **„Hänschen, sag mal was“**. Das Betreffende sagt nun z. B.: „Ich heiße Bumbum“ oder: „Ich heiße Bonbon“ o. ä. An der Stimme sollte es dann erkannt werden. Kinder finden Variationen und sprechen von sich aus, nur, um noch mehr Namen zu finden, die Gelächter auslösen.

– **Variation, S**: Haptik, innere Vorstellung: **„Lieschen, wer bist du?“** Das ‘blinde’ Kind ertastet Gesicht, Frisur und / oder Kleidung des Kindes, zu dem es geführt wurde und errät damit dessen Namen. Wer vorher im Kreis alle genau beobachtet hat, wird hier Vorteile haben.

S: Hören, Bewegung mit Raumorientierung, hohe Konzentration: **Heiß und kalt:** Für Kinder und Erwachsene geeignet. Ein Spieler muss vor die Türe, die anderen verstecken etwas (ein Nestchen mit Süßigkeiten, ein Osterei, einen Bleistift, ein Stück Schokolade ...) im Raum. Der Kandidat wird hereingebeten und sucht, indem er nach den Hinweisen geht: „kalt“ (falsche Richtung), „warm“ (es geht in die richtige Richtung), „noch wärmer“, „heiß ...“. Sowohl Schul- als auch die Flüchtlingskinder gaben und geben als die ‘Wissenden’ mit Begeisterung weitere Kommentare ab: „Du bist gleich da“, „falsch, falsch!“ oder: „Dreh lieber um“, „ich helfe dir“, „oh, du bist schon wieder falsch ... Die Lernbegleitung kann solche Kommentare anfangs beiläufig ebenfalls als Modell vorgeben.

S: Hören, lauschen, deuten: **Geräusche im Haus** Alle sitzen still an ihrem Patz und lauschen den Geräuschen im Haus: Da hat man einen tickenden Wecker versteckt, irgendwo schrillt ein Telefon, eine Türe klappt, irgendwo spricht jemand …

S: Wie vorher: **Geräusche draußen:** Hört man ein Auto? Einen Motor? Den Wind? Menschenstimmen, Blätterrascheln, die ferne Eisenbahn? Wir sammeln am Ende alle Geräusche.

S: Genau horchen, flüstern: **Stille Post.** Alle sitzen im Stuhlkreis. Wir stellen jetzt ein Flüstertelefon her. Einer spricht gut artikuliert (am besten die Lernbegleitung) ein Wort oder ein Kurzsätzchen ins Ohr des Nachbarn. Der gibt das Gehörte ebenso flüsternd ins Ohr des nächsten Nachbarn und so fort. Welches Wort, welcher Satz kommt am Ende heraus?

S: Genau horchen, artikuliert murmeln, sprechen, Konzentration: **Ich suche meinen Partner.** Der Spielleiter/die Lernbegleitung gibt jedem einen Zettel, auf dem etwas steht; besonders gut sind Märchenfiguren oder ein ganz kurzer Satz geeignet. Jedes Wort/Sätzchen kommt zwei Mal vor. Nun gehen alle langsam durch den Raum und murmeln ihren abgelesenen Namen; gleichzeitg horchen sie auf das Gemurmel der anderen. Wenn man den hört, der den gleichen Namen bzw. Satz spricht, hat sich das Pärchen gefunden. Am Ende kann jede Gruppe erzählen, was sie über die Figur oder den Satz weiß. Wortbeispiele: Rumpelstilzchen – oder: Heute back ich … – Schneewittchen – oder: Ich vergifte den Apfel – Rotkäppchen – oder: Wo wohnt deine Großmutter? – Die sieben Zwerge – oder: Öffne niemandem die Türe …

S: Haptik, innere Vorstellungen und Kognition bei Begriffsbildung und Sinnverstehen. **Fühlsäckchen:** Alle Gegenstände aus dem Säckchen werden ausgebreitet, angefasst und besprochen nach Aussehen, Farbe, Material, ihrem Nutzen usw.. Derjenige, der im Säckchen Gegenstände ertastet, formt in seiner Vorstellung den Gegenstand, bis er weiß, was es ist, benennt ihn und zeigt ihn.

- **Variation**: Die anderen stellen Fragen, benützen Begriffe im Bereich der Adjektive und Materialien und vervollkommnen je nach Gehörtem ihre inneren Vorstellungen zum richtigen Gegenstand. Konkreter Ablauf z. B.: Einer ertastet einen Teelöffel und registriert ihn für sich nach Eigenschaften. Die anderen fragen: Ist das Ding lang oder kurz? – Lang – Ist es hart oder weich? – Hart – Ist es aus Holz? – Nein – Kann man es benützen? – Ja – Ist es aus Plastik oder aus Metall? – Aus Metall – Ist es ein Teelöffel? – Ja, hier ist er – Für die Flüchtlingskinder und ihre Mütter lagen im Säckchen z. B.: Ein Teelöffel, eine kleine Schuhbürste, ein Kunsstofffrosch, ein Noppenball, eine Kordel, ein Schmuckstück als Vogel, ein Bleistift, ein Kugelschreiber, eine Büroklammer und eine kugelig geknüllte Silberfolie. Fragen zu den Kontraste waren: dick oder dünn, groß oder klein, rauh oder glatt, schwer oder leicht, hart oder weich, dazu Materialbezeichnungen.
- **Variation: Bitte etwas genauer:** Ältere Schüler, (Deutsche und Deutsch Lernende in der Regelschule) boten eine weitere Idee: Sie erzählten immer noch

etwas dazu, das Gelächter auslöste, ohne den Gegenstand zu verraten, was gar nicht leicht ist: Beim Frosch beispielsweise, dass das Ding platze, wenn man es wegschmeiße – Beim Bleistift, dass das Ding nichts zum Essen sei, beim Schmuckvogel, dass das Ding nicht fliegen könne usw.

S: Haptik, Sehen, Kognition, Bedeutung verstehen, sprechen: **Collagen als Fühlbilder:** Festes Papier wird mit Kleister bestrichen und mit Materialien zu Bildern geklebt: Z. B. bei einem Hänsel- und Gretel-Bild: Stoff für Gretels Kleid, ein Lederstück für Hänsel, Watte für Haare, Katzenbrekkies für Lebkuchen auf dem Hexenhausdach, Zahnstocher für Stallgitter, Reiskörner für Futter, aus Karton geschnittene Brote, Federn als Vögel, Folie als Wasser … Diese Elemente werden mit den Fingern 'abgelesen', dabei bleiben die Augen offen, sie 'lesen' mit. Die verschiednen Materialeigenschaften der Bildelemente rufen eine hohen Konzentration hervor und vereinen sich über Empfindungen aus dem Gespürten und Angeschauten zu Begriffen, die sich tief einprägen. Damit kann man andächtig Geschichten erzählen, wobei die Finger immer behutsam tasten, nicht pressen. Das lockert auch die Sprechmuskulatur. Man kann ganze Tastbilderbücher herstellen; Märchen eignen sich hierfür besonders gut.

S: Visualisieren, Begriffe bilden (Adjektive), reden (ab Schulkindalter): **Ich sehe es nur und fühle es trotzdem:** Einer sagt: Schau den Tisch an, ohne ihn zu berühren. Wie fühlt er sich an? (hart, hölzern, kantig, glatt, schmutzig …). Und das Kleid? (weich, seidig, glatt, stoffig, bunt, gemustert, …), das Wasser? (nass, kalt, lau, heiß, warm, frisch, durchsichtig …), der Gartenboden? (braun, dunkel, feucht, trocken, krümelig, erdig, schmutzig, lebendig, fruchtbar …). Das Visuelle in Verbindung mit dem Taktilen ermöglicht das Finden von Adjektiven. Die Sprechanregung liegt darin, dass alle gemeinsam Wörter suchen, fragen, behaupten, erklären, was sie meinen … Danach kann man malen: ein intuitiver Weg zum symbolischen Darstellen mit Farben und Zeichen: Wie malt man die Eigenschaften der Erde, des Stoffes …?

S: Taktiler Reiz durch Druckempfinden, Visualisieren: **Rückenschreiben.** Einer setzt sich hinter den Kandidaten und zeichnet mit dem Finger per Druck durch die Kleidung eine Zahl oder einen Buchstaben. Kann das erraten werden? Schwieriger: Man schreibt kurze Wörter.

Viele dieser Sinnesreizspiele werden als Kimspiele bezeichnet. Hier beispielsweise auch solche aus dem kleinen Band von Hajo Bücken (1987):

S: Haptik, Visualisieren, Begriffe bilden. **Was liegt auf dem Tisch?** Man breitet verschiedene Gegenstände auf einem Tablett oder der Tischplatte aus und bespricht sie. Dann deckt man alles ab, nimmt aber einen Gegenstand heraus und deckt das Tuch wieder auf. Entweder die ganze Gruppe oder einzelne versuchen nun herauszufinden, welcher Gegenstand verschwunden ist. **S: Variation**: Haptik, Visualisieren, Gedächtnis, sprechen: **Was fehlt da?** Ein Kandidat tastet die Gegenstände mit verbundenen Augen ab, merkt sich, was er ertastet hat und benennt den fehlenden Gegenstand.

S: Beobachten, Raumerfassung, Sprechen: **Die Lupe.** Man dreht aus einem festen Blatt Papier ein Röhrchen, das man vielleicht vorher noch bunt bemalt hat. Man sieht damit aus dem Fenster und fixiert Einzelheiten. Jeder darf erzählen, was er gerade beobachtet. Oder man verfolgt Bewegungen draußen: Einen Menschen, Hund, eine Maschine, ein Auto … und erzählt hinterher: Wie sahen sie aus? Wo waren diese Figuren vorher? Wohin gehen/fahren sie? Variation: Man fixiert den Raum oder einzelne Personen der Gruppe …

S: kräftig atmen, beobachten. **Watte pusten:** Zwei Spieler sitzen sich am Tisch gegenüber, in der Mitte liegt ein Wattebausch. Wer hat den stärkeren Atem und pustet die Watte zum anderen hinüber? Und was wird erreicht? Mundmuskulatur und Atmung werden gestärkt, wodurch das Sprechen artikulierter wird.

S: Beobachten, Form- und Farbsehen, ganzheitliche Betrachtung, systematisches Vorgehen, Kognition: **Puzzlespiele.** Es gibt sie in verschiedenen Schwierigkeitsgraden – selbstverständlich beginnt man mit einfachen Formen und gut erkennbaren Motiven, die die Spieler auch benennen können. Das motivierte, überlegende Sprechen dabei erfolgt spontan. **Variation: Ein selbst hergestelltes Puzzle,** vorgezeichnet und von der Lerngruppe angemalt: Z.B. ein Märchenpuzzle, Tierpuzzle oder mit Inhalten aus einer Bilderbuchgeschichte …

S: Genau beobachten: **Kleidertausch**: Eine Gruppe beobachtet sich untereinander genau: Was haben die einzelnen an, tragen sie eine Brille usw. Dann schickt man einen hinaus. Die Gruppe ändert einiges: Man setzt die Brille ab, legt einen Schal um, zieht einen Schuh aus, tauscht Pullover … Der Rater wird hereingebeten und soll die Veränderungen erkennen. Zunehmende Schwierigkeitsgrade sind möglich: von einem bis zu mehreren Vertauschungen.

– **Variation: Was wurde geändert?** Man kann die Sitzhaltung, Beinstellung, Hand-und Armhaltung, die Blickrichtung, die Position des Stuhles u.a. ändern.

S: Still halten, Körper- und Gemütsbeherrschung: **Das ist zum Lachen.** Immer zwei schauen sich an, die anderen schauen zu. Die zwei sollen ernst bleiben, dürfen nicht lachen. Wer das am längsten aushält, ist Sieger.

S: Inneres Sehen, genau hören, vertrauen: **Blinde führen**: Einem werden die Augen verbunden. Ein anderer führt den Blinden behutsam zwischen Hindernissen durch den Raum. Wie entschlossen wird der Blinde seine Füße setzen? Wird er auch mit den Händen tasten?

S: Genau hören, Körperbewgungen danach ausrichten: **Summen für den Blinden:** Der Blinde geht ohne Führer. Die Gruppe summt gleichmäßig, bis der Blinde falsch läuft. Da schwillt das Summen an. Ist die Richtung des Blinden korrigiert, schwillt das Summen wieder ab.

S: Tastsinn und Haptik, Imaginieren, hohe Konzentration: **Welches Material ist das?** Mit verbundenen Augen tastet der Kandidat Material ab und benennt es: Möglich sind Papier, Pappe, Plastik, Holz, Leder, Metall, Stein und Glas.

S: Haptik, Vorstellungskraft, Konzentration: **Immer der Größe nach:** Mit verbundenen Augen werden veschieden lange Bleistifte der Größe nach aufgereiht. Oder: Aus einem Baukasten werden runde, dreieckige, rechteckige und quadratische Klötze nach Dicke und Größe sortiert …

S: Beobachten, Imaginationsvermögen: **Ein Bild entsteht.** Man wählt ein Foto mit gut sichtbarem Gegenstand darauf. Man streut Schnipsel darüber, so dass nur noch wenige Stellen das Bild zeigen. Wer erkennt nun das Motiv? Wenn es nicht gelingt, nimmt man einzelne Schnipsel ab und deckt das Bild nach und nach auf. Motive: Schlüssel, Tasse, Blume, Blätter, Wäscheklammer, offenes Federmäppchen, Pfauenfeder, Schaufel …

S: Körperbewegungen, Schmerz- und Berührungsempfinden, Vorstellung: **Sensibler Genuß im Freien:** Nicht zu vergessen und besonders effektiv sind Spiele im Freien. Wer im Sandkasten spielt, an der Rutsche, im Garten, auf den Stufen des kleinen Amphitheaters im Hof mit seinen Steinblöcken als Sitze, im Baumhaus, im Wald, am Wasser … der sensibilisiert seinen ganzen Körper, betätigt alle seine Sinne und fördert unbewusst kognitive Reifung. Ein Höhepunkt ist das Barfußlaufen auf der Wiese, dem Asphalt, dem Waldboden, dem steinigen Weg, dem Lehm, dem Rollkies, den Holzbohlen, dem Ufer … durch den ganzen Körper fluten die Eindrücke, diese taktilen Reize, die den Körper reagieren lassen und auf jeden Reiz antworten lassen.

S: Alle Sinne: Es gibt kaum eine effektivere Spielform als die **Spiele im Freien.** Klettern, schaukeln, rennen, hüpfen, bauen, das Spüren des Untergrundes, Bewegungen in alle Richtungen, allein und mit Spielkameraden, mit geplanten und spontanen Spielen: Alle Sinne werden integriert aktiviert und die Körpersicherheit steigt; damit wird das Gehirn umfassend angeregt und so auch wieder die kognitive Entwicklung gefördert.

S: Alle Sinne: **Schau genau, fühl genau:** Jeder Spieler erhält einen Karton oder ein ähnliches Gefäß und einen Aufgabenzettel. Aufgabe: *Finde 5 (6, 7, …) verschiedene Sachen: Finde etwas Rauhes … etwas Feines … etwas Feuchtes … etwas Schönes … etwas Krummes … etwas Winziges … etwas Schimmerndes … etwas Buntes …* Anschließend stellt jeder seine Sammelstücke vor.

- **Variation 1:** Für Anfänger sind die Fragen noch einfacher: *Suche etwas Kurzes … etwas Langes … etwas Dünnes … Gebogenes, Rundliches …*
- **Variation 2: Wozu braucht man das?** Jeder erhält wieder ein Behältnis und einen Aufgabenzettel: *Suche etwas zum Essen … zum Bauen … was man als Werkzeug benützen kann … etwas Nützliches … etwas, mit dem man jemandem eine Freude bereiten kann … etwas, was neugierig macht … etwas, das aus mehreren Teilen besteht … etwas, das jemand fortgeworfen hat …* Diese Suchauf-

gaben sind schwieriger, lassen dafür aber mehr Raum für erweiterte Vorstellungen. In der Praxis (mit Grundschülern) waren die Begründungen der Kinder oft sehr von ihrer Phantasie geprägt, aber warum nicht: Hauptsache, sie reden und begründen – und alle haben ihren Spaß dabei.

S: Riechen, schmecken, hohe Konzentration: **Kräuter schnuppern**: Da unsere Erzählstunden immer mit einer gemeinsamen kleinen Mahlzeit enden, zu deren Zubereitung alle helfen, bieten sich Riech- und Schmeckspiele an: Wir besprechen einige Kräuter für den Kräuterquark, die einen gut unterscheidbaren spezifischen Geruch haben. Zur Auswahl stehen Schnittlauch, Curry, Paprika (frisch und als süßes Paprikapulver), Majoran, Dill, Rosmarin, Basilikum, Petersilie, Pfeffer – etwa auch Zwiebel und Knoblauch? Jeder schnuppert, betrachtet die Gewürze, ihre Farbe, und versucht dann, sie mit geschlossenen Augen zu erkennen, schließlich auch zu schmecken und auszuprobieren!

S: wie oben: **klein geschnittenes Obst schnuppern:** Geeignet sind mit ihrem spezifischen Geruch (ganz und aufgeschnitten) besonders Äpfel, Birnen, Trauben, Orangen, Ananas und Bananen. Anschauen, essen und schmecken, dann riechen, dann mit geschlossenen Augen die richtigen Früchte identifizieren.

S: Verschiedene Geschmäcker unterscheiden: **Obstsalat abschmecken**: Wir besprechen die Früchte, die sich im eben hergestellten Obsalat klein geschnitten befinden. Mit geschlossenen Augen schmeckt nun einer ab, welche Sorten (man kann vorsortieren!) in dem Teil ist, den er auf einem Löffel angeboten bekommen hat. Gut zu schmecken sind Bananen, Äpfel, Datteln, Trauben, Rosinen, Orangen, Zwetschgen …

S: Haptik, riechen, schmecken, sehen, hören, Motorik: **Gemeinsames Essen**: Ein besonderer Rahmen war immer das gemeinsame Essen als Abschluss einer Erzähl- und Spielstunde, bei dem geplant und geplaudert, gefragt und angewiesen wird und vergnügte Kommentare abgegeben werden: Eine unkomplizierte Einlage bei einfacher Organisation, die auch ohne Küche möglich ist. Jedes Kind und jeder Erwachsene hilft mit: Beim Schneiden, Schälen, Rühren, Tischdecken, Anordnen usw. Nötig sind nur entsprechend viele Teller, Löffel, Becher, Schüsseln, Schneidebrettchen, Messer und eine Abwaschmöglichkeit.

Es gab bei uns z. B.: Waffeln, mit Nusscreme bestrichen; Erdbeersalat mit Mandelsplittern und Sahne; Obstsalat mit Banane, Trauben, Zwetschgen, Äpfeln und Aprikosen; Brot, mit Marmelade bestrichen; Joghurt mit untergerührtem Obst (Bananen, Mandarinen, Rosinen …). Pudding (Pulver zum Einrühren ohne Kochen), gemeinsam dekoriert; frisches Obst, bei dem Aprikosen oder Datteln entkernt, Bananen gescheibelt oder Trauben gezupft wurden. Syrische Süßspeise mit Gries, Zucker und Mascarpone; syrische Teigröllchen mit Dattelfüllung; Marmorkuchen mit Sahne und Joghurt mit Marmelade auf Keksen. Die Kinder deckten den Tisch mit Tellern, Löffeln und Servietten; vor dem Essen reichten wir uns die Hände und wünschten einander „Guten Appetit“ und oft ging ein Teller mit der Speise herum, die man seinem Nachbarn anbot: 'Bitte, nimm dir ein Stück' ... und: 'Danke, ich nehme mir einen Kuchen' o. ä. ...,

S: Aufmerksamkeit, Erinnerung, Beobachtung. Kognition: **Ich weiß es genau:** Wir schließen die Augen. Erinnert euch: Wieviel Mädchen und Jungen gibt es in der Gruppe? Wieviele Erwachsene und Kinder? Wieviele tragen ein T-Shirt und wieviele ein Hemd oder einen Pullover? (Sandalen, Turnschuhe, Jeans, Fingerringe, Brillen ...).

S: Wie zuvor: **Da war doch eben noch etwas**: Die Gruppe hantiert am Tisch: Mit Regelspielen oder Bastelzeug, Büchern oder Schreib- und Malzeug, mit Klötzen oder ... Unauffällig entfernt man einen Gegenstand daraus, den man braucht: Eine Spielfigur, Schere, ein Buch, Farben oder anderes. Wer weiß, was fehlt?

S: Beobachtung, Deuten, Kognition: **Was ist hier passiert**? Der Reihe nach werden kleine Szenen pantomimisch gespielt, die anderen raten: mit dem Ball spielen, Ball rollt davon ... Getränk in Tasse geben und trinken, etwas verschütten ... Nähen, sich mit der Nadel stechen ... Zähne putzen, Zahnbürste bricht ab ...

S: Gedächnis, Namen merken, innere Verbildlichung als Memo, Kognition: **Koffer packen**: Jeder im Kreis fügt etwas hinzu, was er einpacken wird, nachdem der erste begonnen hat: „Ich packe meinen Koffer und lege ein Hemd hinein." „Ich packe ... und lege ein Hemd und zwei Schuhe hinein." „Ich packe ... und lege ein Hemd, zwei Schuhe und meinen Teddy hinein" ... Im Erzähl- und Spielkreis durften die Kinder und ihre Mütter anfangs die Gegenstände zur Erinnerung mit wenigen Strichen auf ein Papier malen. **Variation**: Man kann auch für Lebensmittel zum Einkaufen gehen: **Ich packe in meinen Korb** ein Brot. Ich packe in meinen Korb ein Brot und drei Tomaten ... usw.

S: Haptik, sehen, hören, Kognition mit Planung, Wertebewusstsein, Sprechen. **Meine Schatzkiste**: Jeder legt sich in einem Karton (Schuhkarton ...) oder einem Holzkistchen eine Sammlung mit Schätzen an, die ihm gefallen: ein Federchen, bunte Steine, eine gepresste Blume, Kieferzapfen, ein interessantes Holzstück, ein Schmuckstück, ein kleines Bilderbuch, eine Postkarte, einen Bierdeckel usw. (s. Kap. 2.4.6.1). In regelmäßigen Abständen dürfen die Kinder ihre Schätze zeigen und dazu erzählen, wo sie etwas gefunden haben, warum es ihnen gefällt, wozu man das braucht und weshalb es etwas Besonderes ist ... Das Zeigen erfordert Fingerspitzengefühl und die Kinder entwickeln ein Wertebewusstsein für ihre schönen Dinge, das auch Respekt für die Schätze der anderen mit sich bringt.

Auch **Regelspiele** dienen einer kommunikativ wirkenden Sinnesschulung; besonders einem kognitiven Lernen, denn genaues Schauen, Beobachten, Hören, Zählen, Vergleichen, Kombinieren, Regeleinhaltung und Entwickeln von Strategien spielen eine durchgängige, kognitiv fördernde Rolle. Einfache Spielregeln ließen in der Praxis die Spiele zum Vergnügen werden – schließlich waren die Spieler in der deutschen Sprache noch nicht ganz sicher. Ein immersives Moment, beiläufig aktiviert, sind die impulsiven Ausrufe, Kommentare usw. wie: Na warte, ich werfe dich auch gleich raus … Ach, endlich eine sechs … Warum immer die falschen Karten … Ich verwechsle das dauend … Das ist so ähnlich … Ja, das merke ich mir … ach, wie dumm …

Für mich war erstaunlich, wie rasch die Flüchtlingskinder diese Kurzkommentare eifrig einsetzten.

1. **Mensch ärgere dich nicht:** Das Spiel ist allgemein bekannt und variierbar: Immer geht es um die simultane Zahlerfassung am Würfel; die Figuren – jeder Spieler mit seiner Farbe – werden entsprechend gewürfelter Zahl vorgeschoben. Dazu hilft das Abzählen. **Variante 1:** Man kann jederzeit den Start ohne eine 6 verlassen und es gibt kein Rauswerfen. Hauptsache, man durchläuft das ganze Zahlenfeld bis zum Ende und hat echte Siegeschancen. **Variante 2:** Man wirft mit zwei Würfeln, da geht es rascher voran, auch darf man sich gegenseitig rauswerfen. **Variante 3:** Man kommt nur mit einer 6 aus dem Start ins Spiel und kann andere rauswerfen bzw. wird selber rausgeworfen.

2. **Memory:** Der Spielverlauf ist prinzipiell bekannt. Es geht hier um Gedächtnis und Vergleiche. **Variante 1:** Für Anfänger: Alle Karten werden mit dem Bild nach unten ausgelegt. Der 1. Spieler deckt 2 Karten auf. Passen sie zusammen, dann bekommt er sie und macht weiter, ansonsten lässt er sie offen liegen und der nächste öffnet eine und dann noch eine Karte. Hat eine das passende Bild zu den schon offen liegenden: Schnell Finger drauf – der 2. Spiele oder ein anderer hat sie gewonnen und kann weitermachen. Nach und nach liegen alle Karten offen und immer derjenige, der zuerst die passenden Karten entdeckt, darf sie behalten, also nicht nur der, der gerade im Spiel dran ist. **Variante 2:** Die aufgedeckten zwei Karten werden, wenn sie nicht passen, wieder umgedreht zurückgelegt und der nächste ist dran. Hier brauchen die Spieler ein gutes Gedächtnis. Insgesamt: Man kann die Bilder auf den Karten anfangs besprechen und darüber ins Gespräch kommen, ansonsten besteht zum Reden während des Spiels wieder viel Raum für Spontaneität. **Variante 3:** Wenn die Gruppe bereits mehrere Märchen oder Bilderbuchgeschichten gehört hat, kann man die Memorykarten selber malen: nicht mit Gleich und Gleich, sondern mit Ergänzungen, z. B. bei Märchenfiguren: Karte 1: Schneewittchen und Karte 2: Zwerge. Karte 1: Rotkäppchen und Karte 2: Wolf – Karte 1: Esel und Karte 2: Hund – Karte 1: Rübe und Karte 2: Großvater …

3. **Quartett:** Auch dieses Spiel ist bekannt. **Variation 1:** Man kann die Karten der Reihe nach im Spielkreis ziehen und so zu seinem Quartett kommen oder aber der, der dran ist, fragt einen Mitspieler: „Hast du …?“ **Variation 2** (mit vorsortierten Karten): Man beginnt mit einem Duett: Bereits 2 passende Karten bilden eine gewonnene Ablage. Dann Terzett: Drei gleiche Karten und schließlich Quartett.
   Kinder spielen wegen ihres guten Gedächtnisses erfahrungsgemäß bald souverän Quartett im Abfragesystem.

4. **Denk fix:** Auf einer Scheibe mit Buchstaben wird eine aufgesetzte Scheibe mit Öffnung gedreht. Da, wo die Öffnung auf der unteren Scheibe stehenbleibt, wird entsprechend einer Frage von einem Kartenstapel nach einem Wort mit dem gezeigten Buchstaben gefragt. Man kann auch einfach jemanden mit geschlossenen Augen auf einem Blatt Papier auf aufgemalte Buchstaben tippen lassen. Wer am schnellsten ein passendes Wort findet, der bekommt die Karte mit dieser Frage. Man kann die Fragekarten selber verfassen und nach Dingen fragen, mit denen sich die Lerngruppe bereits befasst hat, z. B. (hier mit willkürlich gesetzten Buchstaben): Wer kennt einen Namen mit R? – Wo kann man sich verstecken mit H? – Was kann man frühstücken mit M? – Was kann man zum Essen einkaufen mit G? – Wie heißt eine Pflanze mit S? Und wie ein Tier mit F? …

Weitere Spiele kann jeder einsetzen, wenn er sie für geeignet hält, zum Beispiel andere Lauf- oder Kartenspiele, Domino und Mikado, bei dem es um Fingerfertigkeit geht, das Mühle- oder Damespiel, Halma, für Fortgeschrittene Scrabble … Man braucht nicht zaghaft zu sein; ich habe Kinder erlebt, die bereits ohne Deutschkenntnisse raffiniert Monopoly gespielt haben!

4. Sprechenlernen: Von Muskeln, Sprachentwicklung, Schemata und Handtheater

4.1 Biologische Grundlagen für das Sprechenlernen

Anm.: Wer weitere Orientierung sucht: Details zur Sprachentwicklung bieten beispielsweise Szagun (2016), Butzkamm und Butzkamm (2004), Wiedenmann und Holler-Zittlau (2007) oder für Sprachentwicklungprobleme Schäfer 2007.

Das Zusammenspiel aller Organe, explizit der Sinnesorgane bewirkt, dass neue Erfahrungen stetig registriert, mit früheren verglichen, bewertet, codiert und gespeichert werden. Einen besonderen Stellenwert beim Sprechenlernen nehmen hierbei die motorisch-kinästhetischen, taktilen und haptischen Reize bei Finger- und Handbewegungen ein. Menschliche Hände sind unter allen Lebewesen anatomisch und funktionell einmalig und mit ihrer Beweglichkeit, Feingliedrigkeit und der Opponierbarkeit des Daumes ein wahrer Geniestreich der Evolution.

Abb. 4 des Homunculus macht deutlich, wie auffallend ausgedehnt die Projektionsflächen im Gehirn für die Hände bis zu den Ellebogen neben der Mundregion als Sprechwerkzeuge sind. Sprechenkönnen und *Handlungs*fähigkeit in ihrem wahren Wortsinn sind in der Evolution offenkundig eine sich ergänzende Funktion eingegangen und wegen ihrer Wichtigkeit in der Großhirnstruktur prominent vertreten.

Im Mund- und Rachenraum, besonders an der Zunge, gibt es besonders viele und fein koordinierte Muskeln, die man zur Lautbildung und zum Sprechen benötigt, die aber auch von früh an angeregt sein wollen. Das ist sinnvoll, da die Sprachzentren im Gehirn bereits angelegt sind. Vorsprachliche Leistungen beginnen früh mit dem modulierten Schreien des Babys: laut oder leise, sich selbst unterhaltend, Aufmerksamkeit erheischend, ärgerlich, verzweifelt oder freundlich brabbelnd … Mit Schreien und Lallen nimmt es Kontakt zur Umwelt auf. Aktiviert wird hierbei ein motorisch-kinästhetischer Regelkreis im Wechselspiel von Muskelwahrnehmung und aktivem Einsatz, der bald durch das Hören ergänzt wird: einem Hören des eigenen Schreiens und Lallens und dem anderer Personen. Es entsteht ein motorisch-kinästhetisch-akustischer Regel- bzw. Kontrollkreis. Dazu tritt ein visueller Input, denn das Kind beobachtet die Mundbewegungen des Sprechers, wobei es gerne in das entsprechende Gesicht greift.

So entfalten sich im 1. und 2. Lebensjahr Bedingungen für eine Sprechfähigkeit, die von einem komplexen, fein abgestimmten, von Vitalität und Entwicklungsreifung bestimmten Wechselspiel lebt: Eben von der erwähnten motorisch-kinästhetischen Wahrnehmung und Kontrolle der eigenen Muskelspannung in der Mundregion (Lippen, Zunge, Gaumen, Stimmbänder, Kieferstellung), einer Hörwahrnehmung der eigenen Laute und der damit unbewusst vergleichenden Laute des Sprechers bis zur visuellen Kontrolle der Mundstellung und Mimik des Sprechers. Dabei fließen gleichsam 'automatisch' auch sprachliche Eigenheiten der umgebenden Mitmenschen mit ein: Mundstellung, Muskeleinsatz, Atmung, Klangfarbe und mit der Zeit weitere Sprachgestaltungen wie Wortschatz, Aussprache, Grammatik und Satzbau – und der Dialekt. Kleine Kinder entwickeln früh ein Gefühl für Sprach- und Satzmelodie und realisieren das aktiv bei ihren eigenen Versuchen mit der Stimme, mit der sie für sich und für ihre Bezugspersonen 'brabbeln'.

Zwei Anmerkungen zu den Mundbewegungent:

Zum Einen ist es eine gute Hilfe, auch als Erwachsener das, was man sich merken will, leise murmelnd vor sich hin zu sprechen, wenn man sein Gedächtnis unterstützen will. Das Bewegungsmuster beim Sprechen und das dabei aktivierte innere Klangbild unterstützen das Merken und Erinnern.

Außerdem fällt immer wieder auf – und so war es auch bei meinen Erzähl- und Spielstunden mit Kindern und ihren Müttern (Kurdinnen und Syrerinnen): Viele Kinder sahen (und sehen) mich genau an, wenn ich etwas erzähl(t)e. Sie beweg(t)en parallel zu mir die Lippen und flüster(te)n oder murmel(te)n in Bruchteilen von Sekunden alles mit, was ich sprach und spreche. Hier wird unbewusst eine motorisch-kinästhetisch-akustische und visuelle Aufnahme und Rückmeldung kreiert, die sich Kinder in ihrem Drang nach Sprechen unbewusst verschaffen. Später, wenn sie die Geschichten selber nacherzählen, verwenden sie die gleichen Betonungen wie ihr Modell, hier die der Erzählerin. Das ist Sprechenlernen der ursprünglichen Art.

Auf diese Weise wird immersiv, im Sprachbad gelernt und es sollte einleuchten, dass klare Sprachmodelle, das zuwendende Erzählen und Vorlesen, Unterhaltungen mit Spielen, Reimen, Malen und Singen eine elementare Rolle für den Spracherwerb spielen, zumal Kinder schon sehr früh: bereits Ende des 1. Lebensjahres beginnen, gehörte Laute und Lautkomplexe zu reproduzieren. Sie lernen dabei gemäß dem zu sprechen, was sie in ihrer Umwelt hören; und in etwas konstruierterer Weise kann es ebenso in etwa gelingen, in der zitierten Ganzheitlichkeit Deutsch als Zweitsprache zu vermitteln. Das heißt nicht, dass sie danach nicht auch bewusst die Regeln der Grammatik erlernen müssen, denn sie sollen ja später die Sprache bewusst korrekt sprechen und schreiben lernen, nur: Sie erlernen das eben im Kontext eines gewachsenen Sprachbades.

4.2 Erste Sprechversuche und Sprachentwicklung

Ohne Ungeduld entsprechende Kommunikation zu pflegen ist ein sinnvolles Gebot, denn die Sprachentwicklung verläuft bei Wortschatz, Satzbildung und Artikulation individuell sehr verschieden:

In der Regel gelingen erste einfache Wörtchen ab Ende des 1. Lebensjahres – können aber auch erst im 2. erfolgen. Ein aktiver, wachsender Wortschatz bildet sich bei manchen Kindern bereits nach etwas 20 Monaten mit 50 bis zu 200 Wörtern erstaunlich verschieden schnell und umfangreich aus, wobei es bei anfänglichen Mitteilungen die reizvolle Phase der Einwort-Sätze gibt, bei denen ein Wort, das das Kind bereits anwenden kann, mit seinem ganzen Kontext gemeint ist. Dieses Wort wird durch Stimmhöhe und Modulation bereits differenziert erkennbar: fragend, wütend, bittend, erschrocken, ungeduldig …

An erster Stelle des Wortschatzes stehen im Allgemeinen Nomen, dann Verben und Adjektive. In diese Zeit, ab etwa 1 1/2 Jahren, fällt auch die sogenannte „Vokabelexplosion" (Butzkamm und Butzkamm 2004), in der man sich wundert, wie intensiv sich Kinder der Sprache bemächtigen.

Und dann geht es weiter: Bei den sog. Zwei-Wort-Sätzchen – i. d. R. im späten 2. Lebensjahr – treten Kombinationen auf wie Subjekt und Prädikat (Katze rennt, Teddy schläft …) oder Objekt und Prädikat (Katze streicheln, Mama rufen …), Subjekt und Lokativ (Papa Auto, Teddy Bett …) oder Subjekt und Adjektiv (Lisa müde, Katze weich …). Dann werden die Sätzchen länger, wobei sie vorläufig eher reich an Inhalten und arm an Funktionswörtern sind. Aber auch die Verwendung von Konjugationen und Deklinationen, Präpositionen, Artikeln und Pronomen wächst zunehmend, zumal Kinder gerne mit bekannten Wörtern experimentieren, sich aus dem Gehörten ihrer Umgebung selbständig die innere Logik und Struktur der Sprache erschließen und 'logisch' aus dem Gehörten Regeln ableiten: laufen – gelauft; gehen – gegeht; singen – gesingt … Originell, aber bewundernswert ist diese frühe Anwendung. Und sie entwickelt sich weiter, ab etwa 4 Jahren mit ersten Haupt- und Nebensätzen und einem wachsenden Gespür für Grammatik bis zum Schuleintrittsalter (Butzkamm 2004).

Die Sprachwissenschaftlerin Els Oksaar stellt entsprechend heutigem Forschungsstand fest, dass die Sprache des Kindes von Anfang an sozial sei. Sie umfasse in einer sog. *sprachlichen Ontogenese* (von 0 bis 4 oder 5 J.) die erste Lautbildungs- und Symbolisierungsprozesse bis hin zur Bildung verschiedener Satztypen und der Anwendung verschiedener Regeln. In einer *Erweiterungsstufe* (etwas 4 bis 6 oder 7 J.) wirken zunehmend Umwelteinflüsse wie Kindergarten, Spielkameraden und Schule mit, ebenso kulturell bedingte Verhaltensweisen der Umwelt, beispielsweise, wie sich jemand bewegt, wie er mit anderen umgeht, seine Meinung äußert usw. (Oksaar 1998, S. 41, 47; 2003).

Gespräche und Kommunikation mit den Kindern wirken auf jeden Fall prägend (oder bei ungünstigen Umständen hemmend). Und wieder sind wir bei der Wirkung immersiven Lernens: Durch Gebrauch und korrektes Reden der Lernbegleiter als Sprachmodelle lernen Kinder unbewusst die Regeln der Wortbildung und des Satzbaus – und eingebettet in Erzählungen dann auch die Ausnahmen.

4.3 Anpassungen und Schemata

Was bei dem körperlichen Lernprozess biologisch abläuft, realisiert sich durch sog. *Anpassungsreaktionen.* Die Psychologin Jean Ayres erläutert das als eine sinnvolle zielgerichtete Antwort auf eine sinnliche Erfahrung. Dabei wird das Gehirn in einen besser gegliederten Zustand überführt, weil die betreffende Person mit dem Körper und der Umwelt in kreativer und sinnvoller Weise handelt (Ayres 2013; zit. nach 1984, S. 8, 14f.). Wir geben den Lernenden durch Angebote und Wiederholungen Gelegenheiten für solche Anpassungsreaktionen.

Diese Maßnahmen ergänzen sich zum Gedanken von den „kognitiven Schemata" als einer *Stufe der nächsten Entwicklung.* Wygotski beschreibt das so:

„Das Lernen ist nur dann gut, wenn es Schrittmacher der Entwicklung ist. Dann werden dadurch eine ganze Reihe von Funktionen, die sich im Stadium der Reifung befinden und in der Zone der nächsten Entwicklung liegen, geweckt und ins Leben gerufen." (Wygotski 1969, S. 242).

Dieser Ansatz ist bemerkenswert und heißt nicht, dass man nun mit einer höheren Schwierigkeitsstufe überfordern werde, sondern vielmehr aus diesem Gedanken eine bildende didaktische Leitlinie gewinne, denn: Aktuelle Lernstoffe werden wiederholt und damit ins Langzeitgedächtnis überführt, aber zuleich funken neue Gedanken, Begriffe, Sachverhalte *aus der Zone der nächsten Entwicklung* auffordernd dazwischen, wecken Neugier und haben bereits erste Spuren als Angelpunkte hinterlassen, wenn diese 'Funken' zum nächsten Lernstoff werden. Hier liegt beispielsweise eine große Stärke der Märchen und Bilderbücher, denn sie fordern mit Bildsprache, phantastischen Elementen, Metaphern, Symbolen, Formeln, Redewendungen, Begriffen und ungewöhnlichen Handlungen Geist und Gefühle geradezu heraus.

Die Anregungen zum Sprechen sind das Eine, inhaltliches Verstehen und Gedächtnisstützen beim Berichten oder Erzählen gerade auch für Deutschlernende ein Weiteres. Hier erweist sich der Schema-Begriff von Jean Piaget, dem Klassiker der Kinderpsychologie, ergänzend als hilfreich:

Im Lernprozess werden in Form von *Assimilationen* Elemente der äußeren Realität in die eigene psychologische Struktur übernommen, also in vorhandenes Wissen integriert. Bei einer *Akkomodation* dagegen modifiziert die Person ihre vorhandene psychologische Struktur, um dem Druck der Umwelt zu begegnen; d.h., um bisheriges Wissen an neue Inhalte anzupassen, auch durch veränderte Einstellungen. Was folgt daraus? Durch organisierte Verhaltensmuster auf Grund von Erfahrungen entsteht nach Piaget ein *Schema.* Solche *Schemata* bestimmen unser Denken und Wissen; sie sind meist durch aktive Wahrnehmungen und Handlungen erworben und werden immer wieder durch neue Erfahrungen verändert (Ginsburg und Opper 1975, S. 33; 2004). Akkomodation kann übrigens für Lernende durchaus unbequem sein, weil alte Meinungen über Bord geworfen werden müssen. Gedanken, besonders über Assimilationen, helfen für die Praxis, denn:

Wenn man z.B. eine Geschichte erzählt, die ein Fremdsprachler noch nicht versteht, kann man erste Kernelemente mitzeichnen, eine Abbildung zeigen, oder die Aussage theatralisch darstellen, notfalls auch übersetzen. Die Vorstellung erzeugt in jedem ein subjektiv getöntes Bild, das eigenen Vorerfahrungen entspringt und immer auch auf Grund der Hirnfunktionen emotional besetzt ist. Dieses hervorgerufene Schema, das als bildliche Vorstellung erscheint, etwas durchaus Bekanntes darstellt und durch Sprache geriert wurde, wird beim Erzählen oder Berichten nach und nach durch weitere, verstandene Elemente erweitert, die an diesem 'Kernbild' ansetzen: über Assimilationen, aber auch Akkomodationen – da, wo ganz neue Elemente die vorhandenen Schemata verändern. So wächst nicht nur das Verstehen der Geschichte, sondern unauffällig auch das Wissen um sprachliche Ausdrücke aus dem inhaltlichen Repertoire der Geschichte. Werden die Geschichten wiederholt, festigen sich die Vorstellungen, Begriffe und besonderen Formulierungen.

4.4 Sprechen mit Händen und aus der Körpertiefe

Bei diesen Lernprozessen geschieht noch Tiefgreifenderes: Wenn wir fein differenziert, gezielt oder gestisch weiter ausholend die Hände betätigen, z. B. beim Erzählen, Erklären oder Berichten, dann wird organisch der Körper mehr einbezogen als man allgemein meint, denn die Bewegungen beanspruchen den Vestibularapparat im Innenohr, der auch die räumliche Kontrolle und eine zeitliche Orientierung ermöglicht, indem er die Handlung strukturiert. Dazu treten beim Hantieren der taktil-kinästhetische Reiz und die visuelle Kontrolle.

Da in der Evolution sowohl die differenzierten Handbewegungen als auch die Sprechmuskulatur einen besonderen Stellenwert erhalten haben und im Großhirn benachbarte große Projektionsflächen beanspruchen, (vgl. Abb. 4, Homunculus), nimmt es nicht wunder, dass die Muskeln für Mimik und Hände gestisch miterzählen – sie sind in die Bewegungsmuster involviert. Dabei – und man beachte hierfür auch die Ausführungen über das Zwischenhirn – werden die mimischen und gestischen Bewegungen dem Sinn entsprechend emotional besetzt und das wiederum beeinflusst letzten Endes über den Körperhaushalt den ganzen Körper. Zornige Worte erzeugen hefige Hand- und Armbewegungen, liebevolle Worte eher weiche, zarte Ausdrucksformen, sachliche Worte dagegen ruhige, eher statische oder eckige Formen. Das Zusammenspiel von Körper, Emotion und Kognition ist einfach genial.

Neben Gesten ist auch explizit das Spiel der Hände und Finger zu beachten. Sie erfordern körperliche Geschicklichkeit, verlocken mit kleinen Inscenierungen zu Rollenzuweisungen und symbolischen Bewegungen und stärken das Empfinden für Reim und Rhythmus. Bei diesem ganzen sprachlich gestützten Deutungssystem, bei dessen Spiel große Areale im Gehirn aktiv werden, gelangt der Spieler beiläufig in *Zonen der nächsten Entwicklung*.

Handbewegungen können entweder bei steter kontrollierender Rückkoppelung filigrane Bewegungen machen (schreiben, basteln, handarbeiten, Gesten ...) oder aber ballistische Bewegungen ausführen, die schnell, spontan einsetzbar, aber kaum mehr modifizierbar ablaufen (Illert in GEO Nr. 7/1997, S. 130). Sie sind oft schützende Reaktionen: beim Abwehren, Fangen, Stützen ..., und sie können deshalb blitzschnell wirken, weil eine Vordatierung im Gehirn abläuft, die in 100 bis 200 Millisekunden ein Bewegungsprogramm aufbauen, das dann an die Muskeln gelangt.

Wie eng Hände stets mit Geist und Gefühlen verbunden sind, zeigen auch Versuche: Wenn Probanden begeistert eine Sache schilderten, bewegten sie sinnentsprechend gestenreich ihre Hände. Wenn sie aber logen oder wider besseren Wissens etwas Falsches aussagen sollten, bekamen sie sogar Probleme beim Formulieren und bewegten ihre sprachbegleitende Gestik nur reduziert. Und wenn sie beim Reden die Hände gar nicht bewegen durften, fiel das Formulieren besonders schwer (Illert in GEO 1997, S. 134–136).

4.5 Hand- und Fingerspiele als Hilfe beim Spracherwerb

Dieses Kapitel soll noch weiter die Nähe von Sprechen und Fingerbewegungen profilieren:

Mariela Kolzowa, eine Psychologin an Leningrader Kinderheimen und Tagesstätten, setzte in den 1970-er Jahren nach ihren Untersuchungen und Forschungsergebnissen zum kindlichen Spracherwerb neue Marken, die heute als abgesichert gelten. Der Beitrag zu ihren Forschungen wurde in der Fachzeitschrift *'Der Kinderarzt'* (Kolzowa 1975, Heft 6, S. 643–648) veröffentlicht, gibt Denkanstöße und besagt in seiner Essenz Folgendes:

Es gab damals (in Leningrad) viele Kleinkinder, die organisch gesund waren und auch liebevolle Aufmerksamkeit genossen, aber im 2. Lebensjahr immer noch kaum Ansätze einer Sprachentwicklung zeigten. Zwar war ihr Sprachverständnis höher als ihre Sprachproduktion, aber es beunruhigte die Eltern und Erzieher, dass der minimale Wortschatz sich trotz sprachlicher Zuwendungen nicht weiter entwickelte. Auch ein Versuch mit 20 sprachlich retardierten Kindern, mit denen man nun täglich eine Stunde lang während des Spielens, Essens, An- und Ausziehens anregend sprach, zeitigte keinen nennenswerten Erfolg.

Auf der Suche nach neuen Wegen beschäftigte sich Kolzowa mit den Rindenfeldern im Großhirn und registrierte hierbei die große Nähe des motorischen Sprachfeldes (Broca) und der allgemeinen motorischen Felder (vgl. Abb. 3 und 4). Sie vermutete einen Zusammenhang zwischen Körperbewegungen und Sprechen und startete mit ihrem Team einen neuen Versuch: Man ließ eine Gruppe von 13 bis 15 Monate alten Kindern täglich 20 Minuten außerhalb des Laufstalles, in der sich eine Kontrollgruppe befand, frei krabbeln. Beide Gruppen erhielten außerdem täglich 2 Minuten Sprechübungen. Immerhin begannen die Kinder der Versuchsgruppe, die krabbelnd neugierig den Raum erkundeten, am durchschnittlich 7. Tag mit schwachen Lautnachahmungen und nach 3 Wochen mit kleinen Fortschritten. Die Kontrollgruppe im Laufstall machte nach 2 Wochen kleine Nachahmungen, entwickelte sich dann aber nicht weiter.

Nun bezog Kolzowa die großflächige Nähe im Großhirn von Handgelenk, Händen, Fingern und dem Mundraum als Sprechwerkzeug in ihre Überlegungen mit ein (vgl. wieder Abb. 4). In drei Versuchsgruppen mit Kindern von 10 bis 15 Monaten startete man den Versuch, die Auswirkungen besonderer Fördermaßnahmen zu beobachten:

Alle drei Gruppen bekamen täglich 2 1/2 Minuten Sprechübungen, dann aber gab es Unterschiede: Die 1. Gruppe erhielt keine weiteren Fördermaßnahmen, eine 2. Gruppe durfte sich täglich 20 Minuten frei im Raum bewegen und eine 3. Gruppe erhielt ein tägliches Training der Finger von 20 Minuten Dauer: Diese Kinder bauten mit Klötzen, fädelten Knöpfe auf, zogen ihre Puppen an und aus usw.

Das Ergebnis war erstaunlich: Die 1. Gruppe wies auch nach drei Wochen keine weiteren stimmlichen Reaktionen auf. Die 2. Gruppe begann nach einer Woche mit ersten Lautnachahmungen; nach zwei Wochen waren etwa 10 % der Kinder zu genauerer Lautwiedergabe fähig. In der 3. Gruppe begannen die Stimmreaktionen bereits am 3. Tag. Nach einer Woche zeigten bereits 41 % und am durchschittlich 15. Tag sogar 67 % zunehmend genaue Lautwiedergaben. Diese waren nicht nur klar und genau, vielmehr begannen die Kinder auch von sich aus, ihre Finger zu betätigen und zunehmend feinmotorisch in einer Weise zu hantieren, wie das die anderen beiden Gruppen nicht vermochten. Es war, als ob man einen Motor angeworfen hätte, der von sich aus weiterlief.

Weitere Untersuchungen bestätigten, dass sich der Stand der kindlichen Sprachentwicklung im direkten Verhältnis zum feinmotorischen Entwicklungsstand der Finger befand. Weicht der Entwicklungsstand der Finger von der Norm ab und reagieren die Finger steif, kraftlos oder gelingen keine Einzelbewegungen im Fingerverband, dann kann man in der Regel davon ausgehen, dass auch der Sprachentwicklungsstand ein Defizit aufweist. Unter diesem Aspekt schlussfolgerte Kolzowa, dass das Handgelenk und die Hände letztendlich zum Sprechapparat gehören.

Wie immer man nun diese Ergebnisse, die auch neuere Untersuchungen zur Folge hatten, gewichtet: Schon aus rein hirnanatomischer Perspektive und wegen der Intensität und Freude, mit der Kinder von Natur aus ihre Hände zu allem Möglichen einsetzen, erscheint es sinnvoll, die Hände bewusst und differenziert zum Sprechen einzusetzen, zumal auch die mitgesprochenen Texte wegen Sinnaussage, Wortschatz und Syntax Relevanz besitzen: Man spielt mit linker und rechter Hand, auch über Kreuz geführt, um die beiden Hirnseiten zu verbinden; mit isolierten Fingerbewegungen, Daumenopposition, Drehungen aus Handgelenk und Ellenbogen; Inhalte durch Bewegungen andeutend, begleitet von Mimik, größerer Gestik, mit Reimen und betonten Rhythmen.

Später können die Hände zum Lernen als motorische Stützen, Handzeichen oder Lautgebärden eingesetzt werden, um Buchstaben zu erlernen, den Synthesefluss beim Lesen zu fördern, ebenso als LRS-Prävention und als Merkhilfe bei Rechtschreibproblemen zu verwenden.

4.6 Gesten zur Illustration des Sprechvorgangs

Gesten machen das Sprechen lebendig; ihr Einsatz ist vielfältig und sie haben Tiefenwirkung, da die Bewegungsmuster kontrolliert über das ganze Körperschema ablaufen:

Begleitende Gesten illustrieren das Gesagte zusätzlich. Erwachsene beherrschen sie bald, Kinder erlernen sie, wenn sie sich beim Erzählen sicher fühlen.

Vorbereitende Gesten unterstützen gefühlsbezogene oder handlungsandeutende Äußerungen. Sie werden quasi vorbereitend vor den textgebundenen oder frei erzählten Äußerungen durchgeführt; z. B.: Die Augen wandern nach oben und die Hände deuten Kletterbewegungen an – und dann wird darüber auch erzählt. Oder: Die Arme pressen sich an den Körper und man zittert und zieht die Luft hörbar ein – und dann wird erzählt, dass etwas Schlimmes passiert ... Erwachsene erlernen das, wenn sie sprachlich zugleich in den Bildern ihrer Erzählung wandern; Kinder beschränken sich i. d. R. auf illustriernd – begleitende Gesten.

Demonstrierende Gesten stellen das Gesagte noch deutlicher heraus: Man zeigt an das Fenster, weil dort ... oder an den verletzten Fuß, wegen dem ... Mit einiger Übung gelingt es Kindern und Erwachsene, sie einzusetzen, ohne sie verspätet 'nachzureichen'. Innere Beteilung am Erzählten ist wie bei den anderen erwähnten Gesten Voraussetzung.

Hinweisende Gesten lenken den Hörer auf bestimmte Figuren oder Szenerien; auf den ankommenden Wassermann z. B. oder auf die ersten Regentropfen ...

Handelnde Gesten demonstrieren sprechbegleitend einen Vorgang, z. B., wie man sich frisiert, seine Schuhe putzt usw.. Kinder machen das mit Begeisterung, allerdings haben sie noch Schwierigkeiten, Sprache und Handeln zu koordinieren.

Körperbewegungen, die über die Gestik hinausführen, werden vor allem auf einem exponierten Erzählplatz ausgeführt. Der Rollenträger kann dabei den Platz wechseln, z. B. Ausschau halten, indem er monologisierend von Fenster zu Fenster eilt oder auf der Flucht immer wieder zurückschaut oder Gäste erwartet und Tee ausschenkt ...

Schließlich die *reine Gestik und Mimik,* die als Gesamtkörperausdruck ohne Sprache zur Pantomime wird.

Im Allgemeinen treten beim lebendigen Erzählen Mischformen auf. Wenn Deutschlernende Sprachmodelle übernehmen, greifen sie gewöhnlich auch die Mimik und Gestik des Sprachmodells auf.

4.7 Die Hände in Sprache und Brauchtum

Hände machen uns selbständig, handlungs- und beziehungsfähig. Sie ermöglichen Kreativität und sind das wesentliche 'Handwerkszeug' zur Entwicklung einer Persönlichkeit, die planen, handeln, beeinflussen, kommunizieren und gestalten kann.

Wie intensiv Hände eine Rolle in der menschlichen Gesellschaft gespielt haben und weiter spielen, wird u. a. in zahlreichen Redewendungen sichtbar, die sich aus Handlungen heraus zu Sprache verdichtet haben und hinter denen stets ein ganzer Kontext von Schicksalen, Ansinnen, Einstellungen, Zuständen und Tätigkeiten mit Händen steht:

Wir legen beispielsweise *für* jemanden *die Hand ins Feuer, nehmen* eine Sache *in die Hand, legen Hand an uns an*, erledigen etwas *mit linker oder leichter Hand*; da *hält* einer *alle Trümphe in der Hand* oder *gibt* sie *aus der Hand,* hat *blutige Hände, ringt verzweifelt die Hände, legt* einem Bösewicht *das Handwerk* oder schließt einen Vertrag mit *Handschlag* ab. Da ist einer *die rechte Hand des Chefs* oder *er hat zwei linke Hände*, reicht jemandem *hilfreich die Hand* oder *ist ihm zur Hand, verspricht* einem *etwas in die Hand* … Hände spielen bei Eheschließungen, Kaufverträgen, Segnungen und Taufen eine elementare Rolle, ebenso bei Ritualen weltweit und als Rechtsorgan beim Schwur, beim Grüßen oder Freundschaft schließen. Man schmückt seine Hände als Ausdrucksorgan, steckt den Ehering daran, erkundet seine Umwelt mit den Händen, meint die 'öffentliche Hand' als Rechtssymbol …

Schon Schriftsteller der Antike betonten, dass die Finger 'sprechen' könnten und das Mittelalter schrieb den einzelnen Finger symbolische Bedeutungen zu (Schenda 1977): Die Finger wurden einzelnen Figuren der Heilsordnung zugeschrieben. Seit etwa dem 18. Jahrhundert weiß man, dass zwischen Erwachsenen und Kindern spielerische Beschäftigungen mit den Händen und Fingern entstanden. Von da ab entwickelten sich Fingerspiele mit kleinen Szenen, mit Zuordnungen der Figuren aus der Heilsordnung (Gott Vater, Sohn, Hlg. Geist, Seele und Leib des Menschen), dann auch der Familie (Vater, Mutter, Kinder) oder in neuerer Zeit mit Tieren. Die Zuordnungen sind immer hierarchisch geordnet; der Ranghöchste ist der Daumen, der Jüngste, Kleinste, Benachteiligte, letztendlich aber Cleverste ist der kleine Finger – ganz im Sinne des epischen Gesetzes, wie es in Märchen den Dummlingen oder Jüngsten zukommt.

Der europäische Raum kennt zahllose Varianten an Fingererzählungen, die Alltagsthemen oder reale Familiensituationen beinhalten: Vom Hunger und Essen, Arbeiten, Suchen, Stehlen und von Streichen. Der kleine Finger wird zum Verräter, Ausplauderer oder Pechvogel abgestempelt, aber meistens kommt er am Ende am besten weg. Die Spielchen führen auch zu kleinen Dialogen und beschließen ihre Inscenierungen immer mit etwas, das bei Kindern Heiterkeit auslöst. Diese Fingertheaterspiele kann man auch mit bemalten Fingerkuppen oder Fingerpüppchen gestalten.

Impulsgeber für Fingerspiele war dereinst Fröbel im 19. Jahrhundert (1844), der den Stellenwert dieser Spiele für die Sprachentwicklung früh erkannte. Die heutigen Spielchen sind textlich frischer, frecher, auch mit klarerem Satzbau und weniger sentimental oder belehrend, aber das Verdienst für diese Spielart bleibt bei ihm.

Mit Fingerspielen, Handtheater, Gesten, Mimik, Inszenierungen und Rollenspielen entwickelt sich das Kind taktil-motorisch, kinästhetisch, optisch-visuell, akustisch-auditiv; und es erlebt gestaltbaren Raum mit Zeitstruktur, in dem sich sein Ich positioniert – technische Medien können solche Förderungen nie erreichen. Kinder brauchen diese Sinnlichkeit des Lernens, denn innerhalb einer Generation kann sich nicht ein Primat des Visuellen einstellen, nachdem sich über Jahrmillionen hinweg das Gehirn zu seiner heutigen menschenspezifischen Kapazität bei Ausreifung aller Sinne entwickelt und ein Leben und Lernen kraft seiner heutigen unnachahmlichen Leistungsfähigkeit ermöglicht hat.

4.8 Anatomische Grundlagen: Die Hand, ein Wunder der Natur

4.8.1 Leistungsfähigkeit der Hände

Die folgenden Einzelheiten zur Anatomie und Funktion der Hände wollen ein Bewusstsein darüber schaffen, wie elementar wichtig und interessant Hände als Ausdrucksorgan für die körperliche und geistige Entwicklung sind, wie sie die Sprach- und Sprechentwicklung unterstützen und ermöglichen, mit Händen und Sprache auch Inhalte zu gestalten. Die Kenntnisse helfen insgesamt, bewusste Bewegungen für die Spiele zu entwerfen: mit dem Fingerverband, der Faust, der Reizung der Handfläche, der Isolierung und Bewegung einzelner Finger, der Daumenopposition, der Hand- und Armdrehungen – stets im Verein mit Sprechen, Reim, Rhythmus und Inszenierung.

Die Spielarten zuwendender, nützlicher oder abwehrender Art sind groß und bestimmen alle Handlungen, unseren zwischenmenschlichen Umgang und den Alltag – kein Wunder, wenn man die Konstruktion der Hände betrachtet, die einem verrät, wie unglaublich differenziert Knochen, Knorpel, Gelenke, Muskeln, Sehnen und die Hautstruktur zusammenarbeiten. Die Finger können sich krümmen, strecken, biegen, gemeinsam handeln oder aus dem Fingerverband einzeln isolieren. Den Daumen kann man als sogenannte *Gegenhand* den Fingern und der Handfläche gegenüber stellen und mit ihm und dem Zeigefinger den *Pinzettengriff* bilden – eine Fähigkeit, die anderen Primaten nicht möglich ist, da ihr Daumen tiefer ansetzt.

Man kann das Handgelenk nach oben und unten kippen, nach links und rechts bewegen und vor allem auch die ganze Hand aus dem Ellebogen heraus hin- und herdrehen. Diese differenzierte Vielseitgkeit, die sich vermutlich vor etwa 2 1/2 Millionen Jahren zu entwickeln begann, macht erklärlich, warum die vielen Einzelteile in Form und Funktion bei steter Wechselwirkung immer als ein zusammen wirkendes Ganzes betrachtet werden müssen (Lippert 2000).

4.8.2 Einzelheiten zum Wunderwerk der Hand (vgl. Abb. 5)

Jede Hand enthält 27 Knochen, verteilt auf den Handwurzel-, Mittelhand- und Fingergliederbereich: Es gibt fünf Mittelhandknochen, vier mal drei Fingergliedknochen, gegliedert in Grundglied, Mittelglied und Endglied; und ein mal zwei Fingergliedknochen (im Daumen), gegliedert in Mittelglied- und Endglied, während der wie ein Grundglied wirkende Knochen ein Mittelhandknochen ist. Bei all diesen Knochen handelt es sich um Röhrenknochen.

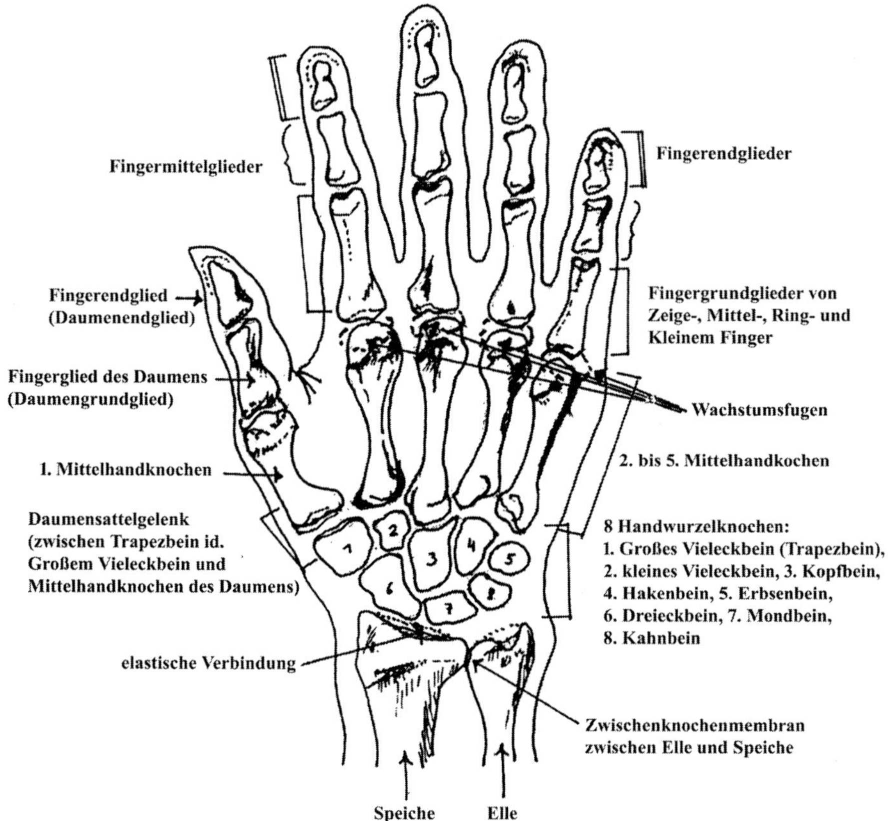

Abb. 5 Von der Verf. etwas ergänzt in Anlehnung an Lippert, H.: Anatomie: Text und Atlas. Elsevier 2010.

Im Handgelenkbereich liegen die **acht Handwurzelknochen**. Sie sind verschieden geformt, miteinander straff, aber elastisch durch Bindegewebe verbunden und dadurch untereinander leicht verschiebbar. Sie erlauben ein Beugen, Strecken und leichtes Seitwärtsbewegen der Hand. Die Handwurzelknochen – anfangs nur knorpelig – knöchern schrittweise aus: beginnend im etwa 1./2. Lebensjahr, wenn die Milchzähne durchbrechen, bis zum etwa 8./9. Lebensjahr. Als letztes knöchert das kleine *Erbsenbein* aus. An den Handwurzelknochen kann man deshalb das Skelettalter des Kindes berechnen.

Zwischen den Fingergrundgelenken und den Köpfchen der Mittelhandknochen gibt es **Wachstumsfugen**, die sich etwa im Schuleintrittsalter schließen und die Gelenkstellen für differenzierte Bewegungen erst voll funktionsfähig machen. Leichte Handspiele regen in diesem Alter Handreifung und Sprechen an, auf anstrengende Spiele, Zerren und schweres Gerät in der Hand muss aber unbedingt verzichtet werden.

Die Gegenhand: Menschenspezifisch ist, wie erwähnt, die Fähigkeit, den Daumen der übrigen Hand 'gegenüberzustellen'. Dies wird durch das *Daumensattelgelenk* zwischen dem Mittelhandknochen, der zum Daumen weist, und dem Handwurzelknochen *Großes Viereckbein* (Trapezbein) ermöglicht. Dieses Daumensattelgelenk erlaubt Dreh- und Kippbewegungen; zugleich geben die daumenseitigen Handwurzelknochen der Bewegung nach, so dass der Daumen nun den anderen Fingern gegenüberstehen kann. Neigen sich sodann die Glieder des Zeigefingers zur Daumenspitze, entsteht der geniale *Zangen- oder Pinzettengriff,* der den Menschen auch zum Handwerker und Kunstschaffenden macht.

4.8.3 Unterarm, Ellenbogen und Bewegung (vgl. Abb. 6)

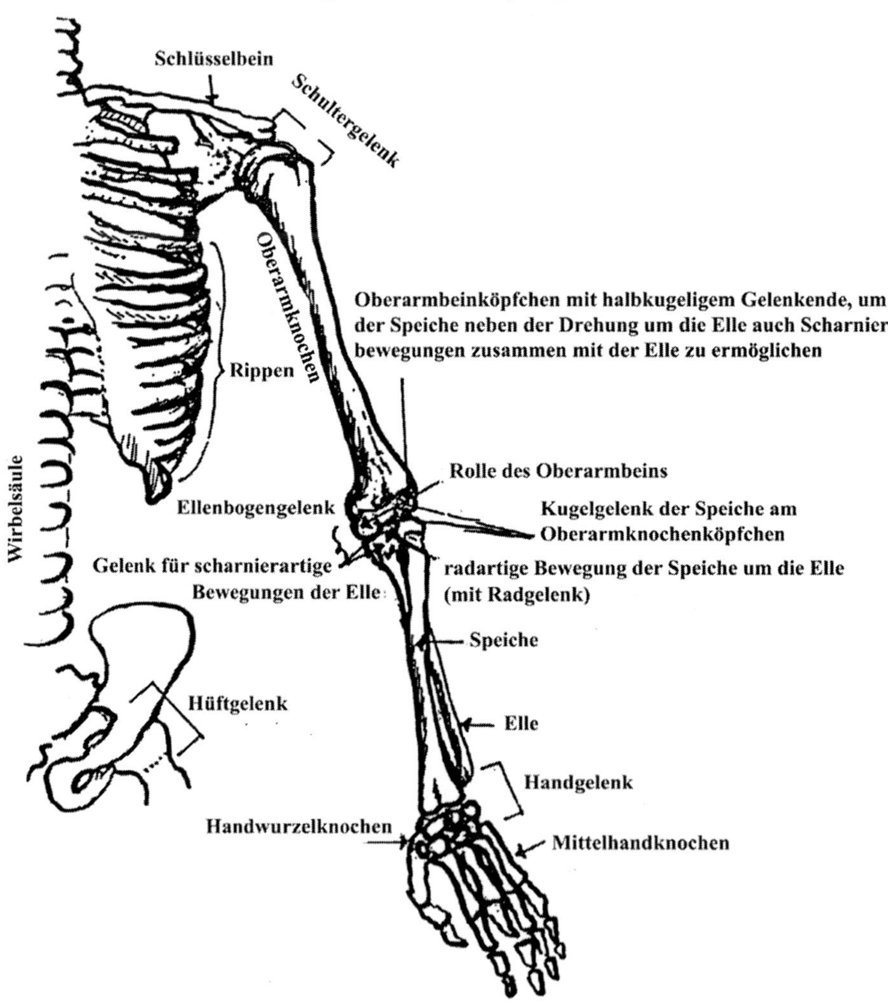

Abb. 6 Von der Verf. etwas ergänzt in Anlehnung an Lippert, H. Anatomie: Text und Atlas. Elsevier 2010.

Die Hand ist funktional eng mit dem *Unterarm* verbunden, sowohl durch die Unterarmknochen: **Elle und Speiche**, als auch durch Muskeln und Sehnen. Außerdem besteht zwischen einigen Handwurzelknochen und der Gelenkfläche der Speiche eine elastische Verbindung; und schließlich sind Elle und Speiche an ihren Gelenkköpfen mittels einer *Zwischenknochenmembran* miteinander verbunden. Diese Konstruktion macht es unter anderem möglich, dass das Handgelenk durch eine Unterarmdrehung die Hand nach unten und oben wenden kann.

Eine solche Unterarm- und Handdrehung ist aber nur durch die besondere, ja raffinierte Konstruktion des **Ellenbogengelenks** möglich, das aus drei Teilgelenken besteht, von einer gemeinsamen Kapsel umschlossen ist und – gehalten von kräftigen Bändern – eine funktionelle Einheit bildet:

Der *Oberarmknochen* endet am Ellenbogen mit einer 'Rolle'. Um diese führt die Elle mittels eines *Scharniergelenks* (dem sog. Oberarm-Ellengelenk) beim Drehen eine Scharnierbewegung, durch die ein Strecken und Beugen, Umwenden und Drehen des Unteramrs möglich wird. Die Speiche kann sich am Oberarmknochenköpfchen mittels eines *Kugelgelenks* ebenfalls mit Beugen, Strecken, Umwenden und Drehen bewegen und dazu auch Drehbewegungen des Arms durchführen. Schließlich bewegt sich die Speiche außerdem mit einem *Radgelenk* radartig um die Elle, wodurch sich die Handflächen nach oben und unten wenden und drehen lassen (Lippert 1993, S. 678; 2000 und Lippert 1989, S. 168; 2003. Auch: https://www.endoprosthetics-guide.com/ellenbogen). Diese geniale Bewegung aus dem Ellenbogengelenk heraus ermöglicht den sogenannten *Drehwechselschlag* (Diadochokinese), den Kinder für entsprechende Bewegungen beherrschen sollten. Dabei werden die Handflächen nach oben und unten gedreht. In dieser Bewegung realisiert sich beispielhaft das Zusammenspiel von Hand, Handglenk, Unterarm und Ellenbogen als funktionale Einheit.

Hand- und Fingerspiele schulen dieses Zusammenspiel der Einzelteile von den Fingern bis zum Ellbogen und weiter ausgreifend zum Oberarm, Schultergürtel und der Körperhaltung – als wesentliche Voraussetzung zum Malen, Schreiben, Handwerken usw.. Die Körperhaltung wird deshalb sinnvollerweise auch durch Bewegungs-, Hüpf-, Tanz- und Laufspiele gefördert.

Kräftige **Muskeln** greifen am Ober- und Unterarm über das Ellenbogengelenk hinweg. Vom Unterarm aus ziehen sie als *Sehnen* – gehalten von einem *Handwurzelband* – auf die Hand über, wo sie teils wieder als Muskeln (an Daumen und Handkante), teils als Sehnen und ganz feine Muskeln in den Fingern für Beweglichkeit sorgen.

In der Haut der Hände liegt als **Hautsinn** ein reiches Sensorium für Berührungen, Druck, Schmerz, Kälte und Wärme. Besonders die Fingerbeeren und die Handinnenseite sind sensorisch reich bestückt, zumal die Handfläche mit einer breiten *Sehnenplatte* versehen ist, die durch ihre dichten Rezeptoren besonders sensibel reagiert – schon ganz kleine Kinder reagieren fröhlich auf Berührungen in diesem Bereich. Diese Sehnenplatte (Palma) der Innenfläche ist straff gebaut. Während man am Handrücken die Haut anheben kann, gelingt das an der Palma nicht, dadurch schenkt die Innenfläche Griffsicherheit.

Die Hand mitsamt dem Arm ist ein geniales, sensibles Greiforgan, das verständlicherweise im Gehirn eine große Projektionsfläche beansprucht und gemeinsam mit den Sprechorganen eine Einheit bildet, die phantasievoll und produktiv für das Sprechenlernen eingesetzt werden kann und soll.

Das nächste Kapitel wird entsprechend ein Angebot an Spielen mit Fingern und Händen bieten, die das Sprechen anregen.

5. Material zur Praxis

Reime, Rhythmen, Fingerspiele mit über fünfzig Vorschlägen

5.1 Silben, Reime, Zungenbrecher – ein bisschen Theorie

Anm.: Die meisten Reime sind Volksgut; wenn es einen Autoren gibt, ist er vermerkt. Es lohnt sich, Bewährtes in Buchhandlungen usw. zu recherchieren. Weitere Tipps gibt es beispielsweise in Diepmann 2013, Arndt & Singer 2004, Singer & Funke 2005, Stöcklin-Meier 2004, Hofbauer 2004, bei Gedichten z. B. Sennlaub 1993 oder als großes Repertoire an kommentierten Finger- und Bewegungsspielen, feinmotorischer Förderung usw. in Zitzlsperger 2008, S. 180 bis 288. Man achte beim Kauf auf die Eignung der Reime, auf die Satzstrukturen und auf Inhalte, die für Sprachunkundige verständlich sein sollten – sie werden Modelle beim Spracherwerb!

Die folgenden Gedichte und Reime unterliegen einigen Leitlinien. Hierbei wird nur so weit auf Sprachformen eingegangen, wie sie zum deutsch Sprechenlernen nötig sind, um sie bewusst auswählen und spielerisch einsetzen zu können. Im Mittelpunkt steht die Silbe, weil die Gedichtchen und Reime vom Rhythmus her silbisch orientiert sind, zum Klatschen reizen, dabei die Artikulation verbessern und das phonologische Bewusstsein schulen, also ein Wissen darüber, dass das Wort trotz einer ganzheitlichen Wahrnehmung als Klangbild Strukturen wie Lautabfolge, Morpheme und Silben hat.

– **Die Silbe** ist der kleinste Bestandteil eines Wortes, der sich beim Sprechen ergibt; man nennt sie **Sprechsilbe.** Schon Kindern gelingt es intuitiv, Wörter nach Sprechsilben zu klatschen, sich zu bewegen oder sie in Fingerspielen oder Abzählreimen einzusetzen, da das Rhythmusgefühl für Silben im Innenohr angelegt ist. Diese Anlage sollte aber von früh an durch Reime, Gedichte, Lieder usw. angeregt werden. Silben können betont oder unbetont sein und geben damit jedem Wort einen eigenen Klang. Eine optisch erkennbare Kennzeichnung von betont und unbetont (mit Silbenbögen und Färben oder Unterstreichen betonter Teile) hilft schulisch beim sinnerfassenden, betonten Lesen und beim Rechtschreiben.

– **Struktur:** Silben haben eigene Strukturen, erläutert am Beispiel *Ton*:

  Sie bestehen aus einem *Silbenkern* (hier: o), einem *vorderen* (hier T) und *hinteren Rand* (hier n): Den Kern bildet immer ein *Vokal* (hier: *o*). Fehlt der hintere Rand (Endrand), dann endet die Silbe als *offene Silbe* mit dem Vokal des Kerns (hier *To*). Offene Silben klingen besonders klar, ersichtlich an Beispielen wie R*a*-m*a*, S*a*-ge, T*o*-m*a*-te, K*a*-r*a*-w*a*-ne ...). Befinden sich Konsonaten am hinteren Rand, (das *n* bei Ton) spricht man von *geschlossener Silbe.* Wenn am vorderen Rand/ Anfangsrand) (hier *T*) der Konsonant fehlt, beginnt die geschlossene Silbe einfach mit dem Kern, also dem Vokal. Das sind Wörter wie *am, auf, oft, im ...).* Die

Ränder können auch mehrteilige Konsonanten enthalten: *schw*it-zen, *Pfl*aume, *Kraft*.... Es gibt Silben ohne Ränder, dann steht der Vokal als Silbenkern für sich (*O* -ma, *A*- men) ...,

- **Einfache Reime** entstehen, indem am Ende einer Zeile die letzte (oder einzige) Silbe ihren Vokal, also Silbenkern behält, auch den Endrand, aber die Konsonanten vor dem Kern durch einen anderen Buchstaben ausgetauscht werden – zu einem Wort, das auch Sinn macht, z. B. **r**ot – **t**ot; **H**o-se, **R**ose – **D**ose – **S**oße; **M**utter – **F**utter – **B**utter; oder ge**g**angen, ge**h**angen, oder **t**ragen – **f**ragen – **schl**a-gen ... Durch solch einfache Reimwörter, die in der Regel im vorgeschlagenen Werk zum Sprechenlernen eingesetzt werden, kommen die Worte zum Klingen. Endreime unterstützen durch die klangliche Ähnlichkeit die Wortfindung und das Sinnverstehen des Kontextes.
- Gelegentlich etwas 'schräge' Reime kann man durchgehen lassen, wenn sie dem Gedicht nützen und nicht stören, nur sollten die Sätze nicht verquollen und verdreht erscheinen.
- **Alliteration:** Wenn der Anfangsrand als Anlaut gleich bleibt und sich nur Kern und Endrand ändern, haben wir es mit Alliterationen zu tun. Sie können als besondere Form Wörter einbinden, hinter denen dann ein ganzer Kontext steht und die als Metaphern bildlich beeindrucken: Er hütete ***H**aus und **H**of – Das Schiff versank mit **M**ann und **M**aus. – Sie ritten über **St**ock und **St**ein – Sie trotzten **W**ind und **W**etter...* Das ist eine feine Kost für Deutschlernende! Hierzu gehören aber auch die:
- **Zungenbrecher:** Die Wörter haben (wie bei Alliterationen) einen gleichbleibenden Anlaut, aber veränderten Kern und Endlaut. Diese Konstruktion tritt gehäuft im Satz auf, und zwar mit **Konsonanten** im Anlaut, so dass man gut artikulieren muss. Einfache Beispiele sind: ***B**raune **B**ären **b**aden im **B**ach. Oder: **M**eine **M**utter **m**ag **m**ich.* Mehr Beispiele später. Die Artikulationsübungen – gut geeignet für den ganzen Schriftspracherwerb – lassen mündlich und schriftlich schöpferische Versuche mit eigenen Wörterfindungen zu.
- **Assonanzen:** Wenn in einem Satz in den Wörtern öfter der gleiche **Vokal** auftaucht, spricht man von Assonanzen, die als Stilmittel mit Alliterationen verwandt sind, aber nicht wie diese durch Konsonanten, sondern durch Vokale gebildet werden. Solche Vokale vermitteln durch ihren Gleichklang in ihrer Häufung eine gewisse Stimmung, besonders in der Lyrik. Beispiel: Gr**o**llender D**o**nner ertönte. Der **O**rkan h**o**b ganze Dächer ab.

  Oder: D**i**e sp**i**tzen Stacheln des **I**gels p**i**eksen w**i**e Nadeln und r**i**tzen d**i**e Haut. Oder aber das bekannte Gedicht von Jandl, das so beginnt: **O**tt**o**s m**o**ps tr**o**tzt – **o**tt**o**: f**o**rt m**o**ps f**o**rt – **o**tt**o**s m**o**ps h**o**pst f**o**rt – **o**tt**o**: s**o**s**o** ... (Ernst Jandl in Sennlaub 1993, S. 70).

  Sprechen im Fluss der Sinnaussage: Außer dem Silben- und Reimrhythmus gibt es Gestaltungen, bei denen man die Bewegungen passend zu den Sinneinheiten durchführt; sie sind ***sprachbegleitend*** und heben nicht die Silben hervor, sondern den inhaltsdeutenden, sinnbetonten Sprachfluss über den ganzen Satz/ Satzteil hinweg. Das realisiert sich besonders beim Erzählen von Märchen und anderen Geschichten und wird gefördert, wenn der Erzähler seine Geschichten engagiert betont spricht.

– Generell ist es günstig, wenn der Inhalt **Humor** verrät und/oder sich auch **stimmlich, gestisch und mimisch** gut und spannend darstellen lässt.

5.2 Grenzen für Lernende als Anfänger

Feinheiten wie gespannte (T**o**n, k**a**hl ...) und ungespannte (Dr**o**ssel, l**o**cker ...) Vokale oder mehrkonsonantische Ränder (er scha**fft**, du wi**llst**...) spielen hier beim Sprechen kaum eine Rolle; Trennungsregeln ebenfalls nicht; sie werden beim Reimen an den Fingerspielen nicht bewusst gemacht, erst bei schulischen Übungen zur Silbentrennung mit ihren entsprechenden Regeln, beispielsweise anhand des silbeninitialen ‹h›, etwa bei Ku**h**, Kü-**h**e; Ze**h**, Ze-**h**en; bei Mehrgraphen wie in S**ee** – S**ee**n, Kni**e** – Kni**e** und bei Vokalhäufungen durch Diphtonge wie in tr**au**en, fr**eu**en, schr**ei**en ...; auch bei Längenanzeigern ‹h›, denen ein m, n, r oder l folgt: Das ‹h› bleibt beim Trennen stumm am Silbenkern: Za**h**n – Z**äh**-ne, Ko**h**l – K**oh**-len, L**eh** -rer, Ka**h**n – K**äh**-ne ...).

Wir klatschen solche Wörter nach Silbenempfinden, aber deutlich artikuliert. Das ‹h› verschwindet dabei als kaum angedeutetes ‹j› oder bleibt ganz stumm.

Zu den Grenzen zählen auch Schüttelreime und Morpheme:

– **Schüttelreime** sind originell und verlangen bereits einen souveränen Umgang mit der Sprache, besonders auf semantischer Ebene: Die Anlaute zweier Begriffe werden ausgetauscht wie z. B. bei **schw**arzer **W**ein und **W**arzen**schw**ein. Oder: **fie**ser **Rä**cher, **Rie**sen**fä**cher ... Schüttelreime werden nicht weiter behandelt.

– **Morpheme** werden gleichfalls beim immersiven Lernen für Anfänger nicht aktuell; es verlangt sprachlich – grammatisches Detailwissen.

5.3 Besonderer Hinweis für eigene Initiativen

Zu beachten ist bei den Handspielen eine **Mischung** aus kleinen und großen Bewegungen, Ausgliederungen der Finger, Einsatz der Gegenhand mit Pinzettengriff, aus Überkreuzbewegungen und der Diadochokinese (mit der Handgelenksdrehung), da sie neben der Anregung großer Hirnareale, dem Sprechen und der Artikulation auch die Feinmotorik für Schreiben, Malen, Basteln usw. anregen. Man sollte sich immer wieder vergegenwärtigen, dass aus einfachen Funktionen bei den Handbewegungen komplexe funktionelle Systeme entstehen, die sowohl motorisch differenzieren als auch zu Signalen werden wie Handzeichen, deutende Bewegungen, Codierungen in Schriftzeichen und als Bildelemente; die also Zeichencharakter haben und damit Gedächtnis, Sprache und Schriftsprache fördern.

- Abkürzung: **R.** bzw **r.**: für rechts, **L.** bzw. **l.** für links. **Z.**: Zeile
- Die folgenden Vorschläge sind eine bunte Mischung, mal einfach, mal etwas anspruchsvoller – bei der jeder selber entscheiden kann, was ihm in seiner Situation und mit seinen Lernenden geeignet erscheint.

5.4 Gestaltungsvorschläge für Reime, Spiele mit den Händen, Abzählverse, Zungenbrecher, Rätsel und Sprechzeichnen

Beginnen wir mit Spielen, die besonders bei den Flüchtlingen: den Kindern und ihren Müttern, ein Erfolg waren und über die sie rasch verfügten. Sie sind durch weitere Texte bereichert, die sich anderweitig (in der Schule) bewährt haben. Die Inhalte sind entweder konkret nachvollziehbar oder witzig oder Nonsens und zum Schmunzeln, sollten aber nicht zu 'weltfremd' sein.

Um Gdächtnisstützen zu schaffen, kann man bei manchen Reimen auch mit Blei- oder Farbstift kleine Zeichen und Bildchen mit Wiedererkennungswert zeichnen. Es ist für kleine Kinder ein beiläufiger Weg zum Verständnis symbolischer Zeichen. Fortgeschrittene, die bereits Alphabetisierungskurse durchlaufen haben, können Stichworte notieren.

Als erstes: Lockerungsübung, bei der die Finger kontrolliert „aufgeblättert" und wieder geschlossen werden – als einstimmendes Fingerspiel ohne Reim:

Die Blume geht auf,	R. und l. Hand, in leichter Faust, blättern gleichzeitig
die Blume geht zu,	die Finger vom kleinen Finger ausgehend auf, ebenso
und wieder auf	wieder zu; auf-zu, auf- zu … Schwieriger: Erst die r.,
und wieder zu.	sofort danach die linke nacheinander auf- und
Sie hat eine schöne Blüte,	abblättern. Dann: beide Hände formen einen Blüten-
und dann verwelkt sie.	Kelch. Letzte Z.: Beide Hände fallen nach unten.

❊

Mäuschen, Mäusche koche Brei,	R. Zeigefinger kreist auf linker Handfläche,
gib ein Stückchen Zucker bei.	r. Zeigefinger tippt pro Silbe auf die l. Handfläche.
Gib dem ein Stückchen	R. Zeigefinger und Daumen greifen l. Daumenspitze,
und dem ein Stückchen	dann l. Zeigefinger,
und dem ein Stückchen	den l. Mittelfinger,
und dem ein Stückchen.	den l. Ringfinger.
Doch für den Kleinsten hat's nicht mehr gereicht,	und den l. kleinen Finger.
Da musste es weinen und weinen	Alle spielen 'Weinen' und 'Jammern'
und hat sich schnell versteckt.	und setzen sich schnell auf ihre Hände.

❊

Ich bin die Klapperschlange.	Große Wellenbewegung mit beiden Händen.
Wenn ich den Manfred fange	Arme zusammen, Hände zum Maul gespreizt.
mit meinem großen Mund,	Stimme steigt, bei 'Mund' klappen die Hände zu.
dann kau ich gut und lange	reibende Bewegung beider Hände
und das ist sehr gesund.	r. Hand kreist auf dem Magen.

❇

Statt dem Wortfüller 'Manfred' setzt man Namen der Spieler ein. Dass hier der Inhalt rasch verstanden worden war, erwies sich an Tagred mit ihrer kleinen Tochter: Sie machten daheim dem Vater das Spiel vor, setzten als Namen 'Vater' ein und tönten begeistert: „... und das ist ungesund!"

Hoppe, hoppe Reiter,	Dieser Kniereiter passt, wenn kleine Kinder
wenn er fällt, dann schreit er.	in der Gruppe sind. Bei uns war es ein kleines
Fällt er in den Graben,	Mädchen. Das Kind wird auf die Knie des
fressen ihn die Raben.	Sprechers gesetzt, rhythmisch wird es beim Spre-
Fällt er in den Sumpf,	chen auf und ab bewegt wie auf dem Pferde-
macht es einen Plumps!	rücken. Bei 'plumps' lässt man es durch die Knie rutschen und fängt es auf.

Die syrischen und kurdischen Mütter zeigten uns entsprechende Spiele ihres Landes.

Abzählverse:

1-2-3 – Butter auf den Brei- Salz auf den Speck – und du bist weg.*

1-2-3-4 – auf dem Klavier – sitzt eine Maus – und du bist raus!*

1-2-3 und 4-5-6 – wo bleibt denn die kleine Hex? – Sie soll mir zaubern: Schokolade – und ein Töpfchen Marmelade – und wenn ich zähle bis zur 7 – kocht sie mir auch gelbe Rüben.*

1-2-3-4-5-6-7 – wo ist unsre Katz geblieben? – Sauft die Milch und frißt den Speck – hoppla-hop, und du bist weg.*

1-2-3-4-5-6-7-8 – meine Freundin lacht – sie isst Schokolade und Kuchen – und du musst jetzt suchen.*

1-2-3-4-5 und 6 – einmal fing ich eine Hex. – 7-8 und 9 und 10- doch ich ließ sie wieder gehn.

❇

Und als weiteres Fingerspiel:

1, 2, 3, 4, 5,	R. Hand zählt mit den Fingern mit.
strick mir ein Paar Strümpf.	L. und r. Zeigefinger ‚stricken' zusammen.
Nicht zu groß,	Arme weit ausbreiten,
nicht zu klein,	mit beiden kleinen Fingern winzige Lücke lassen,
sonst musst **du** der Fänger sein.	Man weist auf einen Mitspieler, der dann …

❊

Ich schmiede eine Kette für Hans und seine Grete. Die haben sich gefunden, mit Kettengold gebunden. Kettenschmied, Kettenschmied, singe uns das Kettenlied. Dass die Kette niemals reißt – das wünschen wir vom Heiligen Geist.	R. Daumen bildet mit r. Zeigefingern einen Kreis, ebenso macht es die l. Hand. Beim Sprechen werden in semantischen Einheiten die Kettenglieder ineinandergefügt, dann wieder aufgelöst und nach einer Handgelenksdrehung (Diadochokinese) neu gefügt. Bei „Dass die …": Finger ineinander haken, als Kreis augestreckt 'räkeln'.

Die Sprecheinheiten lassen sich ändern: pro Zeile, dann pro Sinnschritt oder im Rhythmus der Einheiten von betonter und unbetonter Silbe.

Erschwernis: Die Kette wird verändert, gebildet aus Daumen und Mittelfinger, dann Daumen und Ringfinger … usw.

❊

Auf der elendlangen Leiter Immer weiter, immer weiter, bis zum himmelhohen Mond, wo der Kipferlbäcker wohnt: Manchen klitzeklaren Stern kann man da schon singen hör'n. Wer gesund ist und auch jung, der macht einen Erdensprung.	Beim Vormachen erläutern: elendlang, Kipferlbäcker (Brezelbäcker …), klitzeklar … **Spielweise:** Daumen der l. und Zeigefinger der r. Seite berühren sich. Mit einer leichten Drehung der Handgelenke berührt sodann der r. Daumen den l. Zeigefinger, nach der Handdrehung wieder umgekehrt. Man bewegt sich im Silberhythmus von betont und unbetont. In der letzten Z. fallen die Hände mit Klatsch auf die Oberschenkel. – **Für ganz Geschickte**: Nacheinander 'klettern' Daumen und Zeigefinger, dann Daumen und Mittelfinger, Daumen und Ringfinger usw. hoch.

❊

Im Folgenden: Symbolische Zeichen und sprechende Gesten wechseln ab.

In meinem Häuschen	Beide Hände bilden ein symbolisches Hausdach.
gibt's schrecklich viele Mäuschen.	Schreckbewegung mit beiden Händen und Armen.
Sie trippeln und trappeln	R. Hand: trippelnde Fingern nach r. außen, l. Hand

und zippeln und zappeln über Tische und Bänke, über Kästen und Schränke. Sie nagen und naschen und will man sie haschen: Husch! – sind sie alle weg.	nach l. außen. Dann überkreuz mit Wechsel am Handgelenk. Beide Hände formen Tisch, dann Bank, Bilden einen Kasten und 'aufklappbaren' Schrank. Nagende Daumen- und Zeigefingerspitzen. Langsames Sprechen, nach „sie": Pause, dann „haschen" mit zuschlagenden Händen. – Letzte Z.: Erstaunte Geste.

❊

Die Kuh Elise steht auf der Wiese und kaut ein Blatt, dann ist sie satt. Nun muss sie wiederkäuen, das tut sie freuen!	Die Finger außer Daumen der r. Hand werden auf den Tisch gestellt, in 2. Zeile mit l. Hand ebenso. Beide Handflächen reiben kreisförmig aneinander – Immer langsamer und ruhen dann. Kurze Pause. Kaubewegungen erneuern, aber in Gegenrichtung. Klatschen –

Das Wort 'wiederkäuen' muss erläutert werden.

❊

Zwicke, zwacke – in die Backe, zwicke, zwase – in die Nase, zwicke, zwund – in den Mund, zwicke, zwals – in den Hals, zwicke zwein- in das Bein …	Bei: in die Backe: Mit Pinzettengriff die Backe ergreifen, anheben, dann an die Nase, an den Mund usw. (nach Jürgen Spohn in Sennlaub 1993 S. 14)

Dieses Spiel regte alle immer besonders an; jeder übertraf den anderen noch im Erfinden eines Reimes mit einem Körperteil: zwaare, zwohr, zwauch, zwuß, zwände, zwarm …

❊

In der Nase juckt es, in den Beinen zuckt es, kitzelt auf der Backe, kribbelt in der Jacke krabbelt wieder vor, zwickt am rechten Ohr, trippelt in das Nasenloch, warte, dich erwisch ich noch!	Körperorientierung: Zu allen Stellen lassen sich gut deutende Bewegungen finden – auch mimisch und schauspielernd. Hierbei: Sprechbegleitend handeln. Ansonsten: Das Gedicht silbierend rhythmisch mitklatschen.

❊

Das folgende Spiel ist sehr beliebt. Es beinhaltet zur Darstellung viele Möglichkeiten: Sprechen und Bewegen im Silberyhthmus, aber auch in Sinneinheiten, dazu Drehwechselschläge, Überkreuzbewegungen und Gesten.

Die Katze schläft,	R. Handrücken berührt die linke Wange,
die Katze schläft,	l. Handrücken berührt die r. Wange,
die Mäuse gehn zum Tanze.	lockeres Kreisen aus den Handgelenken.
Sie tanzen dies,	Drehwechselschläge mit
sie tanzen das,	beiden Händen; rhythmisch betont,
sie tanzen ohne Unterlass	weiter Überreuzbewegungen,
und wackeln mit dem Schwanze.	beide kleine Finger – abgespreizt – wackeln.
Der Vater Maus,	R. und l. Daumen berühren sich,
die Mutter Maus	r. und l. Zeigefinger berühren sich, ebenso
und ihre Mäusekinder,	im Silberhythmus die übrigen Finger.
sie drehen sich im Mäustanz,	Kreisbewegungen aus beiden Handgelenken,
sie wackeln mit dem Mäuseschwanz	beide kleine Finger abgespreizt wackeln,
und keiner kann sie hindern!	und beide Hände vielsagend heben.
(von Othfried Preußler)	

❊

Ein Huhn, das fraß,	Verschwörermiene, erstauntes Sprechen,
man glaubt es kaum,	beim Sprechen leichtes Kopfschütteln,
ein Blatt von einem Gummibaum.	Handkanten aneinandergelegt als großes Blatt.
Dann ging es in den Hühnerstall	trippelnde Fingerbewegungen in der Luft,
und legte einen Gummiball.	Hände in Eiform zusammengelegt, Kopfschütteln, dabei lachende Mimik.

Dieser Reim ist für Fortgeschrittene, da Ironie darin und das Sprachspiel i. d. R. nicht gleich durchschaut werden. Also lohnt sich ein Gespräch, besonders um den Transfer 'Gummibaum – Gummiball' und 'Ei – Ball' zu klären. Zur Darstellung: Hier spielen Stimme, Mimik und Gestik eine vorrangige Rolle.

❊

Aber es gibt noch mehr Plattitüden:

Backenzahn und grüner Kater,	Das lässt sich als Abzählvers oder als
Katzenschwanz und Eulenvater	Spiel gestalten. Hier passen auch Über-
Bimmelbahn und Haselnuss	kreuzbewegungen oder Drehwechsel-
Du bist der, der suchen muss.	schläge.

Oder:

Es war einmal ein Mann,
der hatte keinen Kamm.
Da ging er hin und kauft sich einen;
jetzt hat er seinen.

Das lässt sich pantomimisch gestalten.

Oder:

Es war einmal ein Männchen,
das kroch in ein Kännchen.
Dann kroch es wieder raus
und die Geschichte ist aus.

oder: unk, unk, unk,
vor Zeiten war ich jung.
Hätt' ich einen Mann genommen,
wär ich nicht in'n Teich gekommen.
Unk, unk, unk, vor Zeiten war ich jung.

❊

Ein kleines Fingertheater:

Dieses kleine Schweinchen	Beginn beim r. Daumen,
geht in den Wald.	der wackelt hin und her.
Dieses kleine Schweinchen sagt:	r. Zeigefinger, er zittert beim Reden,
Mir ist kalt!	weil er friert.
Dieses kleine Schweinchen ruft:	R. Mittelfinger, tippt suchend in der Luft,
Es kommt Schnee!	dabei schnüffelndes Sprechen;
Dieses kleine Schweinchen	r. Ringfinger:
schreit schon: O je!	Mit aufgeregtem Unterton.
Und dieses kleine Schweinchen	r. kleiner Finger:
will heim zum Futter	springt in die linke Hand,
Und rennt zu seiner Schweinchen-Mutter.	die ihn wärmend umschließt.

Variationen: Mal mit rechter, mal linker Hand die Finger ausgliedern. Wichtig dabei die Stimme: Zitternd, schnüffelnd, aufgeregt …

❊

Weiß steht der Wald,	Ausbreitende Armbewegung,
sagen die Spatzen,	die 10 Fingerspüitzen berühren sich –
und es ist kalt,	Arme frierend am Körper gekreuzt,
sagen die Spatzen.	Die 10 Fingerspitzen berühren sich.
Doch Eis und Schnee,	Hände aufgerichtet, Handflächen außen,
sagen die Spatzen,	die 10 Fingerspitzen berühren sich.
tun uns nicht weh,	Kopf bewegt sich verneinend hin und her.
sagen die Spatzen.	Die 10 Finger berühren sich.
Im Federkleid	Finger über Kleidung streichen
sagen die Spatzen,	Die 10 Fingerspitzen berühren sich.
sind wir gefeit,	Arme schützend überkreuz, Hände an Oberarm,

sagen die Spatzen.	Die 10 Fingerspitzen …
Doch eins tut not,	Mahnender r. Zeifefinger erhoben,
sagen die Spatzen,	die 10 Fingerspitzen …
ein bisschen Brot,	Beide Hände bilden locker einen Brotleib.
sagen die Spatzen.	Die 10 Fingerspitzen …
(James Krüss)	

Zur Durchführung: Erläuterung von 'gefeit' und 'tut not'. Die Gesten werden sprechbegleitend in Sinneinheiten, nicht im Silbenrhythmus durchgeführt. Wichtig sind die behutsamen Fingerspitzenberührungen und die dazwischen liegenden Ausdrucksgesten.

❊

Ein langer Weg, ein breiter Steg, ein tiefer Bach, ein großer See, ein hoher Baum, man sieht ihn kaum.	Diese Begriffe für Größenordnungen kann man mit den Armen darstellen; nicht silbierend, sondern sprechbegleitend: Nach vorne, dann seitlich ausgestreckt, in die Hocke, im Kreis um sich drehend, mit gespreizten Fingern in die Höhe recken, dann Augen zukneifen.

❊

Säge, säge Holz entzwei, kleine Stücke, große Stücke, schni, schna, schni, schna schnuck!	Zwei Kinder fassen sich an den Händen, indem sich ihre Arme überkreuzen: Die jeweils linke Hand fasst die linke H. des Partners, die rechte Hand dessen rechte H. Beim Sprechen ziehen die beiden sägend rhtythmisch hin und her; Bei 'schnuck' halten sie ruckartig still.

❊

Da oben auf dem Berge, eins, zwei, drei, Da tanzen kleine Zwerge, eins, zwei, drei. Da unten auf der Wiese, eins, zwei, drei da sitzt ein großer Riese, eins, zwei, drei.	Hände über dem Kopf – dann pro Zahl den r. Daumen, Zeige- und Mittelfinger hochstrecken. 3. Z.: Alle 10 Finger tanzen auf dem Kopf – dann beim Zählen: die l. drei Finger. 5. Z.: Nach unten beugen, beide Füße berühren. Mit r. Fuß zählend stampfen, 7. Z.: Mit tiefer, lauter Stimme sprechen und beim Zählen mit l. Fuß mitstampfen.

❊

Wieder ein kleines Handtheater:

Jeden Abend im April
liegt am Nil ein Krokodil
und verschlingt mit viel Gefühl
neunundneunzig Eis am Stiel.
Neunundneunzig Eis am Stiel
sind es nur, die im April
täglich frißt am fernen Nil
das besagte Krokodil –
hundert wären ihm zu viel.

Statt im Silbenhythmus zu sprechen, ist das Gedicht gut geeignet, die Sinneinheiten in symbolischen Handhaltungen und Bewegungen darzustellen. Mit der Gruppe gemeinsam entwickeln! Wie kann man das Krokodil, Eisschlecken, gefühlvolle Verschlingen oder den Nil gestalten?

❊

Und noch einige:

Ich kenn ein kleines Kasperhaus,	Mit den Händen ein Hausdach bilden.
der Kaspar schaut zum Fenster raus.	R. Daumen hoch, er wackelt.
Da kommt der schlimme Maxe her	L. Dauem hoch,
und ärgert meinen Kasper sehr.	beide Daumen 'zanken' sich.
Der Kasper aber macht bumm, bumm,	R. Daumen stößt den l. Daumen und
da fällt der schlimme Maxe um.	der l. (Max) fällt flach.
Da kommt das große Krokodil,	Die l., zum Maul geformte Hand
das meinen Kasper fressen will.	schnappt nach Kasper.
Der Kasper macht sich einen Spaß,	R. Daumen verschwindet in der Faust
versteckt sich in ein leeres Fass.	(dem Fass).
Das Krokodil schaut hin, schaut her	Die l. Krokodilshand sucht unter,
und findet keinen Kasper mehr.	über, hinter und neben der Faust.
Da geht es fort und geht nach Haus.	Es verschwindet hinter dem Rücken.
Der Kasper lacht es tüchtig aus:	R. Daumen kommt wieder vor, schaut
„Wer mich ärgern will, der merke sich:	zu allen hin und spricht nickend und
Der Stärkere bin immer ich!"	stolz betont den Schlusssatz.

❊

Kommt ein kleiner Mann daher,
kommt zum Pflaumenbäumchen.
Schaut hinauf und freut sich sehr,
sieht die vielen Pfläumchen.
Und es schüttelt!
Schwapp, schwapp, schwapp,
fallen alle Pfläumchen ab.
Männchen liest sie in den Sack,
trägt nach Haus ihn huckepack.

Sprechbegleitend werden beide Arme und Hände eingesetzt: R. Finger für das laufende Männchen, l. Arm mit gespreizten Fingern. Schüttelbewegungen des Männchens mit Zangegriff am Stamm' und Klopfen für die fallenden Pfläumchen. Letzte 2 Z.: Pantomimisch mit dem ganzen Körper bewegen.

❊

Ich ging einmal nach Butzlabee,
da kam ich an 'nen großen See.
Am Ufer stand ein Mühlenhaus,
da schauten fünf Hexen zum Fenster hinaus.
Die erste sprach: „Komm, iss mit mir!"
Die zweite rief:" Komm, sprich mit mir!"
Die dritte bat: „Komm, spiel mit mir."
Die vierte haucht: „Komm, tanz mit mir."
Die fünfte nahm den Mühlenstein
und warf ihn mir ans linke Bein.
Da schrie ich laut: „O jemine,
ich geh nie mehr nach Butzlabee!"
(aus dem Englischen)

Ein hübsches Gedicht zur Wortschatzbereicherung, aber auch für Handtheater: 1. + 2. Z.: Laufbewegungen beider Hände und ausbreitende Arme für den See. 3. + 4. Z.: L. Hand knickt in den Grundgelenken wie ein Hausdach ein, darunter schauen die 5 Finger der r. Hand leicht nach unten gebogen (= Hexen) heraus. 5. bis 8. Z.: Die jeweilige 'Hexe' wackelt beim Sprechen hin und her, der Ton dabei: sprechend, rufend, bittend, hauchend … 9.+ 10. Zeile: L. + r. Hand greifen pantomimisch vom Boden einen schweren Stein. Dann klatschen beide Hände auf die Knie. Letzte Zeile: Empörte Stimme.

❊

Ich hatte einen Traum	Beide Hände streichen über die Stirn.
von einem schönen Baum.	Arme als Stamm, gespreizte Finger hoch.
Auf einem Ast, ganz stark und fest,	R. Arm quer vor der Brust;
da war gebaut ein Vogelnest.	L. Hand zum Nest darauf geformt.
Im Nest, da lag ein Kuckucksei,	Beide Hände bilden ein Ei,
das brach, als ich es sah, entzwei.	und öffnen sich behutsam.
Da schlüpft heraus ein Kuckuckskind	Handgelenke überkreuz, Finger als Flügel,
und das erzählte mir geschwind:	die 'Flügel' bewegen sich auf und ab.
Ich hatte einen Traum …	Beide Hände streichen über die Stirn …

(aus Knisters Lach- und Machgeschichten, Thienemann, 1991)

❊

Der folgende Text fordert zur Reimbildung auf und damit zu Wortschatzbereicherung und zur Wahrnehmung ähnlicher Klangbilder. Man kann mit den Zeilen gut Ratespiele veranstalten, auch mit Zeigeübungen auf gemalte Gegenstände, die im Text vorkommen. Jeder Teilnehmer kann, wenn der Text besprochen wurde, ein Bild malen, auf dem der versteckte Schuh zu sehen ist. Darauf bezieht sich die letzte Zeile im Gedicht.

Wo ist mein Schuh? fragt die Kuh.
Unterm Tisch, sagt der Fisch.
Hinterm Herd, sagt das Pferd.
In der Flöte, sagt die Kröte.

Unter der Matratze, sagt die Katze.
Im Radio, sagt der Floh.
Hinter der Gardine, sagt die Biene.
In der Schachtel, sagt die Wachtel.
An der Decke, sagt die Schnecke.
In der Vase, sagt der Hase.
Im Puppenhaus, sagt die Maus.
Auf dem Regal, sagt der Wal.
So ein Drama, sagt das Lama.
Wer den Schuh nicht finden kann schaut sich unsre Bilder an.
(aus Knisters Lach- und Machgeschichten, Thienemann (1991)

✻

Es sitzt ein Frosch im Kämmerchen
und haut mit seinem Hämmerchen.
Hopp, hopp, hopp,
du dicker Frosch.

Wenn schon mehrfache Erfahrungen mit Fingerbewegungen vorhanden sind, sollen doch mal Kinder und Erwachsene ein Bewegungsspiel dazu erfinden!

✻

Drei Chinesen mit dem Kontrabass,
saßen auf der Straße und erzählten sich was.
Da kam die Polizei: 'Ja was ist denn das?'
Drei Chinesen mit dem Kontrabass.

Hierzu gibt es eine bekannte Leiermelodie. Alle Silbenkernvokale werden nun durch einen einzigen Vokal ersetzt: Dra Chanasen mat dam Katrabass … oder: Dre Chenesen met dem Kentrebess … So lassen sich alle Vokale und Diphtonge durchsingen.

Zungenbrecher mit Alliterationen:

Es gibt zahllose Zungenbrecher. Für den vorliegenden Zweck haben sie als Artikulationsübung und für das Bewusstmachen einzelner Laute nur Sinn, wenn die Lernenden auch den Inhalt verstehen und dadurch souveräner über die Einzelworte im Kontext verfügen. Auch Nonsens muss als solcher erkannt werden, sonst arten die Übungen in reines Nachplappern aus.Deshalb biete ich nur eine bewährte kleine Auswahl, wobei ich auch längere Zungenbrecher verkürzt und vorgeschlagene Satzumdrehungen weggelassen habe. Ist das Zungenbrecherprinzip erst einmal erkannt, können alle etwas erfinden. Unbewusst werden hier Merkfähigkeit, Wortschatz, Wortverständnis, phonologisches Bewusstsein und Diskriminationsfähigkeit geschult:

Wir Wiener Weiber würden weiße Wäsche waschen, wenn wir wüssten, wo warmes Wasser wär.

Fünf **F**erkel **f**ressen **f**risches **F**utter. **F**risches **F**utter **f**ressen **f**ünf **F**erkel.

Hans, der **H**irte, **h**ütet **h**inter dem **H**aus die **H**erde.

Hinter **H**ansens **H**inter**h**aus **h**ängen **h**undert **H**emden raus.

Zweiund**zw**an**z**ig **Zw**erg**z**iegen **zw**ängen sich durch den **Zw**erg**z**iegen**z**aun.

Der folgende Satz übt harte Konsonanten (Plosive) : C (als K gesprochen), P/p, K/k:

Der **C**ottbuser **P**ost**k**utscher **p**utzt den **C**ottbuser **P**ost**k**utsch**k**asten.

Kleine **K**inder **k**önnen **k**eine **K**irsch**k**erne **k**na**ck**en.

Alliteration mit Assonanz: **F**ischers **F**r**i**tz **fi**scht **fri**sche **F**ische, **fri**sche **F**ische **fi**scht **F**ischers **F**r**i**tz.

Harte Konsonantenhäufung: Die **K**atze **tritt** die **Tr**epper **kr**umm.

Harte Konsonantenhäufung und Assonanz: **Katz**en**kra**llen **kratz**en **kra**llig **a**m **Katz**en**k**asten.

Konsonantenhäufung mit Zischlauten und Assonanz: Es lagen **zwei zisch**ende **Schl**angen **zwi**schen **zwei spi**tzen **Stei**nen und **zisch**ten.

Und noch ein paar Assonanzen mit i, u und a:

S**ie**ben S**ie**ger st**ie**gen auf d**ie** Siegerst**ie**ge.

S**ie**ben Fl**ie**gen fl**ie**gen h**i**nter s**ie**ben Fl**ie**gen nach.

In **U**lm **u**nd **u**m **U**lm **u**nd **u**m **U**lm her**u**m.

Acht **a**lte **A**meisem s**a**ßen **a**m **A**bend **a**m k**a**lten B**a**ch.

Man kann Kam**e**len nicht b**e**f**e**hlen, in Schn**ee** und R**e**gen M**e**hl zu st**e**hlen. (Unbetonte e sind nicht hervorgehoben).

Sätze mit Schüttelreimen und sog. Klipp-Klapp-Verse mit Sinnveränderung durch Buchstabentausch führen für deutsch Lernende zu weit. (Vergl. Anregungen für Fortgeschrittene in Zitzlsperger 2008 ab S. 184 f.).

Rätsel zum Sprechen und Malen:

Bewährt haben sich kleine Rätselspiele: Eine(r) spricht oder liest das Rätsel vor, und wer die Lösung weiß, malt ein Bildchen zur Lösung und hält es hoch. Wenn man ein Repertoir an Rätseln (s. u.) geschaffen und besprochen hat, liest man die Rätsel wieder vor und jeder weiß nun wohl, um was es geht und er malt, sofern er das Vorgelesene nun verstanden hat. Dabei wird auch Sachwissen erweitert. Je öfter durchgeführt und je bekannter die Lösung, umso lustvoller die Beteiligung!

- Im Häuschen mit fünf Stübchen – da wohnen braune Bübchen.
Nicht Tür noch Tor führt ein und aus, – wer sie besucht, verzehrt das Haus.
(der Apfel).

- Ich gehe alle Tage aus – und bleibe doch in meinem Haus.
(die Schnecke)

- Welche Mäuse, rate mal, – fliegen über Berg und Tal?
(Fledermäuse)

- Ich weiß ein kleines, weißes Haus, – hat weder Fenster noch Tore.
Und will sein kleiner Wirt heraus – muss er die Wand durchbohren.
(Ei und Kücken oder Wurm (Made) im Apfel)

- In den Winkeln, an den Mauern – pfleg' ich auf das Wild zu lauern.
Netze spann ich um mich her – und mein Tisch bleibt selten leer.
(Spinne und Spinnennetz)

Zum Schluss kleine Reime zum Mitzeichnen:

Hier wird die Koordination von rhythmisch Gesprochenem und parallel mitgezeichneten Teilen geübt, ebenso die Kraftdosierung der Hand.

Die Hand liegt auf dem Tisch.
Da kommt ein kleiner Fisch,
der schwimmt die ganze Hand entlang.
Er schwimmt um den kleinen Finger,
um den Ringfinger,
um den Mittelfinger,
und um den Zeigefinger.
Zuletzt schwimmt er um den Daumen herum.
Dann springt der Fisch übers Land …
Das ist doch allerhand *(F. Hofbauer)*

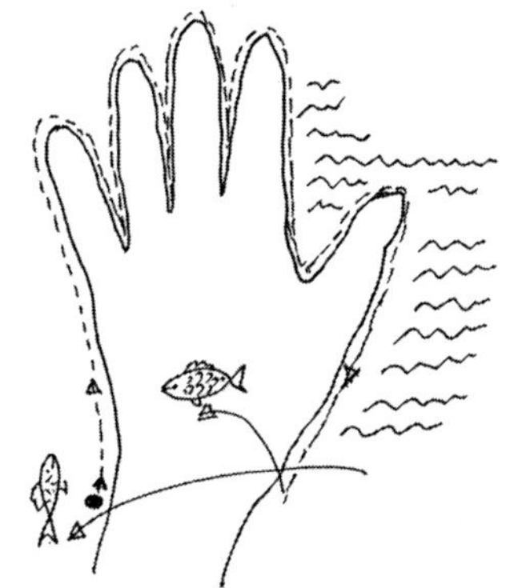

1.Z.: L. Hand auf ein Blatt Papier legen. 2.Z.: R. Hand mit Stift als Fisch springt auf die l. Handgelenkseite. 3.–8.Z.: Beim Sprechen zieht der Stift (Fisch) entsprechend der ganzen Handkontur entlang. 9.Z.: Der Stift = Fisch hüpft auf den Handrücken. 10.Z.: Stift fallen lassen, Hände erstaunt zusammenklatschen. Die Schul-- und Flüchtlingskinder erklärten die gezeichnete Hand öfter zur Insel und malten mit blauen Wellen ein Wasser drumherum, darin Fische …

❊

Punkt, Punkt, Komma , Strich,
fertig ist das Angesicht.
Haare kommen oben dran,
Ohren, dass er hören kann.
Hals und Bauch,
hat er auch.
Hier die Arme, dort die Beine,
fix und fertig ist der Kleine.
(Susanne Stöcklin-Meier)

❊

Punkt, Punkt, Komma, Strich,
fertig ist das Mondgesicht.
Gleich zwei kleine Ohren dran,
dass es nun auch hören kann.
Kleine Butter- kugelrund,
und ein Käse – so gesund!
Arme wie n'e Acht,
das ist eine Pracht!
Dazu Beine wie 'ne Sechs,
fertig ist die kleine Hex.
(Waltraud Singer)

❊

Punkt, Punkt, Komma, Srich,
fertig ist das Mondgesicht!
Und zwei spitze Ohren,
so wird sie geboren.
Ritze – ratze, ritze – ratze,
fertig ist die Miezekatze!
(Susanne Stöcklin-Meier)

❊

Ein großer Ball, ein kleiner Ball,
oben dran zwei Schleifchen,
hintendran ein Schweifchen,
ringsherum viel grüne Gräschen –
fertig ist das Osterhäschen.
(Waltraud Singer)

❊

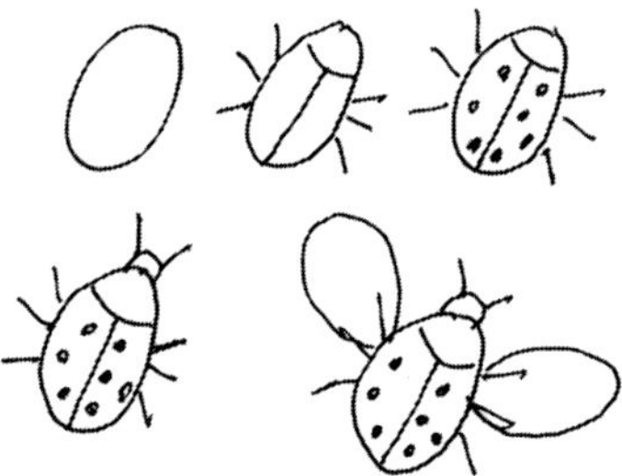

Ein Ei mit Schale,
zwei Striche und sechs Beine.
Sieben Punkte, klitzekleine.
Ein Bogen vorne im Nu
und zwei Fühler dazu.
Nun flieg, Marienkäferlein,
in die weite Welt hinein.
(Richared Hambach)

Ein Dreieck, ein Kreis
und dann ein Quadrat,
das seitlich zwei lange Rechtecke hat.
Dann nochmals zwei Rechtecke ganz unten dran.
Nun wollen wir sehen,
ob der Mann auch lachen kann.
(Erika Schirmer)

❊

Aus ihrem runden, bunten Schneckenhaus,
da schaut die kleine Schnecke raus.
Sie reckt den Kopf, fährt Fühler aus –
wer klopft denn da …?
(Waltraud Singer)

5.5 Ausblick mit Wolle, Collage und 3D-Buch

Am Ende sei hier noch auf einige erfolgreich eingesetzte Medien hingewiesen, die sich auf ein zwangloses Sprechen anregend auswirken – wohl wissend, dass erfahrene Pädagogen noch allerlei andere gute Erfahrungen einsetzen können:

1. Schafwollfiguren:

Diese Figuren bestehen aus gefärbter Schafwolle, die noch nicht gesponnen und gekämmt worden war. Sie wird auch als Krempelwolle oder Märchenwolle bezeichnet, die sich zum Wickeln von Figuren und zum Filzen eignet. Hinweise findet man in Lernmittelkatalogen, in Wollgarnspinnereien und unter dem Stichwort 'Märchenwolle' im Internet.

Genaue Wickelanleitungen findet man beispielsweise in Zitzlsperger 2007, S. 152–156. Sie beschreiben Grundfigur, Schnecke, Maus, Vogel, Hase, Mann und Frau, letztere jeweils mit Kleidung. Es lassen sich kreativ auch weitere Figuren herstellen. (vgl. Abb. 11).

Die Figuren wirken ästhetisch und lassen sich für alle möglichen Spiele einsetzen, z. B. im Tischtheater, einfach auf der Tischplatte oder im freien Spiel bei personaler Begegnung mit der Figur in der Hand.

Der sprachfördernde besondere Effekt ist folgender:

Wie bereits weiter oben dargestellt, beinflussen Muskelspannung und Kraftdosierung der Hand auch die Sprechmuskulatur. Außerdem hängt die großflächig im Neocortex (s. Homunculus) repräsentierte Koordination von Hand- und Sprechmuskalatur eng mit dem emotionalen stimmlichen Ausdruck zusammen. Die Wollefigur ist weich, leicht und zart. Entsprechend umschließt auch die Hand diese Figur behutsam und das wiederum forciert eine gelockerte Sprech- und Gesichtsmuskulatur, von der die Mimik profitiert. Die Stimme lässt sich entsprechend der Rolle gestalten. Das gelingt umso besser, als die Spieler im Versteck hinter der Figur sich freier äußern: Versagen Sprechen, Wortwahl und/oder das Spiel für's Erste, dann ist natürlich die Figur schuld. Gelingt das Spiel, präsentiert sich der Spieler stolz in Personalunion mit seiner Figur in der Hand.

Erfolgreich setzte ich diese Spielform bei den Flüchtlingskindern und ihren Müttern ein, bei Kleingruppen in der Vor- und Grundschule und bei Studierenden, die mit dieser Form im Tagespraktikum erfolgreich experimentierten, wobei sie und Teilnehmer in Seminaren an der Pädagogischen Hochschule zuerst oft zögerlicher an das kleine Figurenspiel gingen als Kinder – sie waren solch feinmotorische Spielweisen nicht mehr gewöhnt.

2. Bilderbuch-Collagen:

Ein Zauber geht von Collagebüchern aus, bei denen man mit verschiedenem Material Bilder gestaltet. Kleine Geschichten und Märchen sind hierfür sehr gut geeignet. (Abb. 9 bis 12)

Nachdem man den Geschichteninhalt als bekannt und besprochen betrachten kann, wird gemeinsam mit den Lernenden der Szenenfolge entsprechend Seite um Seite eine Kurzfassung nacherzählend schriftlich festgelegt. Für Kinder kann man den Kurztext selber verfassen.

Immer eine oder zwei Personen (nicht mehr) gestalten ein Materialbild, das zu einem der Kurztexte passt. Sie suchen geeignetes Material heraus, legen die Position auf dem Karton fest, kleben die Figuren auf…

Am Ende werden die Bilder und Texte zugeordnet, in Reihenfolgen gebracht und zu einem Bilderbuch gebunden, in dem man die Bilder erstasten kann. Solche Tastbücher strömen einen ungewöhnlichen Reiz aus – vor allem Kinder wollen immer wieder über die Bildteile tasten und dazu etwas sagen. Ihre Berührungen sind andächtig und prüfend zart, ihre Stimmen entsprechend gelockert.

Interessant: Welches Material passt zu welcher Figur? Es gibt Schmirgelpapier, Gerippeltes, Raues, Weiches, Wattiges, Leder, harter Karton, Plastik, Zahnstocher, Moos, Folie, Kunstblüten usw. Das Hantieren und Probieren regt auf taktil-motorischer Basis, aber visuell kontrolliert automatisch das Sprechen an. Man kann dann das Bild abtasten und dabei erzählen oder, schwieriger, mit verbundenen Augen die Bilder befühlen und dazu erzählen: Diese taktilmotorische Aktion ohne visuelle Kontrolle wirkt hoch konzentrierend – ein kinästhetisches Erlebnis.

3. Drei-dimensionale Bücher:

Solche Bücher oder auch einzelne Seiten kann man kaufen oder selber herstellen (Abb. 10). Sie sind eine Mischung aus Collagen mit Tastbildern und räumlich angeordneten Figurationen in den Bildern, die sich beim Öffnen der Buchseiten entfalten.

So lassen sich Figuren wie z. B. Rotkäppchen, der gestiefelte Kater, Frau Holle oder ein Rabe verlebendigen: Rotkäppchen (eine beidseitg bemalte/beklebte, flache

Kartonfigur) verschwindet auf einer Buchseite hinter einem aufgetackerten Baum, hinter dem das Papier eine Öffnung hat. Auf der nächsten Seite kommt Rotkäppchen dann hinter einem anderen Baum aus dieser Öffnung wieder heraus. Es kann auf gemalter Straße zum Häuschen der Großmutter wandern und die Türe öffnen, weil sich die Türflügel durch befestigte Kartonbildteile aufklappen lassen. Hinter der aufgetackerten Bettdecke können Großmutter oder der Wolf verschwinden usw. Der gestiefelte Kater kann sich im Gebüsch, einem auf der Bilderbuchseite zusätzlich befestigten Bildteil, verstecken. Das Schloss des Zauberers öffnet sich beim Öffnen der Buchseite durch geknickte Karton- oder feste Papierbahnen, die das Schloss durch das Auffalten der Bahnen anheben. In diesen 3-d- Räumen lässt sich die Kutsche verbergen, die dann rund ums Buch in Aktion tritt. Oder eine Rabenfigur umfliegt einen Baum, der locker auf der Buchseite befestigt ist: geklebt oder getackert. Da kann er sich hineinsetzen. Er kann (erzählend) in sein Nest fliegen, bewerkstelligt durch ein befestigtes Bildteil, dort durch einen Schlitz oder ein Loch an der Nestrückwand verschwinden und auf der nächsten Buchsteite mit Hilfe der Öffnung wieder auftauchen (und weitererzählen) …

Mein selbst erstelltes Buch liegt inzwischen im Märchenmuseum von Bad Oyenhausen. In der Praxis mit ihm erlebte ich immer wieder, dass auch scheue Kinder versonnen an dieses 3-d-Spielbuch gingen und dabei im Wechsel vorgingen: Sie hantierten, schoben, stellten neue Positionen der Protagonisten her und dann erst erzählten sie etwas dazu: Monologe, die Geschichte selber oder Fabuliertes. Gleichzeitiges Erzählen und Hantieren ist schwieriger. Hauptsache ist, dass ein sinnlich anregendes Material Mut zum Sprechen macht.

Man kann thematisch geeignete 3-d-Bilderbücher kaufen und dann mit eigenen Teilen: Kartonfiguren, Bäumen, Bauteilen und Collagen als eigenes Buch „aufpeppen", linke und rechte Seite:

Abb. 7 'Spickzettel' als Gedächtnisstütze zum Märchen vom Rübenziehen.

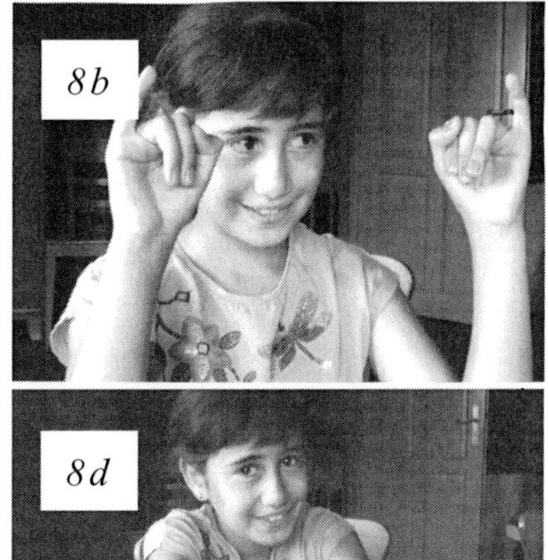

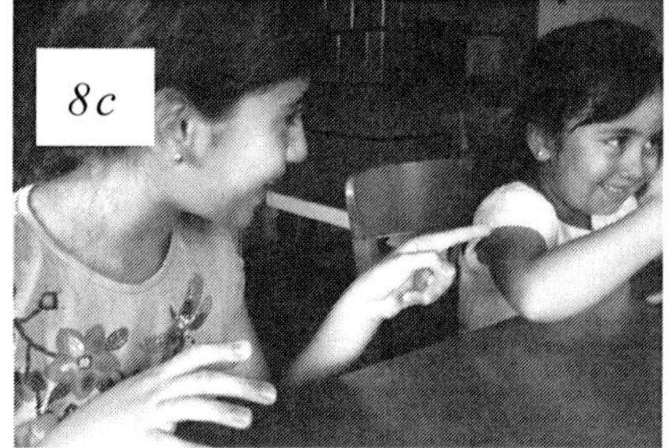

Abb. 8 Fingerspiele:
8 a) Mäuschen, Mäuschen, koche Brei, gib ein Stückchen …
Rechts: 8 b) … Sie drehen sich Mäusetanz und wackeln mi dem Mäuseschwanz …
8 c) … nicht zu groß, nicht zu klein, sonst musst DU der Fänger sein!
8 d) … sie zippeln und zappeln und trippeln und trappeln …

Abb. 9 Collagen:
9 a) Die Hexe will Hänsel einsperren. Material: Korkplatten, Schmirgelpapier, Stoff, Gaze, Spitzen, Wolle, Folie aus Blumentopfhülle …
9 b) Jorinde und Joringel spazierend: Material wie oben und irisch Moos.
9 c) Die hexenhafte Alte hat Jorinde und Joringel verzaubert. Material wie oben und Fell, Kunststoffvogel.
9 d) Joringel mit Wunderblume: Material wie oben und Seidenpapier, Perlen, Streugut, Wellpappe, Feder.
9 e) Im Schloss mit den in Vögel verzauberten Jungfrauen: Material wie oben, lange Feder, Deko-Vögel.

Abb. 10 3D-Buch:
10 a) **Der gestiefelte Kater:** Die Kutsche umrundet im Spiel das Buch. Szene: Aufgefaltetes Schloss; unter dem angehobenen Teil des Schlosses liegt sonst die Kutsche.
10 b) Beim Zauberer: Der aufgemalte Zauberer verschwindet an der Unterseite des Teppichs, Kater und Elefant stehen im Dialog.

10 c) **Rotkäppchen** hat die Haustüre aufgelassen. Es verschwindet hinter einem Baum.
10 d) Rotkäppchen und der Wolf im Dialog. Großmutters Häuschen ist noch zu.
10 e) **Frau Holle:** Hier wohnt die Mutter mit den zwei Töchtern. Man kann im Brunnen verschwinden und auf der anderen Buchseite im Hollereich auftauchen. Auch hinter den Blumen kann man sich verstecken.
10 f) Im Reich der Frau Holle. Nach dem Sturz in den Brunnen taucht die Figur auf der nächsten Seite hinter dem Baum auf und kann durch den Ofen zur nächsten Seite verschwinden.

Abb. 11 Schafwollfiguren:
11 a) und b) Firguren aus Krempelwolle (ungekämmter Schafwolle).

Abb. 12 Jorinde und Joringel: Hochzeitsbild aus Wollefransen

6. Vorlesen und Erzählen von Märchen und mit Bilderbüchern: Wege in Sprache, Bilder Phantasie und Wissen

In den folgenden Kapiteln geht es vor allem um das Erlebnis Zuhören und Sprechen, Vorlesen und Erzählen und das mit geeignetem Material.

6.1 Vorlesen und Erzählen – eine Kunst für sich

6.1.1 Sprechen und Sprache – mehr als Wortfolgen

Bisher wurden Reime und Spiele als Mittel der Sinnesanregung thematisiert, die nach und nach über Horchen, Schauen und Spielen vom Wort und Sinn her für Lernende mit Deutsch als Zweitsprache bis zum Verstehen vordringen. Um diesen ersten Verständniskern sammeln sich – individuell ganz verschieden, weil jeder andere Erfahrungen und Assoziationen hat – neue sprachliche Elemente, eingebettet in eine Grammatik, die sich ihrerseits durch vernünftiges Reden im Alltag vermittelt. Anhand der Sprachmodelle der Lernbegleiter und auch der Mitspieler reifen nach und nach semantisch und syntaktisch das Sprechvermögen und die Sprachkenntnisse heran. Und hier werden Märchen und Geschichten relevant.

Die folgenden Empfehlungen wenden sich gerade auch an die, die sich vielleicht (noch) nicht getrauen, Märchen und Geschichten frei zu erzählen, denn in der Regel sind Eltern und Erzieher, Lehrer und Lernbegleiter keine professionellen Erzähler, die schauspielerisch und erzählend ihre Kunst ausüben.

Aber: Mit einiger Übung kann man auch ausgezeichnet vorlesen. Gut vorlesen lässt sich erlernen!

Friedrich Nietzsche formulierte einmal:

„Das verständlichste an der Sprache ist nicht das Wort selber, sondern Ton, Stärke, Modulation, Tempo, mit dem eine Reihe von Worten gesprochen wird, – kurz: die Musik hinter den Worten, die Leidenschaft hinter der Musik, die Person hinter dieser Leidenschaft; alles das also, was nicht geschrieben werden kann."

Dieses Zitat überrundet in seiner Aussagekraft bei Weitem die schlichte Allgemeinformulierung, dass sich Lesen mit Sinnschritten, den Satzzeichen, Pausen und der Betonung zu befassen habe.

Kindern sollte man von klein auf vorlesen, das fördert sie sprachlich, emotional und kognitiv, regt ihre Phantasie an und macht sie für Neues nachweisbar aufgeschlossen. Nichts geht über die Gute-Nacht-Geschichte! Und nicht umsonst wurde in der BRD immer und immer wieder in den letzten mehr als zwanzig Jahren betont, dass man Kindern vorlesen solle; den Erfolg belegen z. B. die regelmäßigen entsprechenden Studien der Stiftung Lesen. Auch ältere Schüler profitieren von solchen Aktionen eindeutig (vgl. z. B. Belgrad und Schünemann 2011 oder exemplarisch: Stiftung Lesen 2011 mit Folgestudien bis 2019). Kindern, denen man regelmäßig vorliest, erreichen i. d. R. in der Schule bessere Leistungen, verhalten sich sozialer und aufgeschlossener als leseunerfahrene Kinder (Kniess 2019).

Neben vielen Argumenten zugunsten des Lesens und Vorlesens wird auch in einem Wissenschaftsmagazin (Gartner in bdw 2018) Bezug u. a. auf das Max Planck-Institut für Psycholinguistik über den grundsätzlichen Wert verschrifteter Erfahrungen genommen, ebenso auf die Leseforscherin Ehmig, dass bei positiven Erlebnissen (wie beim Lesen und Vorlesen) der Körper das Glückshormon Serotonin produziere, das neben einem Wohlgefühl auch für eine gute Entwicklung des Gehirns und die Vernetzung von Nervenzellen sorge. Die Noten verbesserten sich bei Vorlesekinder; ebenso, wenn ältere Schüler z. B. die Zeitung lesen. Untersuchungen am amerikanischen Rhode Island Hospital ergaben, dass der passive Wortschatz um 40 Prozent steige, wenn regelmäßig vorgelesen werde, und nach einer Studie der Stiftung Lesen sollen 90 Prozent der Kinder, denen regelmäßig vorgelesen werde, wissbegierig und die meisten davon auch schulfreudig sein, wie denn generell das verbale Gedächtnis verbessert werde und das Lesen guter literarischer Texte sozialer mache (Gartner 2018 im bdw, S. 82 bis 88).

Es bietet sich geradezu an, außer in Schule und zuhause, in Jugendkreisen und bei Sprachretardierten auch Asylanten und Flüchtlingen zwecks Zweitspracherwerb vorzulesen – das kommt dem immersiven, spannungfreien Lernen entgegen. Vor allem sollte das regelmäßig geschehen – beispielsweise als ritueller Abschluss der gemeinsamen Stunde(n); und dies auch dann, wenn die Lernenden noch gar nicht alles verstehen.

Sprache ist ein Kommunikationsmittel par excellance, mit dem man Kontakt zu anderen Menschen aufnehmen kann, und Lesen und Vorlesen leisten ihren Teil hierfür. Viele Gesprächsanlässe und das Zuhören mit anderen zusammen: spielend, lesend, erzählend, experimentierend, planend … begünstigen ganz allgemein das Lernen. Wie kommt es dazu?

Beim Lesen muss man das Wortgebilde zuerst decodieren. Dabei werden aus den Buchstaben innere Vorstellungsbilder erzeugt – der Sinn des decodierten Wortes wird imaginiert – bei Sprachunkundigen vorerst auf individuell eigene Weise, entstanden aus dem Kontext oder durch fragmentarisches Wissen. Der Vorteil beim Vorlesen nun (nach Belgrad und Schünemann 2011): Man kann entspannt zuhören; ohne Mühe werden innere Vorstellungsbilder frei erzeugt, also ohne die Mühe des Decodierens. Es ist ein Zuhör-Genuss. Das Vorgelesene regt an, denn mit der Zeit wird die Imaginationsfähigkeit erhöht. Im Zuhören bilden sich inhaltliche Situationen der Geschichte ab, in die das weitere Gehörte eingefügt wird – das Verstehen des Gehörten erweitert sich. Unter diesem Zuhörtraining steigt mit der Zeit neben der Produktion von Vorstellungsbildern ergänzend auch die Fähigkeit zum Decodieren, also des Erlesens der Buchstabenfolge bis zum Wortklang und Wortverstehen, da Decodieren und Imaginieren zusammenhängen und das Imaginieren eine Antizipation beim Erlesen von Wortgebilden unterstützt. So lernt man nach und nach über das Zuhören auch Verstehen, Sprechen, Lesen. Hier spielt sich ab, was Nietzsche wohl meinte: Die Leidenschaft und Musik hinter dem Wort macht eben dessen Verständnis erst möglich. Er hätte auch hinzufügen können: Die Bilder hinter dem Wort …

6.1.2 Hilfen und Regeln für eine Vorlesekunst

Man spricht heute von *Erzählkunst*, besonders unter den professionellen Märchenerzählern. Aber für alle, die diesen Status nicht erreicht haben und das dürften die meisten sein, soll hier nun zur Ermutigung von einer *Vorlesekunst* gesprochen werden, mit der man ebenso Märchen wie andere Geschichten und Bilderbücher so vortragen kann, dass emotionale, kognitive, soziale und motorisch-sensorische Bedürfnisse der Zuhörer befriedigt werden. Und: Die Tipps sind ebenso für Vorleser wie zum freien Erzählen geeignet.

- Vorab sind **Körperhaltung und Körpersprache** zu beachten. Eine bequeme Sitzhaltung bedeutet: Beide Beine auf den Boden stellen, sie quasi 'erden', und sich nicht in eleganter Pose verknoten. Eine gute Körperhaltung wirkt sich auf das Zusammenspiel von Atmung und Stimme aus und jede Veränderung hat entsprechende Wirkungen auf Muskelspannung, Atmung und Stimme. Die bequeme Haltung gilt auch beim Erzählen und beim Stehen.
- Durch eine entspannten Körperhaltung lassen sich **körpersprachliche Ergänzungen** herstellen, wie sie bereits im Kapitel über **Mimik und Gestik** (Kap. 4.4 und 4.6) erwähnt wurden. Gemeint sind z.B.: Blick und Gestik eilen deutend voraus, wenn man erzählerisch etwas 'hoch oben' wahrnimmt, auf etwas Ungewöhnliches deuten möchte, eine Abwehrhaltung einnimmt, sich vor Schmerz krümmt … oder: Redensarten werden mit Gestik und Mimik unterstützt, beispielsweise bei: *Sie machte große Augen* oder *sie drückte ein Auge zu* oder: *Er hatte ein Auge auf sie geworfen.* Man kann *die Hände ringen, in sich gehen, Veachtung zeigen, spüren, wie ein Stein vom Herzen fällt; da bleibt einem die Spucke weg; das hat mich erschlagen; diese Szene ging ihnen zu Herzen …*,
- **Körperhaltung und Atmung:** Atmung und Körperhaltung hängen eng zusammen. In gekrümmter Haltung kann sich die Atmung nicht frei entfalten, entsprechend kommt die Stimme nicht zum Klingen. Wir sprechen grundsätzlich mit dem Ausatmungsstrom und sollten damit ökonomisch umgehen. In der Regel macht man das ohnedies, aber bei Anspannung atmen manche mit der Schlüsselbeinatmung (Hochatmung). Die Stimme klingt dann unnatürlich; sie wird durch häufiges Atemholen unterbrochen, da die Atemluft nicht über sinnvolle Sprechspannen hinweg reicht. In entspanntem Zustand können Einatmung, Sprechen im Ausatmungsstrom und Atempausen ganz natürlich reguliert werden. Das erreichen wir für das Vorlesen und ebenso Erzählen günstig, wenn man den Text in Sinnschritte zerlegt und sich ihn bei der Vorbereitung durch mehrmaliges lautes Vorlesen zu eigen macht; z.B. mit Hilfe eines Tonbandes o.ä. So kommt der

Inhalt mit Überzeugung, emotional und lebendig an die Zuhörer, denen man nun häufige Blickkontakte schenken kann. Je besser man seinen vorbereiteten Text kennt, um so besser kann man sich auch immer wieder davon ablösen und frei direkt zu den Zuhörern sprechen.

- **Artikulation, Lippen und Kiefer:** Wer seine Lippen verspannt oder die Mundwinkel presst, der nuschelt – man versteht ihn nicht. Die Lippen sollten weich ausgeformt sein und die Zungenbewegungen und die Muskulatur des Kiefers lokker bleiben, wobei uns bewusst sein muss, dass wir das Sprechen mit dem Unterkiefer besorgen – der Oberkiefer ist nur indirekt beteiligt. In entspanntem Zustand gewinnt die Stimme an klarer Artikulation, an Fülle und der Fähigkeit zu modulieren. Hilfreich sind als Lockerungsübung: Mit der Zunge im geschlossenen Mund über die oberen und unteren Zähne fahren, z. B.: 3 mal links und 3 Mal rechts herum; dann mit dem Unterkiefer eine Achterbewegung durchführen: 3 Mal in die eine und 3 Mal in die andere Richtung. Und das immer, wenn es nötig ist, am besten in Abständen regelmäßig.
- **Textbearbeitung:** Der Vorleser ist visuell orientiert. Er wandelt Zeichen in Laute um, er sieht und liest Sätze und ihre Satzzeichen. Diese Zeichen als Teil grammatischer Struktur stützen verstehendes Vorlesen, vereinen aber oft nicht die zusammengehörenden Vorstellungsbilder der inhaltlichen Aussagen. Das Auge nimmt Wörter auf, muss aber gleich weiterwandern und die vorhandenen Satzstrukturen und Zeichen verwenden, um dem genauen Text gerecht zu werden.

  Der Vorleser sollte nun aber wie ein Erzähler stimmliche Mittel wie Lautstärke, Betonung, Melodieführung, Tempo, Artikulation, Klangfarbe, Tonfall und Emotion in den Text einbringen. Dem kann er mit eigenen Zeichen nachhelfen:

  Um den geschriebenen Text wieder in Sprachklang und in eine akustische Struktur zu verwandeln, orientiert sich der Vorleser (und der sich am Text vorbereitende Erzähler) nun an den Sinneinheiten: Er wandert innerlich in den Bildern der Handlung mit. So kann er stimmlich auch 'Punkte' setzen, wo keine sind, oder Teile zusammenschließen, die an sich durch Kommas oder Doppelpunkte getrennt sind. Zur Vorbereitung sollte er deshalb den Text mit kleinen Zeichen (aber nicht zu vielen!) präparieren: Ein Häkchen z. B., wo eine erwartungssteigernde Kunstpause sein soll; Bögen unter Kommas, um zwei Satzteile näher aneinanderzubinden; ausgestrichene Punkte oder ein Verbindungsbogen über ihm, wo ein Sprachbild in den nächsten Satz führt, farbige Unterrstreichung wichtiger Wörter ... Diese stimmlich wirksamen Leitlinien verhelfen dem Text zu Lebendigkeit und verhindern, dass man dauend versucht, Hochspannung zu erzeugen, zu dramatisieren oder zu deklamieren. Auch müssen die Zuhörer merken, dass der Vorleser den Text selber mag.
- **Organisation:** die räumliche Atmosphäre sollte angenehm sein, die Sitzgelegenheiten bequem. Rituell kann man Sitzkreise bilden und entsprechend die Stühle oder Polster vorbereiten. Wichtig ist, Unruhe jeglicher Art und Störungen fernzuhalten. Manche Vorleser und Erzähler beginnen mit einer Klangschale, andere

mit einem Ritual, um ins Reich der Phantasie einzusteigen; oder mit einem magischen Reim; und/oder mit einer Kerze im Zentrum ... Ich habe bis jetzt im Erzähl- und Vorlesekreis immer meine Sitzgelegenheit in die Reihe der Zuhörer gerückt und im Zentrum auf seidigen Tüchern attraktive Gegenstände aus der Geschichte gelegt: Kamm, Spiegel, eine Schmuckdose, Engelshaar, Tierplastik, einen Ring, eine Feder oder anderes. Flüsternd begann ich diese Objekte kurz vorzustellen und teilte mit, dass nun davon zu hören sei ... Dauer der Erzähl- bzw. Vorleserunde: Etwa 20–30 min., für kleine Kinder etwa 10 min., also je nach Alter und Vermögen der Kinder. Abwechslung bieten dann Gespräche über das Gehörte, Malen, magische Sprüche, Weiterreichen eines besonderen Gegenstandes usw.

6.1.3 Vorlesetechniken

Hier nur einige bewährte Vorschläge:

- Man kann den Text ganz vorlesen. Manchen Texten tut eine geschlossene Darstellung gut. Oder:
- man wählt darstellendes Lesen, indem man passende Gegenstände zur Geschichte einsetzt und an entsprechenden Stellen exponiert.
- Oder: Aktivierendes Vorlesen. Die Hörer sprechen bei Reimen, Wiederholungen, erwarteten Begriffen usw. mit.
- Im dialogischen Lesen werden die Zuhörer zu Partnern, die sich mit Unterbrechungen an der Geschichte beteiligen, auf Wissensfragen, Überlegungen usw. eingehen und mit dem Vorleser im Austausch stehen. Man muss nur achtgeben, dass der Inhalt nicht zerredet wird und damit die Einheit verloren geht.
- Tell and read-Verfahren: Wenn es um einen Roman oder eine lange Erzählung geht, kann man zusammenfassend einen Teil erzählen, dann – nahtlos – eine Passage vorlesen, im Wechsel wieder erzählen, an markanten Stellen erneut vorlesen ...
- individualisiertes Lesen: Wenn man seine Gruppe und ihren noch unreifen Sprachstand kennt, kann man neue Wörter auch ersetzen, vereinfachen oder einfach im Erzählton genauer beschreiben; kann erläuternde Einfügungen machen, einzelne Zuhörer ins Visier nehmen, ansprechen oder für alle Verständnis fördernd paraphrasieren.

6.1.4 Die Sache mit der Lemniskate

Das Zeichen der Lemniskate, eine liegende Acht, ist aus der Mathematik bekannt. Die Lemniskate wird aber auch beim Vorlesen und Erzählen verwendet, um den Inhalt in einen sprachlichen Rhythmus zu bringen: Als eine innere Schwingung, einen inneren Rhythmus, dem sich Sätze, Satzteile, einzelne Wörter oder Pausen einordnen. Die Philosophie dahinter besagt, dass dieses Symbol für die Erfahrung steht, dass sich – ob körperlich, in der Natur, in Stimmungen o. a. – alles Leben mit seinen Gegensätzen in steter, unendlicher Bewegung befinde – eben symbolisiert in der liegenden Achterschleife. Auch in vielen Erzählungen erkennen wir diese in Bewegung befindlichen Gegensätze wie Gutes und Böses, Altes und Junges, Kluges und Dummes, Liebe und Hass, Kälte und Wärme, Erfolg und Niederlage usw. Solche Gegensätze entfalten sich auffällig in den Sprachbildern der Märchen. In ihnen lebt ein sprachlicher Rhythmus, der das Erzählen lebendig macht (vgl. die berühmte Märchenerzählerin Vilma Mönckeberg, die diese Erkenntnis zur Erzählmethode entwickelt hat, bei der die Texte von ihrem eigenen Rhythmus her verinnerlicht gesprochen werden. Ihre Nachfolgerin Felicitas Betz und deren Nachfolgerin Brigitta Schieder seien hier mit ihrer entsprechenden Erzählkunst hervorgehoben).

Zur Einübung schwingt man mit der (rechten) Hand vor dem Körper eine liegende Acht und spricht den Text. Das Sprechen schmiegt sich in das rhythmische Schwingen ein. Mit der Zeit spürt man auch ohne diese Schwingbewegung in sich beim Vorlesen oder Erzählen einen Grundrhythmus, in den sich Tempo, Pausen und sinnvolle Sprecheinheiten einfügen – auch mit Beschleunigungen oder betonter Verlangsamung. Rhetoriker und Politiker beherrschen diese Technik ausnehmend gut! Im übrigen geht die Bewegung über die Körpermitte hin und her, so dass beide Hirnhemisphäre kommunizieren und damit Sprache, Bilder, Körperbefindlichkeit und Gedächtnis anregen.

6.2 Bilderbücher – ein sinnlich-sinnvolles Vergnügen

6.2.1 Bilder – ein Kosmos für Geist und Phantasie

Entsprechend der folgenden Ausführungen sei hier u. a. auf Bettina Petzold und Luis Erler, 1990; Jens Thiele, 2000 und Ulf Abraham 2019 verwiesen.

Bilderbücher erweitern die geistige, emotionale und soziale Welt, ebenso die Welt des Wissens. Sie regen umfassend das Gehirn an, schulen ästhetisch und fördern analytisches Vorgehen ebenso wie ganzheitliches Lernen. Gemeint sind nicht die sog. 'Kaufhausbilderbücher', die sich vor allem mit bunten Klischéedarstellungen präsentieren, sondern Bilderbücher, die sich zwar an Kinder und Jugendliche wenden, die aber ebenso Erwachsene mit Genuss ansehen, da sie anspruchsvoll von Künstlern in den verschiedensten Malstilen gestaltet sind.

Kinder haben einen Bildhunger, der sie beim Betrachten sofort zum Fragen animiert: Was ist da passiert? Wer ist das? Was macht der jetzt? Warum springt diese Figur so hoch? Warum steht das Haus schief? …

In der Schule sorgen gute Bilderbücher in der Leseecke stets für vesunkene Betrachtungen und zum Fragen und Fabulieren über Gesehenes; und auch bei den deutsch lernenden Flüchtlingen waren die Kinder sogleich angeregt. Die Erwachsenen ließen sich Zeit, sahen oft erst fragend zu anderen hin und wenn man dann Fragen zum Bild stellte oder eigene Feststellungen machte, quasi 'laut dachte', äußerten sie sich, indem sie zugleich Halt an den Bildern fanden.

Im Folgenden geht es nicht um eine Abhandlung über Bilderbücher. Das wäre ein schöner, aber viel zu umfassender Themenbereich für sich. Vielmehr hebe ich jene Momente hervor, die sich für ein Deutschlernen als dienlich erwiesen haben:

Die Bilderfolgen laden ein, sich auf sie einzulassen, zumal sie durchaus auch andere, weitere Zustände oder Ereignisse erzählen können als der Text verrät. Sie können jene Freiräume ausfüllen, die Geschichten, vor allem Märchen mit ihrem abstrakten, eindimensionalen und flächenhaften Stil gewähren. Dabei sind die Bilder von Künstlern reflektiert gestaltet, indem sie Grundstimmungen vermitteln, Zwischentöne und Symbole hineinkomponieren, in künstlerischer Freiheit Nebenhandlungen einbauen, auch provozieren – sie fördern solcherart das genaue Betrachten, Nachdenken und Deuten und ganz nebenbei das Sprechen.

Die äußeren Bilder werden subjektiv geprägt, mit entsprechenden eigenen Erfahrungen gedeutet, auch emotional besetzt und solcherart als innere Bilder anverwandelt und gespeichert. Diese Bilder veräußern sich auch wieder und suchen nach Ausdruck, nach Begriffen und sprachlicher Form, weshalb Bildbetrachtungen zum Sprechen anregen.

6.2.2 Das Spiel von Bild und Text

Grundsätzlich: Welches Thema wird behandelt? Ist es ein Märchenbuch, Tier- oder Abenteuerbuch, eine Traumreise, ein Sachbuch, ein Mitmach-Buch, eine Mutmachgeschichte o. a.?

- In der Regel illustriert das Bild bestimmte Textstellen.
- Es gibt textfreie Bilderbücher, an deren Bilder entlang sich mit Phantasie und Vorstellungskraft viel hineindeuten lässt.
- Es kann aber auch alternierend einmal der Text sprechen und dann im Bild die Handlung weitergeführt werden, dann wieder der Text usw.
- Bilder können mehr erzählen als der Text; sie ermuntern besonders zum Fabulieren und Kommentieren.
- Sprech- und Denkblasen können die Aussagen ergänzen.
- Manche Bilder haben Untertexte oder eingefügte Texte.
- Kleine Bilderfolgen wie bei einem Filmstreifen können an den Rändern schmückend und informierend die Illustrationen und Bilder begleiten.
- Bildseiten können in Einzelbilder unterteilt sein.
- Manche moderne Bildgestaltungen sind comicartig oder sehr abstrakt gehalten. Jens Thiele sieht eine Grenze da, wo bei Märchen und anderen Geschichten elementare Aussagen und Formen tangiert werden: Bei aller Dekonstrukion von Text und Bild sollte der Wesenskern bewahrt bleiben. Das heißt: Auch Abstraktes, Transformiertes von Text und Bild, das nach meiner Erfahrung alle Altersgruppen durchaus fesseln kann, muss erfolgen, ohne einen Handlungszusammenhang zu zerstören.

- Die Zeitfolge wird als Handlungsfolge dargestellt. Bilder können hier akzentuieren, an Stelle der Worte auf eindringliche und subtile Weise solche Prozesse darstellen und ihnen textergänzend eigenes Gewicht verleihen (z. B. Alterungsprozesse, Übergang in die Jenseitswelt, Wandlungen, lange, lange Suchwanderungen ...).
- Bilderbücher erlauben auch technisch künstlerische Freiheit. Manche Bilder werden in Aquarell, andere mit Buntstift oder Kreide, in Wachsschabetechnik, manche in Öl oder Acryl gestaltet oder mit Collagen mittels Seidenpapier, Stoffen, Fotoelementen usw. hergestellt.

Alle Vorstellungen im Zusammenhang mit der Bildvorlage werden bei jedem Betrachter unterschiedlich bewertet, assoziativ (durch Gewusstes, Erlebtes, Erinnertes, Erwünschtes ...) anders vernetzt und erzeugen unterschiedliche Gefühle. Bilderbücher binden also die Phantasie nicht fest, sondern setzen sie frei, denn die beim Betrachten dominant wirkenden visuellen Wahrnehmungen sind nur ein Teil einer Gesamtwahrnehmung. Anschauen und Imaginieren forcieren ästhetische Erfahrung (und Erziehung) und regen, besonders beim gemeinsamen Betrachten der Bilder, eben das Sprechen, Fragen, Hören und Bewegen an. Jeder assimiliert die Bildangebote auf seine Weise und lässt sie in sich als Anverwandlung zum individuellen Ausdruck kommen.

6.2.3 Fragen zur Erschließung von Bildern

Einige weitere, relevante Analysekriterien helfen bei der Bilderschließung:

- In welcher Technik ist das Bild gemalt? Gibt es einen Blickfang und wie wird der Blick weitergeführt? Wie wirkt die Grundstimmung?
- Ist der Malstil eher detailliert, naturalistisch, plakativ, flüchtig, zerfließend, kontur- oder flächenbetont, karikierend, verfremdend oder realistisch ...? Erkennt man symbolische Funktionen (z. B. in Farben, Größenverhältnissen, Zeichenhaftigkeit)?
- Gibt es angeschnittene Figuren und stehen sie im Vorder-, Mittel- oder Hintergrund? Stehen sie in Beziehung zueinander?
- Wie ist die Raumperspektive? Zeigen sie eine Totale oder Teilhandlungen? In den Teil- oder Gesamtszenen: Sind sie monoszenisch oder pluriszenisch wie z. B. bei Wimmelbildern? Ist das Bild aus der Frosch- oder Vogelperspektive gemalt oder mit Verzerrungen? Oder spielen sich die Szenen auf der Blickhöhe des Beschauers ab, also face to face?
- Gibt es Leer-Räume für eigene Phantasien? Der Künstler kann räumliche Inscenierungen vornehmen, den Figuren sprechende Mimik und Gestik verleihen, Menschen, Tiere, Pflanzen, oder Dinge hinzufügen, die informativ wirken oder symbolisch verstärkt sind (durch Farbe, Größe, Position, im Raum, Schärfe/Unschärfe).

- Gibt es bei den Figuren Bewegungsansätze oder besondere Körperhaltungen, die etwas zum Bildgeschehen aussagen? Scheinen die Figuren in ‚Blickkontakt' zum Beschauer zu stehen, der diesen in die Szene hineinzieht oder wirken die Figuren und die Szenen distanziert?
- Der Betrachter kann Impulse oder Antworten zu Fragen nach einem Wer, mit Wem, Wo, Wie, Was, Wann, Warum, Wofür oder Womit erhalten. Ein gutes Bild steht nicht eingefroren da, es fordert Geist und Vorstellungskräfte heraus und umgibt das Bild mit der Zeitdimension eines Davor und Danach, indem es fragen lässt: Was ist zuvor geschehen? Und wie geht die Geschichte jetzt wohl weiter?

Das sind viele Fragen, sie müssen aber für die Praxis beileibe nicht alle beantwortet werden und sollen nur Impulse setzen. Lernbegleiter lassen in der Vorbereitung am besten die Bilder erst auf sich wirken: deren Thematik, Technik, Aussagekraft und Gestaltung. Primär sind dann Fragen wie: Regen die Bilder und Texte zum neugierigen Schauen und Nachfragen an? Und: Abgesehen davon, dass der Text verständlich geschrieben sein muss, kann man beachten, ob im überschaubaren Blocksatz oder lesefreundlichen Flattersatz geschrieben ist und Texte auch auf farbigem Untergrund lesbar bleiben. Wie ist die Grundstimmung? Und wer sind nun die Hauptfiguren, was lässt sich an ihnen erkennen? (Aussehen, Mimik, Gestik, Bewegung, Stimmung). Ist die Umwelt in die Handlung einbezogen? Kann man darin verborgene Elemente entdecken? Werden Handlungen ersichtlich? Und dann hängt es von den einzelnen Büchern ab, wie es weitergeht.

Der heutige Markt für Bilderbücher ist ausgezeichnet. Empfehlungen gibt z. B. regelmäßig die Deutsche Akademie für Kinder- und Jugendliteratur in Volkach mit ihren monatlichen Empfehlungslisten und ihren Berichten (s. Literaturverz.). Pädagogisch und/oder künstlerisch wertvolle Bilder finden sich in Buchhandlungen oder über Internetdienste.

6.2.4 Sieben plus zehn exemplarische Bilderbuchimpulse

Stellvertretend für viele weitere geeignete Bilderbücher werden hier einige aus aktueller, eigener Erfahrungen mitgeteilt.

Nein! sagt der kleine Bär. Ein Bilder- und Textbuch von Käthe Recheis, Bilder von Eva Muszynski. (Verlag Kerle bei Herder, Freiburg, Wien, Basel):

Ein kleiner Bär wacht schlecht gelaunt auf. Trotzphasengerecht sagt er zu allen Spielangeboten von Eichhörnchen, Füchsen und Wölfen: „Ich will nicht! Ich will nicht!“.Auch, als der große Bär vorschlägt, zum Blaubeerhügel zu gehen, schreit der kleine Bär sein „Nein, ich will nicht! ...“ Klug lockt der große Bär den kleinen nun doch Richtung Blaubeerhügel, verschwindet auch mal, als der kleine Bär nicht durch einen Bach waten will, zeigt sich wieder, beruhigt den kleinen Bär– und plötzlich kommt die Rollenumkehr: Der große Bär gibt sich scheinbar bockig, als kleiner Bär nun die Blaubeeren holen will. Der Ausflug endet versöhnlich und liebenswert.

Kinder riefen immer zuerst mit Begeisteurung das „Nein, ich will nicht …!“ in genau meinem Tonfall, mit dem ich vorgelesen hatte. Schnell konnten sie ebenso wie Erwachsene anhand der Bilder erzählen. Der Text steht auf farbigem Untergrund und ist im Flattersatz bildbegleitend eingesetzt. Die beiden Bärenfiguren sind typisiert gezeichnet, dabei anatomisch korrekt, die Farben – wohl kolorierte Zeichnungen – wirken realistisch, aber verhalten. Dabei erkennt man an gekonnten kleinen Merkmalen ihre Stimmung in Körperhaltung und Mimik. Der Beschauer sieht die Szenen auf Augenhöhe, der Wald bildet entsprechend einen Hintergrund, an dem man nur die Stämme und unteren Äste erkennt. So wird man ganz ins Bild hineingezogen. Dabei gibt es neben den erwähnten Tieren in Nebenszenen auch Schmetterlinge, eine Eidechse, Libellen, Heuhüpfer, einen Frosch, Maus und Wildschwein, Uhu, Igel und Hasen zu sehen. Alle Teilnehmer lernten emotional gut gestimmt und rasch die Begriffe zu den Abbildungen und konnten bald gestenreich den Inhalt erzählen, zumal ihr Wissen sich dabei erweiterte. Ähnlich bei:

Bobo ganz allein im Urwald von Paloma und Ulises Wensell (Ravensburger Buchverlag): eine Tier- und Abenteurgeschichte.

Der kleine Elefant Bobo ist in der Herde ungeduldig und spaziert unbemerkt in den Urwald. Er erlebt die Natur, eine Schlange, schläft ganz alleine und schließt dann Freundschaft mit einigen anderen kleinen Elefanten. Bei vergnügten Spielen machen sie allerlei Erfahrungen, verderben sich den Magen, erleben Gefahren, jagen ein Krokodil, kommen fast in einer Schlammgrube um, doch dann zieht Bobo alleine weiter, erlebt Löwen, Wasserbüffel, Flußpferde und ein Nashorn und trifft unvermutet seine Familie wieder. Er wird freudig begrüßt, keiner schimpft ihn, Bobo ist stolz und erzählt von seinen Abenteuern. Behutsam erlebt man die Wünsche nach Selbständigeit und Wagemut, erlebt seine Ängste, aber auch Stolz nach guter Rückkehr – wie bei Kindern.

Die Texte, meist auf weißem Untergrund stehend, illustrieren die Bilder, die trotz der pastelligen Töne sehr lebendig wirken und eine anregende Grundstimmung schaffen. Die Tierfiguren und Pflanzen überzeugen in ihrer naturalistischen, leicht abstrahierten Zeichnung und wirken informativ, ohne sich in Kleinigkeiten zu verlieren. Auch die Körpersprache aller Tiere ist gut deutbar, dabei anatomisch korrekt und ohne jede kitschige Verzerrung. Durch eine leichte Vogelperspektive mit einem Blick in räumliche Tiefen kommt die afrikanische Landschaft einprägsam zur Geltung; Tiere und Umwelt bilden eine natürliche Einheit. Neben den erwähnten Tieren gibt es Affen und allerlei Vögel, dazu prächtige Pflanzen und Bäume. Bei Gefahr erhöht sich die Vogelperspektive, endet jedoch bei der Familie wieder in einem etwas angehobenen face to face. Das Fragebedürfnis der Lernenden ist groß, zu Themen werden eigene Mutproben und Sachwissen über Tiere, Urwald, Gefahren usw. gestellt.

Auch die folgenden Bilderbücher wirkten auf alle anregend:

Der tapferste Hund der Welt von Agnes Verboven, Bilder von Anne Westerduin (Herder Verlag Freiburg) ist eine Mutmachgeschichte.

Der kleine Tom steckt voller Ängste. Er hat Angst vor dem Treppenmonster,, dem Klomonster und ängstigt sich sogar im Bett nach Mutters Gutenachtgeschichten. Aber Tiere aller Art liebt er und so bekommt er einen kleinen Hund gschenkt. Das ist Hannibal, der tapfersten Hund der Welt, der alle Monster vertreibt. Tom getraut sich mit Hannibal auf die Treppe, auf's Klo und ins Bett. Als eines Nachts ein Gewitter tobt, zittert Hannibal vor Angst und verkriecht sich. Tom lockt ihn mit einem Keks wieder heraus und am Ende liegen beide selig schlafend im Bett: Sie haben und helfen einander.

Knappe Texte stehen auf farbigem Grund; die Bilder, großzügig gesetzte Kreidezeichnungen, haben karikierenden Charakter, beschränken sich großformatig figürlich vor einem gedämpft einfarbigen Hintergrund auf das Wichtigste und wirken sehr expressiv in Mimik und Bewegungen. Von diesen Formen, dunklen Farben und Konturen wird die Grundstimmung bestimmt, die sich erst gegen Ende ein bisschen farbig auflichtet. Tom starrt den Beschauer direkt an, wobei er und Mutters Rockzipfel im Anschnitt stehen. Ebenso angeschnitten steht er an der wellig erscheinenden Treppe und am Klo, das mit Vogelschaublick bedrohlich erscheint. Dunkles Rot, Blau und Grün und wieder Toms angstvoller Blick direkt zum Beschauer kontrastieren später mit der schlafenden Mutter. Alle Figuren sind nur in Anschnitten und als Vordergrund zu sehen, erst mit Hannibals Auftauchen wirkt Tom 'ganz' und in seinem Kinderzimmer aufgehoben. Die Bilder lassen der Phantasie und persönlichen Berichten über Ängste, Tierkameraden usw. weiten Raum.

Jack und die Bohnenranke, ein Märchen von Joseph Jacobs, Bilder von Anne Wilsdorf (Diogenes Kinderbuch).

Das Märchen dürfte hinlänglich bekannt sein. Die Bilder darin sind künstlerische Illustrationen als zart farbige Zeichnungen parallel zum Text. Die Figuren, humorvolle Karikaturen, werden von frechen kleinen Details umspielt. Die Bilder erweitern sich über das ganze Papier, sobald durch die auskeimende Bohne der erste Schritt ins Riesenreich erfolgt. Ranken, Detailbildchen, dann eine angeschnittene Riesenfraufigur, die wegen ihrer Größe nur mit ihrem Rock auf's Papier passt, wechseln mit den Texten auf weißem Grund ab. Solche Gestaltungselemente wiederholen sich, wobei Frau und Herr Riese wegen ihrer Ausmaße immer nur teilweise aufs Papier passen. Der Zeitraffer, um das Wachsen der Bohnenranke vorzustellen, geschieht durch rankende Gebilde, durch die Jakob mehrfach sichtbar hochklettert, und durch eine vertikale Anordnung, während andere Handlungen horizontal ablaufen. Alle Detailbilder sind monoszenisch angelegt und ergänzen ihre Bildaussagen durch die nachfolgenden Illustrationen.

Während die ersten drei Buchbeispiele geeignet sind, zuerst mit den Bildern als eindeutige Blickfänge zu motivieren, ist 'Jakob und die Bohnenranke' in der vorliegenden Fassung besser zu verstehen, wenn man erst das Märchen vorliest und dann die Bilder ansehen lässt. Erwachsene werden die humorvolle Fassung selbständiger gutieren können als Kinder, aber die Phantasie darf immer mitspielen, zumal der karikaturhafte Stil auf Distanz hält.

Der Froschkönig, ein Märchen der Brüder Grimm. Bilder von Antonella Bolliger-Savelli. (Verlag Parabel).

Als ein Kind mit einem Krönchen als Prinzessin in unseren Erzählkreis kam, weil man im Kindergarten den Froschkönig behandelt hatte, war ein Griff zum vorhandenen Märchenbuch sinnvoll. Während die Bildseiten flächendeckend in einem dekorativen Stil und in warmen Farbtönen gemalt sind, ist die Prinzessin darin durch ihr blaues Kleid als Blickfang herausgehoben. Das Ornamentale ist hübsch und wird dadurch betont, dass es eine Figuren- und Sachperspektive, aber keine Farbperspektive gibt. Allerdings sind die Figuren, auch König, Königin und der Prinz, sehr kindlich und steif gemalt – wohl im Glauben, Kinder würden sich in einen kindlichen Stil besonders gut einfühlen. Das ist aber nicht der Fall, wie mehrfache Bilderbuchbetrachtungen mit verschiedenen Gruppen gezeigt haben. Immerhin: Wenn man das Märchen vorgelesen oder gezeigt hat, dann kann man die Bilder ansehen, Details identifizieren und dazu erzählen lassen.

Der kleine Käfer Immerfrech von Eric Carle (Gerstberger) ist ein Klassiker wie auch das ähnlich strukturierte Bilderbuch von der ***kleinen Raupe Nimmersatt***.

Reizvoll sind nicht nur die durchgängig großen, informationshaltigen Tierabbildungen. Vielmehr ist im Laufe des Erlebnisfluges des frechen Käfers auch die Buchkonzeption mit der gleichmäßigen Steigerung der Bildseitenbreite interessant. Ein streitsüchtiger Marienkäfer, der die Blattläuse nicht mit einem anderen teilen will, bläht sich angeberisch immer mehr auf und sucht von morgens 6 Uhr bis abends 6 Uhr immer größere Tiere auf, indem er sie auffordert: „Kämpf mit mir". Er macht sich aber immer schleunigst mit den Worten: „Ach geh! Du bist mir viel zu klein!" davon, da er sich doch vor der Kampfbereitschaft der immer größeren Tiere fürchtet. Das erste Bild nach der Eingangsszene ist mit der Wespe nur ein schmaler Bildseitenstreifen, aber mit jeder Stunde des Käferlebens wird das Bild mit einer neuen Tierbegegnug etwas breiter, zugleich sieht man die Sonne auf jedem Bildstreifen auf ihrem 12-stündigen Tagesbogen über diese Seiten hinauf- und dann wieder hinabziehen – eine kreative Art, die Länge eines Tages deutlich zu machen. Anregend sind Begegnungen mit Fangheuschrecke, Hummer, Stinktier, Hyäne, Gorilla usw. bis zu Elefanten und einem Wal. Die Tiere werden größer, der Käfer in Relation immer kleiner. Abends wird er vom Wal, der ihn gar nicht beachtet, in die Schranken verwiesen, indem der Käfer mit einem Schwanzschlag an seinen Ausgangsort zurückgeschleudert wird. Die Geschichte endet versöhnlich, denn der andere Käfer hat dem kleinen Angeber etwas von den Läusen übrig gelassen. Dem frechen Käfer gelingt es, Danke zu sagen und er fragt nun sogar, ob man dieses Abendessen nicht miteinander teilen könne.

Die Tiere sind ausdrucksstark, streng stilisiert und zugleich in ihrer typischen Gestalt gemalt. Mit ihnen ließen sich Begriffe und allerlei Sachwissen erarbeiten. Die parallel zu den Bildern passenden Texte sind knapp gehalten und selbst Anfänger konnten bald die stereotypen Reden des Käfers mitsprechen. Emotional bleibt man eher auf Distanz, die Bilder wecken aber kognitiv Interesse, zumal die abstrahierten Bilder völlig monoszenisch aufgebaut sind. Erfahrungsgemäß schauen Kinder die Bilder immer wieder an und öffnen sich ihnen erst nach und nach.

Flum, Flo und Pascha von Anne Brouillard (Middelhauve) ist ein köstliches, reines Bilderbuch ohne Text. Die drei Katzen Flum, Flo und Pascha sitzen auf einem Ast über dem See und beobachten das Spiel dreier roter Fische. Sie beugen sich immer weiter vor, besonders Pascha, dann stürzt er nach vorne mit einem Kopfsprung ins Wasser … und die Fische schwimmen irritiert auseinander. Man sieht nur noch Wasserstrudel. Flum und Flo springen hinterher – man ahnt im Bild, wo Pascha abgetaucht ist. Riesenwirbel und Gischt im Wasser – und plötzlich schleudert es die drei Fische hoch, direkt auf den Ast. Und während die Katzen schwimmen, schauen die Fische zu und beugen sich vor … immer weiter vor …

Die Bildseiten, gemalt in Kreide, stehen als Hintergrund in leuchtendem Himmelblau und Wasser-Grünblau, belebt mit weißen Wolken oder weißer Gischt. Die drei abstrahiert und mit großzügigen Strichen gezeichneten Katzen dominieren als Hauptfiguren ebenso wie später die leuchtend roten Fische. Die Kreidestriche sind temperamentvoll ausgeführt, alle Bewegungen wirken schwungvoll. Mit amüsiertem Lachen und Mitteilungsfreude suchten stets Schulkinder und ebenso die Kinder mit ihren Müttern vom Erzählkreis nach Spuren der abgetauchten Tiere, ahmten die Bewegungen nach, versetzten sich in die drei Katzen im Wasser und: Wie ging es weiter? Die Fische beugten sich vor … immer mehr … und dann …

Die expressiven Bilder lassen Leerräume für Phantasie, Kommentierungen und Fabulieren.

Nur ergänzend seien sowohl für Kinder, Jugendliche und teilweise auch Erwachsene noch folgende elf Bilderbuch-Titel erwähnt, die sich im Erzählkreis oder in der Grundschule, in Fördergruppen, unter Erwachsenen und speziell unter Studierenden gleichermaßen als Sprechanregung bewährt haben und die man zu Klassikern zählen kann. Dass je nach Zuhörern didaktisch angemessen vorgegangen werden muss, liegt auf der Hand.

Nur Mut, kleiner Rabe: von Manfred Mai, Bilder: Silvia Öwerdieck (Herder) – ein Mutmachbuch für Kinder am Beispiel eines verkannten Rabenjungen, der ganz andere Dinge kann als die Eltern erwarten..

Ein Job für Wittilda: von Caralyn Buehner, Bilder: Mark Buehner. Detailreiche, karikierende Bilder in weichen Farbtönen – eine katzenliebende Hexe bewirbt sich um einen Pizzaausfahrdienst, um ihre vielen hungrigen Katzen füttern zu können. Die köstlichen Karikaturen mit originellen Einzelheiten werden durch Untertexte ergänzt.

Von der Fee, die Feuer speien konnte: von Franz Fühmann, Bilder: Annegret Fuchshuber. Romantische, relativ naturalistische Aquarelle bei unterschiedlich positionierten Textblöcken und Illustrationen im Wechsel. Eine Fee versucht, im Winter Tiere vor der Kälte zu retten und wendet sich an Drachen, um das Feuerspeien zu erlernen.

Im Weiteren eher für Schulkinder und Ältere geeignet:

So ein Sausen in der Luft: nach einer Sage aus der Schweiz, erzählt von Eveline Hasler, Bilder: Käthi Bhend (Ravensburger). Es geht um Rücksicht in der Natur und die Belohnung derer, die mit wachen Sinnen in die Natur gehen. Teils schwarzweiße, teils farbige Bilder, phantasievoll, naturalistisch, mit verwunschener Grundstimmung.

Die Tochter des Zauberers: ein Märchen vom 'Dach der Welt': erzählt von Antonia Barber, Bilder: Errol le Cain. Ein Zaubermärchen mit meisterhaften, ganzseitigen, detailreichen, auch ornamentalen Aquarellen in fernöslichem Stil.

Meine Welle: von Octavio Paz, nacherzählt von Catherine Cowan, Bilder: Mark Buehner (Imhauser). Klare Aufteilung von Textseiten und ganzseitigen Bildern. Physikalische Gesetze sind aufgehoben, wenn ein Junge eine Welle aus dem Urlaub heimbringt. Bizarre Folgen und herausfordernde Impulse aus Text und Bildern machen das Buch spannend und setzen Phantasie und Fabulierlust frei, wenn die Welle gefriert, das Haus besetzt, bedrohlich wird und dergleichen Abenteuerliches oder Bizarres mehr (ab Schulalter und für Erwachsene).

Ebenso die Realität durchbrechend, aber ethisch interessant ist:

Als die Katzen noch grün waren: von David McNeil, Bilder: Tina Mercie (Imhauser). Im phantasievollen Gewand geht es um Toleranz und die Sinnlosigkeit von Rassismus (für Schulkinder und Erwachsene).

Die erstaunlichen Bilder des Felix Clousseau: von Jon Agee (Kerle Verlag): Was passiert, wenn die Gemälde plötzlich lebendig werden und im Schloss ein Dieb sein Unwesen treibt? (für Schulkinder und Erwachsene).

ROT, BLAU und ein bisschen GELB: von Björn Sortland, Bilder: Lars Elling. (Kerle): Einführung für Heranwachsende in Kunstwerke in einem Kunstmuseum, in dem die alten Maler lebendig werden und reden. Die Sinnhorizonte kreisen um Menschen und Kunstwerke.

Am Südpol, denkt man, ist es heiß: von Elke Heidenreich, Bilder: Quint Buchholz (Hanser). Eine humorvolle Liebeserklärung an Pinguine und die Welt der Oper – in Reimen und mit erheiternden, ausgezeichneten, realistisch wirkenden Bildern.

Zusammenfassend kann man sagen: Vorlesen oder Erzählen von kurzen oder längeren Texten und das Betrachten und Vorlesen von Bilderbüchern stellen ein bildendes, erfreuliches Unterfangen dar, das sich im immersiven Rahmen entfalten lässt.

Und so gibt es viele wunderbare Bücher: Klassiker, Experimentelles, Wunderliches, Irreales, Phantastisches, Sachliches, Nachdenkliches …

6.3 Erzählzeit – Modelle und Varianten

6.3.1 Erzählzeit – ein erfolgreiches Modell mit Märchen

Die folgenden Erläuterungen beschreiben ein überaus erfolgreiches, bundesweit praktiziertes Modell, um Kinder aus anderen Kultur- und Sprachkreisen zum deutsch Sprechen anzuregen. Das Modell setzt in der Ausbildung hohe Ansprüche, möchte hier vor allem als Anregung dienen und zugleich dokumentieren, wie sinnvoll Märchen und Fabulate, Zuhören, eigene Imaginationen, Phantasien und Eigenversuche im Erzählen sind.

Nicht erst seit 2015, als zig-tausende Flüchtlingskinder – oft genug traumatisiert – in Deutschland schulpflichtig wurden und im Rahmen der Asylpolitik Sprachförderprogramme durchlaufen mussten, um sozialen und schulischen Anschluss zu finden, gibt es Förderpogramme mit dem Ziel, diesen Kindern und Jugendlichen aus einem fremden kulturellen Milieu helfend unter die Arme zu greifen und ihnen die deutsche Sprache zu vermitteln, ohne dass sie hierbei Neugier und Freude am Lernen verlieren.

Ein solches Verfahren wurde als ‚Freies Erzählen' in allen Schulstufen durch die Initiatorin Prof. Dr. Kristin Wardetzky und MitarbeiterInnen 2005 bis 2007 mit dem Pilotprojekt *'Sprachlos'* in Berlin entwickelt, das mündliches Erzählen von Märchen und Mythen aus aller Welt, besonders aus den Heimatländern der Asylanten und Flüchtlingskinder, in den Mittelpunkt stellt. Dabei hatte man zuerst die ‚Willkommensklassen' und Brennpunktschulen mit dem Ziel einer Sprachförderung von Kindern mit Migrationshintergrund im Visier. Es enstand mit der Zeit das Berliner Modellprojekt *Erzählzeit*, das – inzwischen oftmals preisgekrönt – als eindrucksvolles und erfolgreiches Modell an über hundert Schulen zusätzlich an Profil gewann, als ein Münchner Forschungsinstitut mit seiner Evaluation belegen konnte, dass das Erzählprojekt den herkömmlichen Deutschlernverfahren eindrucksvoll überlegen ist (s. im Literaturnachweis unter 'Evaluation'). Auch die Dokumentation *'Sprachlos – Erzählen im interkulturellen Kontext. Erfahrungen aus einer Grundschule'* von Wardetzky und Weigel (2010 [2]) wurde für viele Interessierte eine Hilfe, die diesen neuen Weg der Sprachvermittlung beschreiten wollen.

In einem Fortbildungsangebot für FortbildnerInnen und LehrerInnen in Grund- und weiterführenden Schulen formuliert K. Wardetzky, dass seit 2005 in der BRD in den mehrfach ausgezeichneten Schul- und Kitaprojekten die ultimative Wirkung des freien Erzählens von internationalen Märchen und Mythen eindrücklich bestätigt worden sei: Die Sprache der Kinder werde reicher und differenzierter, ihre Phantasie löse sich aus den medialen Stereotypen, ihre Konzentrationsfähigkeit wachse, ihre Empathie erweitere sich, ihr Selbstwertgefühl und die gegenseitige Achtung und Akzeptanz werde gestärkt.

Dieser Erfolg erklärt sich aus einem lebendigen Zusammenwirken aus spannenden Geschichten und der daran gerne erlebten 'Lustangst' einerseits und der emotionalen Zuwendung des Erzählers andererseits – und das auch, wenn die Zuhörer anfangs wohl noch gar nicht alles verstehen. Der Pädagoge Hartmut von Hentig spricht in diesem Zusammenhang von einem „Hunger nach Person“. Das Gefühl der Zuwendung tut ihnen gut, zugleich werden immer mehr Worte und Sätze von Sinnhorizonten, von subjektiven Erfahrungen und emotionalen Werten umgeben, die den Verstehenshorizont weiten. Dieser Prozess wurde weiter oben bereits dargelegt; eindringlich beschreibt ihn Kristin Wardetzky noch einmal mit treffenden Worten:

„Im mündlichen Erzählen kommt es zu einer fruchtbaren Symbiose von zwei kommunikativen Dimensionen: Die Lexik wird ergänzt durch das 'physische Vokabular' der Erzählenden. Lücken im lexikalischen Verständnis können geschlossen werden durch die Gestik, Mimik oder pantomimische Gebärde der Erzählenden. Die zuhörenden Kinder laden die körperlichen Signale mit Bedeutung auf, 'übersetzen' sie in bildhafte Assoziationen, die sie allmählich mit Worten verknüpfen – zunächst mit Worten ihrer Muttersprache, dann mit den Worten aus der fremden Sprache, die sie von den Erzählenden hören. Die permanente Wiederholung dieser zwei miteinander verschränkten Kommunikationssystemene wird zur Brücke, mit der die Kinder in die Welt der fremden Sprache gelangen.“ (Zit. nach Wardetzky aus einem Script 'Antragslyrik. Schulprojekt Erzählen').

An anderer Stelle beschreibt dieselbe auch jenen Prozess, der Grundtenor des vorliegenden Werkes ist: Lernen im Sprachbad, also immersives Lernen, das ich auf Fingerspiele, weitere Spiele und Bilderbücher ausgedehnt habe:

„Die Parallelen zum Erwerb einer Muttersprache liegen auf der Hand: Kein Kind erwirbt dabei bewusst und systematisch Vokabeln und Regeln. Es findet seinen Platz im Ozean der Worte selbst, und es baut durch Mimesis eigenständige Ordnungssysteme auf, aus denen die Muttersprache gebildet ist. Ähnliches erleben Kinder beim Zuhören von Erzählungen, Diese Art des Spracherwerbs basiert auf den Prinzipien der Selbstoptimierung und Selbstkorrektur. Durch die wiederholte Begegnung mit sprachlichen Mustern und Wendungen prägen sich Lexik und Regeln ein ohne explizite Vermittlung.“ (Wardetzky in Dehn und Merklinger, Grundschulverband, S. 49).

Hinzu kommt der einfache narrative Aufbau der Märchen mit den einprägsamen Wiederholungen, den (oft magischen) Versen und den sprachlichen Formulierungen. In ihnen wirken die Helden als Identifikationsfiguren, desgleichen die Helfer und die notvollen, am Ende befreienden Ereignisse, die den Kindern unbewusst helfen, ihre eigenen Gefühle kommunizierbar zu machen: über Zuhören, Verstehen, Fragen, selber Erzählen und Fabulieren. Sie werden zu Konzentration, Zuhörkultur und literarischer Bildung geführt und beginnen auch Neugier auf andere Menschen und Kulturen zu empfinden. Es sind all jene Eigenschaften aus einer erzählten Welt, die auch mich in vielen eigenen Erzähl- und Vorlese-Erlebnissen mit Kindern beeindrucken und die schließlich ebenso von all jenen Eltern oder Erziehern erlebt werden, die ihren Kindern regelmäßig erzählen und vorlesen.

Inzwischen wurden längst weitere entsprechende Projekte aufgebaut: 2008 das Langzeitprojekt ErzählZeit (s. erzaehlzeit.de) und Nachfolgeprojekte, beispielsweise in Aachen, Brandenburg, Frankfurt a. M., Freiburg, Hannover, Heilbronn, Lippe-Detmold, Stuttgart oder in der Lehramtsausbildung in München; ebenso wurden die Ideen in großen Tagungen vorgestellt, z. B. in Münsterschwarzach 2015, Remscheid 2016 und anderen Orten.

Der Verein *'Erzählskunst e. V.'* (seit 2007) setzt sich ebenfalls für die Förderung des mündlichen Erzählens im Sinne der interkulturellen Verständigung von Menschen unterschiedicher ethnischer und sozialer Herkunft ein. Das schafft über allmähliche Sinnerschließung hinaus Weltoffenheit und Toleranz. Der Verein bildet professionelle ErzählerInnen aus, bietet Erzählbühnen und Projekte in Kunst und Bildung.

Unter *'erzaehlkunst.com'* lassen sich die vielfach ausgezeichneten Modelle, die auch bildungs- und sozialpolitisch unterstützt werden, nachvollziehen. Sie verschaffen der Mündlichkeit im öffentlichen Raum eine neue Gewichtung, die ganz beiläufig Ausdrucksformen der Emotionen, Bildkraft, des Wissens, dazu Sprechanreize und Offenheit für menschliche Begegnungen begünstigt.

Kinder sind heute gewöhnt, sich jederzeit medial abrufbarer, aufregender Reize zu bedienen, und doch werden sie still und hängen an den Lippen des Erzählers, wenn dieser mit seinen Geschichten beginnt. Das liegt weniger an den märchenhaften Geschichten, die durchaus Identifikations- und Entlastungsphantasien bieten, als daran, dass einfach jemand unmittelbar erzählt und dass nicht medial vermittelt wird.

„Denn der Erzähler bietet, was kein Medienproduzent bieten kann: Indem er erzählt, lässt er sich, ob er will oder nicht, in die Karten schauen, bringt den Zuhörern das eigene Handwerk bei, lehrt sie erzählen und regt sie durch sein Vorbild an, ihre eigenen Erzählungen zu finden. Dazu braucht er keine Projekte „aktiver Medienpädagogik" durchzuführen, in denen Kindern die komplexen techischen und ästhetischen Verfahren der Medienherstellung vermittelt werden. Er muss nur erzählen, denn schon das bloße Erzählen verführt zum Erzählen. Die Erfahrung, dass man beim Hören mit den eigenen Reaktionen, den eigenen Gefühlen und Phantasien den Erzähler und seine Erzählung beeinflussen kann, macht Mut, diese Gefühle und Phantasien in einer eigenen Geschichte zum Ausdruck zu bringen." (Merkel in Hübsch und Wardetzky 2017, S. 22/23).

Das Erlebnis des Zuhörens bringt demnach mit sich, dass der Hörer zugleich lernt, sich der Sprache unmittelbar zu bedienen, Einwürfe und Fragen zu wagen, in Dialoge zu treten, Mimik und Gestik des Sprechers zu deuten und zu übernehmen und dabei seiner Phantasie, seinen Gefühlen zu vertrauen – ein Rahmen, in dem nicht 'gebüffelt' wird. Doch da ist noch mehr: Eben die sinnliche, geistig-körperliche Begegnung, bei der besonders zuhörende Kinder selbst die Lippenbewegungen und den Tonfall des Erzählers aufnehmen, simultan mit ihm murmelnd, mitfüsternd, und dabei unbewusst den motorisch-kinästhetisch-auditiven und visuell kontrollierten Regelkreis aktivieren, der das Sprechen grundlegt.

Als weitere Hilfe und Mutmacher und zum Verstehen der umfassenden Deutschlernvorgänge erschien 2017 das Werk: *Zeit für Geschichten. Erzählen in der kulturellen Bildung* von Hübsch und Wardetzky (Hg.). Viele ErzählerInnen und PädagogInnen berichten hier von ihren Erfahrungen und Vorgehensweisen, von ihren Projekten und vom Erzählen in der Lehramtsausbildung. Die Ausführungen münden eindringlich in memorandum I und II des Werkes.

6.3.2 Erzählzeit – eine Variante mit Streiflichtern zur Praxis

6.3.2.1 Rahmenbedingungen der Erzähl- und Spielstunden

Erzählen ist – wie man sieht – eine Kunst und erfordert im Sinne der Professionalität entsprechend dem vorigen Kapitel eine ernsthafte Einlassung auf Erzählprojekte. Doch wer das freie Erzählen nicht explizit professionell gelernt hat oder bisher keine Gelegenheit dazu hatte, kann durchaus agieren: Im freien Nacherzählen, mit Hilfe von Stichworten zur Orientierung oder vorlesend, dies allerdings gut vorbereitet.

Bei meinen eigenen Initiativen für eine Gruppe von Flüchtlingen mit Müttern und ihren Kindern, die Deutsch lernen wollten/mussten, standen mir einerseits meine langen Erfahrungen aus Schuldienst und Lehre und meine Überzeugung vom Nutzen multisensorischen Lernens und eines Einbezugs von Bewegung, Phantasie, Märchen, Spielen usw. zur Verfügung, andererseits musste ich mich mit einem kleinen Rahmen arrangieren, da keine Chance bestand, mit der Schulbehörde oder Hochschule zu kooperieren.

Unterstützt vom Ort und Landkreis gelangen über Jahre dennoch erfreuliche, erfolg- und erfahrungsreiche Begegnungen mit dem erwähnten Klientel in den sogenannten '***Erzähl- und Spielstunden***', die schon von sich aus den Charakter immersiver Lernsituationen in sich tragen. Im Folgenden werden nur einige kleine Skizzen geboten – zu sehen als Mutmacher, als Bausteine und Impulse für eigene Unternehmungen, wie dies gleichermaßen bei allen anderen Ausführungen gedacht ist:

Es galt, einen zwanglosen Rahmen mit familiärem Charakter zu schaffen, in dem sich Spiele, Geschichten und gemeinsame Tätigkeiten entfalten konnten. Geplant waren Einheiten von etwa 75 min. zwei Mal die Woche. Uns stand/steht ein idealer gemeindeeigener Raum zur Verfügung: Die „gute Stube" mit Holztäfelung, Kachelofen, Tischen und Stühlen und einem Küchenteil; bisweilen benützten wir auch den Raum mit der Bibliothek. Die Teilnehmer (TN) konnten (2016) anfangs verschiedener nicht sein – ihr Bestand wechselte je nach Gewissenhaftigkeit im Besuch der Angebote zwischen 2 bis 4 Erwachsenen (lauter Mütter) und 5 bis 7 Kindern: Ein Baby, das anfangs zwischenhinein gestillt werden musste, ein 5-Jähriger im Rollstuhl, ein Mädchen, das bald den Kindergarten besuchen sollte, 1 Mädchen kurz vor Schuleintritt, 1 Junge in der 1. Klasse und zwei Jungen in der dritten Klasse.

Zu Beginn der Stunden verständigten sich alle auf arabisch oder kurdisch, bemühten sich aber schnell, sich mit Deutschfragmenten mir gegenüber verständlich zu machen. Zwei Frauen besuchten die offiziellen Deutschkurse in der Nachbarstadt mit Erfolg und setzten eigenen Ehrgeiz ins Lernen; beide wollten zügig einen guten Schulabschluss schaffen und Frau T. beschloss ganz gezielt, Kinderpflegerin zu werden: Sie hat es inzwischen mit gutem Erfolg geschafft, zumal ihr Mann ihr mit den beiden Töchtern immer den Rücken freihielt. Die andere Mutter hat sich inzwischen ebenfalls nach Abschluss aller Deutschkurse um eine Berufsausbildung gekümmert. Bei zwei Frauen waren über mehrere Kurseinheiten hinweg allerdings wenige Fortschritte zu bemerken. Sie fehlten öfter; eine konnte sich einfach nichts merken, zeigte aber ein hübsches Zeichentalent; inzwischen ist sie stolz auf ein 5. Kind. Die andere hatte entwicklungsfähige Grundkenntnisse, zu ihr brach leider die Verbindung ab. Diese beiden Frauen hatten in Syrien kaum die Schule besucht, was ihre Situation erschwerte. Zwei Mädchen und ein Junge wollen inzwischen auf's Gynasium, ein Junge besucht wegen seiner Körperbehinderung eine Sonderschule, zwei Jungen die Hauptschule, das Kleinkind kommt demnächst in den Kindergarten. Die beiden berufsnahen Frauen und die meisten Kinder sprechen inzwischen flüssig deutsch (Stand: 2021).

6.3.2.2 Zur PRAXIS: Allgemeine Strukturierung der Stunden und Erfahrungen

Vorab: Ein besonderes Utensil – das Malheft: Dieses Heft muss erwähnt werden, da es sich als ebenso unkompliziert wie nützlich erwiesen hat. Nach einem Märchen, Gedicht, Fingerspiel oder einer Frage, deren Beantwortung sich veranschaulichen ließ, setzte ich ein *DIN-A-4 Heft* ein, in das ich stilisiert parallel zum Sprechen den Figurenablauf zeichnete. Damit fanden die TN erste Gedankenstützen und Worte und malten ihrerseits ebenfalls in linienlose DIN-A-4 Hefte mit Holz- oder Wachsmalstiften ihre Figuren. Da die TN sich offensichtlich kaum an das Malen getrauten, forderten sie mich auf, ihnen etwas vorzuzeichnen. So entwickelte sich ein gemeinsames schrittweises Vorgehen von Sprechen und Zeichnen; parallel ahmten dieTN die Strichführung samt meinem Tonfall nach, indem sie entsprechende Worte und Satzteile mitsprachen.

Da das Lernniveau sehr verschieden war, ergaben sich immer wieder aus den Erzähl- und Spielsituationen heraus Fragen von Fortgeschrittenen, z. B. zu Verkleinerungen, Konjugationen, Deklinationen, Rechtschreibung, woran man erkennen kann, ob ein Vokal im Wort kurz oder 'normal' gesprochen wird, zu Rechenoperationen (Malnehmen, Einer-, Zehner- und Hunderterstellung ...) usw. Sie nahmen gerne die Ermunterung wahr, sich etwas erklären zu lassen, was sie noch nicht verstanden hätten. So konnten am Ende der Stunde, aber auch, während die anderen malten, nebenbei in diesem Heft aktuelle Fragen geklärt werden. Oft schauten dann die anderen neugierig zu, was sich als zwanglos und günstig erwies. Dabei flossen unterschwellig Erfahrungen und Kenntnisse ein (immersiv!) und es entstanden bunte Hefte: Bei den Jüngsten nur mit Linien und einfachen Zeichnungen geschmückt, andere zusätzlich mit Buchstaben, Zahlen, Wörtern oder gar mit kleinen grammatischen Einlagen je nach Bedürfnissen der TN. Es muss angemerkt werden, dass Frau T. auch gelegentlich ihr SmartPhone einsetzte, um Fragen zu klären, sei es eine Übersetzung zur Begriffsklärung, Daten, Geographisches o. a.

Über Jahre hielt sich das Verfahren mit dem Heft bei uns als Glücksfall, denn die TN erlebten kein Gefühl des Nichtkönnens, vielmehr schufen sie sich ideale Einheiten von Bild, Sprachklang und dazugehörenden Begriffen – quasi als Kristallisationskerne zum Verstehen der ihnen doch noch so fremden deutschen Sprache, wobei sie auch meine Bewegungen und meinen Tonfall übernahmen. Besonders die Kinder waren stolz auf ihre Hefte, die sie gerne anderen zeigten. Es gab oft Gelächter, wenn Figuren misslangen oder wenn ich selbstkritisch mit Vergnügen meine Figuren kommentierte. Und wenn sie später in ihrem Heft blätterten, begannen sie, von sich aus ihre Abbildungen zu benennen.

Und die begleitende Sprache: Ich sprach / spreche immer in *gebundenem Hochdeutsch*, klar artikuliert, aber in üblichem Tempo und im Plauderton, also auch durchsetzt mit für TN (noch) fremden Wörtern. Von Monat zu Monat verstanden sie aus dem Kontext heraus immer mehr, erleichtert durch die begleitenden Bewegungen, Mimik, Gesten und den Tonfall als Modell; diese Faktoren halfen, eigene innere Bildvorstellungen zu schaffen und ihr Sprechen und Imaginieren in Deckung zu bringen.

Und nicht zu vergessen: Da waren ja auch weitere intensiv lernfördernde Kräfte: Durch Deutschkurse, die Schule, den Kindergarten, bei den Jungen durch ihre Tätigkeit im Fußballclub und bei der Jugendfeuerwehr, die in ihrem Sprachangebot wieder einem immersiven Rahmen entsprechen.

Grundtenor blieb und bleibt: Wirkung zeigen Bewegungen, Multisensorik, Assoziationen, Imagination, Kommunikation, Phantasie und Interaktionen im Spiel … es geht dabei immer um ein zwangloses Miteinander.

Zur Praxis (mit unverbindlichen Zeitangaben): Am Anfang stand stets ein explizites Willkommen, eine

Begrüßung: Jeder wurde persönlich begrüßt und jeden fragte ich nach seinem Befinden. Wegen meines schwierigen Nachnamens nannten mich alle einfach 'Frau Helga'. Die Kinder zeigten teils schüchtern, teils temperamentvoll ihre Erwartungshaltung und ruschelten sich jeweils rasch auf ihren Stammplätzen zurecht (Zeit: ca. 5 min.).

Fingerspiele: Diese Phase diente einer fröhlichen Auflockerung. Die ausgewählten Texte sind grammatisch korrekt gebaut, man lernt viele Wörter; Satzmuster, Reim und Rhythmus dienen – wie bekannt – dem Behalten und die Finger – Hand – Arm – Bewegungen unterstützen assoziativ das Merken und die Artikulation. Im Folgenden vgl. die Textbeispiele in Cap. 5: *Reime, Rhythmen, Fingerspiele … Über 50 Vorschläge, (bes. 5.4):*

Immer wieder fallen die verschiedenartigen Assoziationen beim Spielen auf, zum Beispiel bei:

- *Mäuschen, Mäuschen, koche Brei* … Das ist als Einstieg gut geeignet. (für zwei Frauen war die Verkleinerungsform von Interesse. So übten wir sie samt Bewusstmachung der Umlautung. Die Kinder hörten neugierig zu und machten bald versuchsweise ratend mit! Wer Lust hatte, malte auch: Maus und Mäuschen, Haus und Häuschen, Schaf und Schäfchen usw., aber auch: Käfer und Käferchen … warum denn das? Und wer schafft nun beim Spiel den Pinzettengriff an jedem Finger der anderen Hand?
- *1, 2, 3, 4, 5, strick mir ein paar Strümpf* … die Verbindung der Begriffe ‚groß' und 'klein' mit den passenden Bewegungen war hilfreich. Das ist wie immer: Lernen durch Bewegung! Und dann das belustigte Deuten auf andere …
- *Die Katze schläft, die Katze schläft, die Mäuse* … Text und volles feimotorisches Bewegungsprogramm fördern die Konzentration. Einige Kinder malten sich aus, wie die Katze schläft und die Mäuse auf ihren Rücken und Kopf steigen. Was wäre, wenn sie aufwacht?
- *Zwicke, zwacke in die Backe* … Was für ein Spaß! Alle versuchten immer noch mehr Körperteile zu nennen.
- *In meinem Häuschen gibt's schrecklich viele Mäuschen* … Mimik und Gestik verbinden sich rasch mit Handbewegungen für Gegenstände (Tisch, Bank, Bett …). Wir machen daraus ein Ratespiel. Und wie sieht 'zippeln' und 'zappeln' aus? Was bedeutet 'naschen'? Die Hände zeigen es.
- *Ich schmiede eine Kette* … und *Auf der elendslangen Leiter* … Hier wurden die Erwachsenen ehrgeizig, es gab vergnügte Kommentare bei den abrutschenden Fingerspitzen, den runden Kettengliedern, die sich abwechselnd öffnen und schließen …
- *Ich bin die Klapperschlange, wenn ich* … Das war eines der Lieblingsverse der Kinder! Sie spielten immer wieder, gegenseitg einander zu schnappen. Die Schlange konnte man in Kreisbewegungen und mitsprechend malen, das Maul überspitzt zeichnen … und heißt es nun am Ende: *Und das ist sehr gesund* oder *und das ist ungesund?* Wen meint man im Spaß?

Und so lernten alle viele Fingerspiele und Gedichte; das Repertoir war nach fast vier Jahren beachtlich groß. Dazu zählten auch Späße mit Sprechzeichnen: *Punkt, Punkt, Komma, Strich* … usw. Alle Zeichen und stilisierten Bildchen im Heft wurden zu Erinnerungsstützen (Zeit: ca 15 min.).

In der Regel folgte etwas zum Zuhören:

Bilderbücher: Hier erzählte ich im Sinne der bereits dargestellten Technik (vgl. 6.1 bis 6.2.1). Die Bilder führen in fremde Welten oder in Welten, die Korrespondenz mit der eigenen Innenwelt aufweisen. Sie lösen Fragen aus, man muss suchen, Handlungs- und Sachzusammenhänge herstellen, Begriffe finden. Erst beim mehrmaligen Vorlesen und Anschauen des Bilderbuches offenbaren sich auch jene verborgenen, kleinen und größeren Elemente darin, die zusätzlich Sprache, Kognition, Emotion und Neugier anregen. Es ist eine Frage der Wiederholungsfrequenz, wie oft und in welchen Abständen man diese Bilderbücher einsetzt (Zeit: ca. 20 min.).

Märchen bot ich im Wechsel mit Bilderbüchern gestisch, mimisch und mit angemessenem Tonfall teils frei erzählend, teils vorlesend (s. Cap. 7.). Die unmittelbare Zuwendung zu den Kindern und Erwachsenen wirkte immer konzentrierend – alle fühlten sich angesprochen und ihr Kopfkino kam auf jeweils individuelle Weise in Schwung. Unser Repertoir war nach drei bis teilweise 4 Jahren beachtlich. Im nächsten Kapitel werden sie ebenso aufgelistet und teilweise kommentiert wie auch weitere Märchen aus aller Welt. Sowohl nach dem Einsatz von Bilderbuchgeschichten als auch bei den Märchen halfen Bilder im Heft mit Einzeldarstellungen (z. B. einem Wolf, Bär oder Frosch) als auch Szenen (wie Katzen oder Fische auf dem Ast, ein Hahn mit Goldmarie unterm Tor …) als auch Szenenverläufe wie beim *Rübenziehen* mit der Menschenkette oder der Tierpyramide der *Bremer Stadtmusikanten*.

Märchen lösen immer irgendwelche Reaktionen aus (vgl. Kap. 6 und 7), da sie verborgene Lebensprobleme oder Einstellungen reflektieren und die Phantasie beflügeln.

Wie bei Bilderbüchern musste man sich immer wieder Gedanken um die Wiederholungsfrequenz machen: Wiederholung ist wegen der Einprägung der Sprachmodelle und der Inhalte gut, darf aber nicht zu oft geschehen.

Alternativ setzte ich **Schafwollfiguren** ein (s. Abb. 11 und 5.5), an denen ich vor allem in Dialogen das Märchen szenenweise nicht nur wiederholte, sondern auch die TN dazu animierte.

Das 3D-Buch wurde als besondere Situation eingesetzt. Ein einzelnes Kind konnte darin die Figuren der drei Märchen im Buch bewegen, meist assistierte ein weiteres Kind. Beim Bewegen und Durch-die Seiten-Wandern schwiegen die Kinder konzentriert, dann war die neue Standszene hergestellt und sie begannen zu reden und mit eigenen Einfällen zu inszenieren. Hier wurde nicht genau das Märchen abgebildet, sondern es wurde nach Herzenslust fabuliert, wozu ich gerne ermunterte. Schnell wurden da die anderen TN neugierig (Zeit.: s. Bilderbuch).

Spiele: Sie sorgten anschließend für Bewegung. Meistens spielten die TN für diese zeitlich begrenzte Phase im Raum, aber im Freien zu spielen ist immer erfrischend. Besonders beliebt und gewünscht waren *Ich seh etwas, was du nicht siehst*, bei dem selbst M. im Rollstuhl im Raum herumflitzte; dann *Alle Vögel fliegen hoch*, für das ich anfangs 'Spickzettel', also Bildchen gemalt hatte; weiter das *Fühlsäckchen*, das Konzentration und Ratefreude auslöste, zumal Tastereignisse eng mit Gefühlen verbunden sind; das *Spiegelspiel*, bei dem jeder sich Verrücktes ausdenken konnte. *Ich packe meinen Koffer*: Hier zeichnete ich anfangs zur Unterstützung die eingepackten Sachen mit wenigen Strichen auf. (Für Schulkinder kann man die Dinge als erste Hilfe auch aufschreiben, da müssen sie lesen …). Weiter waren *Collagen* zum Fühlen und Raten, *Geräuscheraten, die Lupe* und *Puzzles* beliebt und immer auch Regelspiele: Vorrangig *Mensch ärgere dich nicht* (in vereinfachter Fassung) und

Memory in Varianten je nach Alter der TN. Ich hatte außerdem quadratische kleine Kartons mit den Kindern bekannten Märchen- oder Bilderbuchszenen selber gemalt, bei denen man wie bei Memory Zusammengehörendes finden sollte, bei uns z. B. Goldmarie und ein Hahn; großer und kleiner Bär; Bär und Blaubeeren; Frosch und Krone; Esel mit Hund und Katze mit Hahn; Rotkäppchen und Wolf; gestiefelter Kater und Zauberer; Hase und Igel; drei Katzen und drei Fische … So wurden nebenbei auch die Geschichten präsent gehalten (Zeit: ca. 20 min.).

Am Ende deckten wir immer den Tisch mit Geschirr und Servietten; die Kinder rührten die vorbereiteten Speisen weiter an und reichten bei Tisch untereinander mit freundlichen Worten das Essen weiter, nachdem wir uns immer zuvor die Hände gereicht und guten Appetit gewünscht hatten („Bitte nimm dir ein Stück Kuchen". „Möchtest du etwas von dem Früchtequark?", „Soll ich dir ein Brot mit Marmelade streichen?" usw.). (Zeit: ca. 15 min.).

7. Für die PRAXIS: Eine kleine Sammlung geeigneter Märchen in exemplarischer Auswahl, teils mit Empfehlungen, teils abgedruckt

7.1 Märchen

Es folgen abschließend Märchen aus dem internationalen Erzählschatz. Sie sollen nur als Impulse für eigene Entscheidungen dienen. Auswahlkriterien sind: überschaubarer Inhalt, Bildsprache, Länge und anregende Formulierungen. Bei den Grimmmärchen wird auf die sicher jedem zugängliche Sammlung der Kinder- und Hausmärchen (KHM) verwiesen – ohne Textabdruck, aber mit Kommentar. Die Märchen aus dem internationalen Erzählschatz, deren Akzent ich auf jene Länder lege, die immer wieder Herkunftsländern von Migranten unter den Hörern/Lernenden entsprechen, wollen exemplarisch Horizonte öffnen, um die TN zu ermutigen, weitere Geschichten aus diesen Ländern bzw. ihren Heimatländern zu erzählen.

Die zuerst genannten acht Märchen wurden den TN und ebenso Schulkindern erzählt; ihnen folgen in vollem Abdruck die Märchen, deren Auswahl im Rahmen des internationalen Erzählschatzes nach oben genannten Kriterien erfolgt. Die poetischen Sprachmodelle bleiben erhalten, manches ist gestrafft, der Gesamtton der Geschichte ist dem Original angeglichen, einzelne Begriffe wurden auch ersetzt oder erweiternd im Nebensatz erläutert. Der Inhalt sollte, wie bereits angemerkt, verständlich sein und in seiner Länge überschaubar bleiben, um beim Zuhören einen Hörgenuss zu gewährleisten, der die eigenen Bildkräfte bewegt und aus denen wieder Sprache und Sprechbereitschaft erwachsen können.

1. Rotkäppchen (Grimm, KHM 26):

Dieses Märchen aus der Grimmschen Sammlung ist gewiss jedem bekannt und jeder kann es erzählen oder vorlesen – in meinem Fall wurde es im 3d-Buch vertieft. Die Kinder waren allesamt vom Wolf fasziniert. Steigerung des Grausigen im Rededuell, Fressen, Retten, Wiederbeleben … gestenreich und mit Lustangst wurde bei Wiederholungen Eindrucksvolles verbalisiert. Wenn hier dialogisiert wird, kommen rasch fabulierte Szenen hinzu, die die Sprechfreude intuitiv beflügeln. Auffallend waren bei älteren Schülern hierzu Fabulate, für die sie eine ausgesprochen poetische Märchensprache verwendeten.

2. Der gestiefelte Kater (Grimm, KHM Anh.5 bzw. Charles Perrault)

Das Märchen befindet sich in vollständigen KHM-Ausgaben im Anhang. Alternativ und noch einprägsamer ist die Fassung von Charles Perrault: ‘Meister Hinz oder Der gestiefelte Kater’ (in: Charles Perrault: Feenmärchen aus alter Zeit. Verlag die Bibliothek München o. J.). Eine lesefreundliche Fassung hierzu in: Zitzlsperger,

Helga: 'Striezel, ein Katzenleben. Ein erzählendes Sachbuch über Leben und Verhalten von Katzen mit Mythen und Märcher'. (Schneider Verlag Hohengehren 2017).

Dieses Märchen hinterlässt bildstarke Eindrücke. Bald verstanden die Hörer beim Wiederholen auch die witzigen Szenen, die sich wie die ganze Geschichte theatralisch darstellen lässt. Den größten Spaß, auch beim 3d-Buch, hatten sie natürlich bei den Verwandlungsszenen, bei denen sie bald eigene Zaubersprüche und Ereignisse zu formulieren versuchten. Und was geschieht wohl, wenn man einen Zauberspruch für Elefanten spricht und es kommt dabei ein Krokodil heraus? Gesprächsanlässe gibt es genügend.

3. Der süße Brei (Grimm, KHM 103)

Auch dieses Märchen ist mit seiner eingliedrigen Überschaubarkeit rasch verständlich, die knappen Formeln und die bizarre Bildkraft prägen sich ein. Den Erwachsenen war bald der Gedanke an Überfluss und Verschwendung klar, die Kinder entzündeten ihre Phantasien an Gängen und Höhlen, durch die sie sich fressen wollten – das wurde nicht nur gemalt; manche versuchten mit ihren deutschen Wortfragmenten bereits theatralisch ihre Fressorgien geräuschvoll vorzuführen.

4. Die Bremer Stadtmusikanten (Grimm, KHM 27)

Sie fehlen in keiner der gängigen Grimmmärchen – Ausgaben. Zu den Tieren haben Kinder allerlei zu erzählen und die Räuber im Spiel in die Flucht zu schlagen, das verlockte stets zu spontanen Spiel- und Sprechaktionen. Wie sich die Tiere als Pyramide aneinander festhalten, beschäftigte einige Kinder, während die Erwachsenen ernst darauf eingingen, wie undankbar die Tiere behandelt wurden. Und: Die Pyramide bot wieder ein schönes Malmotiv! Wie bei allen Märchen war es ganz natürlich, dass sich im Spiel und Nacherzählen die Inhalte durch persönliche Gewichtungen (und ebenso durch die Merkfähgkeit und den Sprachstand) veränderten. Es ging bei allen Geschichten nicht um das genaue Nacherzählen, sondern um das Finden eigener Worte, mit denen sie sich an die Geschichte erinnerten. Das betrifft Schulkinder ebenso wie Kinder der Spielgruppe.

5. Der Froschkönig (Grimm, KHM 1)

Dieses weltbekannte Märchen nimmt in jeder Grimmmärchen-Sammlung eine prominente Stellung ein. Wir hatten ein Bilderbuch mit dem gesamten Text zur Verfügung. Die Begegnung mit einem Frosch löste amüsiertes Staunen aus und dessen Forderung, bei Tisch mit zu essen, fand bald verbale Resonanz; jeder hatte Verständnis für die Reaktion der Prinzessin. Manche Kinder erklärten auch, dass sie dann eben selber wie ein Frosch essen würden. Das bestand geräuschvoll aus Schmatzen und Schlürfen … Am klarsten reagierten sie da, wo die Prinzessin den Frosch an die Wand wirft – wen wundert es … Ich ließ der Überschaubarkeit halber den letzten

Teil der Geschichte vom eisernen Heinrich weg. Die klare Bilderfolge des Märchens – auch im Bilderbuch – hilft beim Erzählen, zumal die Froschfigur motiviert. Ein Mädchen brachte das nächste Mal ein Krönchen mit und spielte Prinzessin – zufällig hatte man auch im Kindergarten dieses Märchen erzählt – eine gute Ergänzung für uns. Interessant war zu beobachten, wie ausgefallene Begriffe wie Wasserpatscher, Spielwerk, Rat schaffen oder garstig usw. langsam aufgegriffen wurden. Erst umschrieb ich die Begriffe kurz, dann bot ich die Begriffe wie im Original. Hier vollzog sich wie in allen aufgeführten Märchen besonders bei den Kindern, was in 6.3.1 beschrieben und zitiert wurde: Dass die Zuhörer im 'Ozean der Worte' in ein Verstehen hineingleiten und sich ein sprachlich-inhaltliches Begreifen und dann Sprechen durch das Prinzip einer Selbstoptimierung und Selbstkorrektur vollziehen.

6. Fundevogel (Grimm, KHM 51)

Die Sprachbilder sind stark, zum Beispiel mit der befremdlichen Kindesaussetzung auf dem Baum, dem Kessel, in dem die Köchin den Fundevogel kochen will oder mit den Verwandlungsszenen; und die Figuren fesseln vom rettenden Förster über die Kinder und die Hexenköchin bis zu ihren Knechten. Die Gesamtstruktur gliedert den Handlungsverlauf rhythmisch auf. Das Geschwisterpaar, das sich gegenseitg hilft, wird von der hexenhaften, ambivalenten Köchin kontrastiert, die zur Meinungsbildung provoziert. Die magischen Verse prägen sich gut ein und Flucht und Verfolgung gehen trotz aller Dramatik gut aus, denn die verfolgten Geschwister halten zusammen. 'Fundevogel' ist zum Erzählen oder Vorlesen, Malen und Dialogisieren geeignet, auch wegen der unterschwelligen Botschaft, dass man größte Schwierigkeiten meistern kann, wenn man nur zusammenhält.

7. Die Bienenkönigin (Grimm, KHM 62)

Das Märchen enthält eine gute Botschaft: Wer die Natur respektiert, dem zeigt sie sich helfend. Wer sie ausbeutet, der versteinert – die Symbolik ist augenfällig, vertieft durch starke Bildszenen von Natur, Schloss, versteinerten Menschen, aufregenden Herausforderungen und Erlösung. Der zweifache Dreierrhythmus des Märchens formt sich auch in gedankliche Strukturen ein. Die mahnenden Worte des Jüngsten gegen seine rabiaten Büder sind Schlüsselmomente, die von den TN bei uns bald wörtlich mitgesprochen wurden; zugleich hatten die Kinder allerlei Fragen vor allem zu Ameisen und Bienen.

8. Frau Holle (Grimm, KHM 24)

Dieses Märchen ist ein 'Klassiker' unter den Grimmmärchen. Märchengerecht markant hier wieder: Die typischen Kontrastfiguren der beiden Marien und die dämonische Holle-Figur; dazu die grundethischen Werte von Fleiß, Gehorsam, Achtung vor Nahrungsmitteln gegenüber Faulheit und Nichtachtung. Geheimnisvoll wirkt der

Eintritt in eine Jenseitsdimension durch den Sturz in den Brunnen. Wo ist diese Unterwelt? In den Erzähl- und Spielstunden hörten die TN wie gewohnt das Märchen öfter, wodurch sich ihnen langsam der Inhalt erschloss. Rollenspiele und szenische Gestaltungen verlockten rasch zum Weiterfabulieren und zu spontanen Äußerungen, wobei immer wieder auch ganze Sätze oder Fragmente aus dem Märchen verwendet wurden.

Anmerkung: Alle Märchen der Grimms finden sich in leicht zu besorgenden Grimm-Märchenbüchern.

9. Die Geschichte vom dicken, fetten Pfannkuchen

(Märchen aus Norwegen von P. Ch. Asbjörnsen und J. Moe; vereinzelt etwas gekürzt)

Es war einmal eine Frau, die hatte sieben hungrige Kinder, für die sie einen Pfannkuchen backte. Ein dicker, fetter Pfannkuchen wurde das. Lecker und knusprig brutzelte er in der Pfanne. Die Kinder standen drumherum und der Großvater war auch dabei.

„Ach, gib mir ein Stückchen Pfannkuchen, Mutter, ich bin so hungrig", sagte das erste Kind. – „Ach ja, liebe Mutter", sagte das zweite. – „Ach ja, liebe kleine Mutter", sagte das dritte. – „Ach ja, liebe kleine, süße Mutter", sagte das vierte. – „Ach ja, liebe, kleine, süße, gute Mutter", sagte das fünfte. – „Ach ja, liebe, kleine, süße, gute, freundliche Mutter", sagte das sechste. – „Ach ja, liebe, kleine, süße, gute, freundliche, allerbeste Mutter", sagte das siebte. Alle baten artig um ein Stückchen Pfannkuchen, denn sie waren so hungrig und brav. „Gleich, liebe Kinder, wartet, bis ich ihn umgedreht habe. Dann bekommt ihr alle ein Stückchen Pfannkuchen", sagte die Mutter.

Als der Pfannkuchen das hörte, eschrak er und mit einemmal drehte er sich selber um. Als er auch da gebacken war, sprang er auf den Boden, rollte wie ein Rad zur Tür hinaus und den Weg hinunter.

„Hoho!", rief die Frau und lief hinterher, so schnell sie konnte. Die Kinder liefen ihr nach und der Großvater hinkte hinterdrein. Alle riefen durcheinander und wollten ihn fangen, aber der Pfannkuchen rollte und rollte und war sehr schnell. Bald konnten sie ihn nicht mehr sehen. Da begegnete ihm ein Mann. „Guten Tag, Pfannkuchen", sagte der. „Guten Tag, Mann-Pann", sagte der Pfannkuchen. Der Mann rief: „Roll doch nicht so schnell davon, warte ein bisschen, damit ich dich aufessen kann."

„Wenn ich der Frau-Kau, dem Großvater und sieben Schreihälsen davongelaufen bin, kann ich dir wohl auch davonlaufen, Mann-Pann", sagte der Pfannkuchen und rollte und rollte, bis er ein Huhn traf.

„Guten Tag, Pfannkuchen", sagte das Huhn. „Guten Tag, Huhn-Tun", sagte der Pfannkuchen. „Ach, lieber Pfannkuchen, roll doch nicht so schnell davon; warte ein bisschen, damit ich dich fressen kann", sagte das Huhn. „Wenn ich der Frau-Kau, dem Großvater, sieben Schreihälsen und dem Mann-Pann davongelaufen bin, kann ich dir wohl auch davonlaufen, Huhn-Tun“, sagte der Pfannkuchen und rollte wie ein Rad den Weg entlang.

Da begegnete er einem Hahn. „Guten Tag, Pfannkuchen“, sagte der Hahn. „Guten Tag, Hahn-Zahn“, sagte der Pfannkuchen. „Lieber Pfannkuchen, roll doch nicht so schnell davon, warte ein bisschen, damit ich dich fressen kann“, sagte der Hahn. „Wenn ich der Frau-Kau, dem Großvater, sieben Schreihälsen, dem Mann-Pann und dem Huhn–Tun davongelaufen bin, kann ich dir wohl auch davonlaufen, Hahn-Zahn“, sagte der Pfannkuchen und rollte und rollte, so schnell er konnte.

Da begegnete er einer Ente. „Guten Tag, Pfannkuchen“, sagte die Ente. „Guten Tag, Ente-Bente“, sagte der Pfannkuchen. „Ach, lieber Pfannkuchen, roll doch nicht so schnell davon. Warte ein bisschen , damit ich dich fressen kann“, sagte die Ente. „Wenn ich der Frau Kau, dem Großvater, sieben Schreihälsen, dem Mann-Pann, dem Huhn-Tun und dem Hahn-Zahn davongelaufen bin, kann ich wohl auch dir, Ente-Bente, davonlaufen“, sagte der Pfannkuchen und rollte und rollte, so schnell er konnte.

Da begegnete er einer Gans. „Guten Tag, Pfannkuchen“, sagte die Gans. „Guten Tag, Gans-Tanz“, sagte der Pfannkuchen. „Ach lieber Pfannkuchen, roll doch nicht so schnell davon, warte ein bisschen, damit ich dich fressen kann,“ sagte die Gans. „Wenn ich der Frau Kau, dem Großvater, sieben Schreihälsen, dem Mann-Pann, dem Huhn-Tun, dem Hahn-Zahn und der Ente-Bente davongelaufen bin, kann ich dir wohl auch davonlaufen, Gans-Tanz“, sagte der Pfannkuchen und rollte und rollte, so schnell er konnte.

Nachdem er weit gerollt war, begegnete er einem Ganter. „Guten Tag, Pfannkuchen“, sagte der Ganter. „Guten Tag, Ganter-Panther“, sagte der Pfannkuchen. „Ach lieber Pfannkuchen, roll doch nicht so schnell davon, warte ein bisschen, damit ich dich fressen kann“, sagte der Ganter. „Wenn ich Frau-Kau, dem Großvater, sieben Schreihälsen, dem Mann-Pann, dem Huhn-Tun, dem Hahn-Zahn, der Ente-Bente und der Gans-Tanz davongelaufen bin, kann ich dir wohl auch davonlaufen“, sagte der Pfannkuchen, und dann rollte und rollte er, so schnell er konnte.

Da begegnete er einem Schwein. „Guten Tag, Pfannkuchen“, sagte das Schwein. „Guten Tag, Schweineschmalz-Schnalz“, sagte der Pfannkuchen und rollte weiter, so schnell er konnte. „Warte ein bisschen“, sagte das Schwein, „du hast es doch sicher nicht eilig. Wir beide können in aller Ruhe miteinander durch den Wald gehen. Es soll darin nicht ganz geheuer sein.“

Da könnte etwas dran sein, dachte der Pfannkuchen, und so gingen sie miteinander in den Wald. Nach einer Weile kamen sie an einen Bach. Für das Schwein war es ganz leicht, den Bach zu überqueren, denn es konnte auf seinem Speck schwimmen. Aber der Pfannkuchen konnte nicht schwimmen.

„Setz dich auf meine Schnauze“, sagte das Schwein. „Dann bringe ich dich hinüber“. Das tat der Pfannkuchen. Aber …

„Nöff-nöff", machte das Schwein und verschluckte den Pfannkuchen mit einem Haps. Und weil der Pfannkuchen nicht weiterrollen konnte, ist die Geschichte jetzt zu Ende.

Anmerkung: Der Text ist einem Bilderbuch mit dem entsprechenden Märchentitel entnommen: Text nach Asbjörnsen und J. Moe von Anine Rud, Bilder von Svend Otto S. Verlag Friedrich Oetinger, Hamburg. Das Reihenmärchen bietet Bilder wie in einem Filmablauf, dabei prägen sich die Satzmodelle durch die häufigen Wiederholungen gut ein.

10. Die Rübe

(Märchen aus Russland, von der Verf. etwas vereinfacht):

Vater hat ein Rübchen gesteckt und spricht: „Wachse, mein Rübchen, wachse, werde süß und groß!" Das Rübchen ist herangewachsen, es ist groß und süß. Der Vater will das Rübchen herausziehen. Er zieht und zieht – aber die Rübe geht nicht heraus.

Da ruft der Vater die Mutter. Die Mutter zieht den Vater, der Vater zieht die Rübe, aber die Rübe geht nicht heraus.

Da ruft die Mutter das Kind. Das Kind zieht die Mutter, die Mutter zieht den Vater, der Vater zieht die Rübe, aber die Rüber geht nicht heraus.

Da ruft das Kind den Hund. Der Hund zieht das Kind, das Kind zieht die Mutter, die Mutter zieht den Vater, der Vater zieht die Rübe, aber die Rübe geht nicht heraus.

Da ruft der Hund die Katze. Die Katze zieht den Hund, der Hund zieht das Kind, das Kind zieht die Mutter, die Mutter zieht den Vater, der Vater zieht die Rübe, aber die Rübe geht nicht heraus.

Da ruft die Katze das Mäuschen. Das Mäuschen zieht die Katze, die Katze zieht den Hund, der Hund zieht das Kind, das Kind zieht die Mutter, die Mutter zieht den Vater, der Vater zieht die Rübe, und

hoppla! – die Rüber geht heraus!

In: Märchen aus Russland. Hgeg. und bearbeitet von Alexei N. Tolstoi, in Fischer Tb 1631, S. 9–10. Originalquelle: Die Rübe. In: A.N. Afanasjew: Russische Volksmärchen, dtv klassik, Bd. 1, S. 90/91).

Anmerkung:'Das Rübchen' wurde bei den TN ein Lieblingsmärchen. Wir malten stilisiert die Reihenfolge der Figuren. Zur Vereinfachung hatte ich Großvater und Großmutter durch Vater und Mutter ersetzt, dazu einige Personalpronomen durch entsprechende Nomen. Während sich einige Erwachsene die wechselnden Artikel und Akkusativendungen bewusst einprägen mussten, (man beachte: **der** Vater … **die** Rübe; **die** Mutter **…** **den** Vater; **das** Kind …**die** Mutter; **der** Hund… **das** Kind; usw.) formulierten die Kinder nach Gefühl ohne Grammatikkenntnis, aber richtig die Sätze und fügten noch Igel und Mücke hinzu. Die sich wiederholenden Sätze zu sprechen löste regelrechtes Vergnügen aus. (s. Abb. 7).

11. Das goldene Fischchen

(Märchen aus Russland, nacherzählt)

Mitten im Meer, mitten im Ozean, lag die Insel Bujan und darauf stand eine kleine, elende Hütte. In dieser Hütte lebten ein Mann und seine Frau in großer Armut. Da knüpfte der Mann ein Netz, ging ans Meer zum Fischen und von dem, was er fischte, lebten die beiden. Eines Tages zog er sein Netz heraus, das sehr schwer war, obwohl er nichts gefangen hatte. Nur ein kleiner Fisch lag darin, aber der war ganz aus Gold. Da flehte das Fischchen mit menschlicher Stimme: „Guter Alter, lass mich zurück ins blaue Meer. Ich werde es dir danken: Was du dir wünschst, soll in Erfüllung gehen“. Der Alte überlegte hin und her, aber ihm fiel nichts ein. „Geh nur und tummle dich im Meer“, sagte er und warf das goldene Fischchen ins Wasser zurück.

Als er heimkam, erzählte er der Alten die Geschichte und meinte: „Ich hatte Mitleid mit dem Fisch und wollte kein Lösegeld. Ich habe mir nichts gewünscht und ließ ihn einfach frei.“ Da wütete die Alte und beschimpfte den Mann und nannte ihn einen alten Esel. „Da hattest du das Glück in der Hand und konntest nichts damit anfangen! Hättest du doch wenigstens von ihm Brot verlangt!“

Der Alte hielt das Geschimpfe nicht aus und ging ans Meer zurück. Er rief mit lauter Stimme: „Fischchen, Fischchen! Stell dich mit dem Schwanz zum Meer und mit dem Kopf zu mir!“ Das Fischchen kam und fragte: „Was wünschst du dir?“ „Meine Alte schickt mich nach Brot.“ „Geh nur heim, ihr werdet genug Brot haben“, sagte das Fischchen.

Daheim fragte der Alte: „Nun, haben wir Brot genug?“ „Ja,“ jammerte die Alte, „aber es gibt neues Unglück. Der Waschtrog ist gesprungen. Geh zum goldenen Fischchen und bitte um einen neuen Waschtrog“. Der Alte kam zum Meer und rief: „Fischchen, Fischchen! Stell dich mit dem Schwanz zum Meer und mit dem Kopf zu mir!“ Das Fischchen kam und fragte: „Was wünschst du dir?“ „Die Alte hat mich geschickt, sie braucht einen neuen Waschtrog.“ „Gut, ihr werdet auch einen neuen Waschtrog haben“, sagte das Fischchen.

Der Alte ging heim, aber die Alte fiel schon an der Haustüre über ihn her und rief: „Geh gleich zum goldenen Fischchen. Es soll uns ein neues Haus bauen. Unsere alte Hütte kann jeden Tag zusammenbrechen!“ Der Alte ging und rief am Meer wieder: „ Fischchen, Fischchen, stell dich mit dem Schwanz zum Meer und mit dem Kopf zu mir!“ Das Fischchen kam und fragte nach seinen Wünschen. „Bau uns ein neues Haus, die Alte schimpft immerfort. Sie will in der alten Hütte nicht mehr leben.“ „Gräme dich nicht, Alter. Geh nach Hause, bete zu Gott, alles wird nach deinem Wunsch geschehen“, sagte das Fischchen.

Als er heim kam, stand da ein neues Haus aus Eichenstämmen und mit Schnitzwerk verziert. Aber schon kam die Alte und schimpfte noch zorniger als vorher: „Du alter Köter, du bist zu dumm, um mit deinem Glück etwas anzufangen. Geh zum goldenen Fischchen zurück und sag, dass ich nicht mehr Bäurin sein will, sondern Woiwodin*. Alle Leute sollen mir gehorchen und sich bis zum Gürtel verbeugen, wenn sie mir begegnen.“

Der Alte ging zum Meer und rief: „Fischchen Fichchen! Stell dich mit dem Schwanz zum Meer und mit dem Kopf zu mir.“ „Was wünschst du, Alter?“ „Ach, meine Alte ist ganz närrisch geworden und lässt mir keine Ruhe. Sie will jetzt Woiwodin sein.“ „Es ist gut, gräme dich nicht. Geh nach Hause und bete zu Gott, alles wird nach deinem Wunsch geschehen.“

Der Alte kehrte zurück. An Stelle des Bauernhauses stand da ein gemauertes Haus, drei Stockwerke hoch. Diener rannten über den Hof und seine Alte saß in einem kostbaren Brokatkleid in einem hohen Sessel und gab Befehle. Als der Alte „Guten Tag, Frau“ sagte, schrie sie: „ Du ungehobelter Tölpel, du wagst es, mich, die Woiwodin, als deine Frau anzusprechen? Diener, packt diesen Mann, sperrt ihn in den Pferdestall und peitscht ihn aus!“ Das war sehr schlimm und dann musste er Hausknecht sein und mit einem Reisigbesen von morgens bis abends den Hof fegen. „Diese Hexe!“, dachte der Alte. „Nun hat sie Glück, wühlt sich aber darin ein wie ein Schwein und will mich nicht mehr als ihren Mann anerkennen!“

Über kurz oder lang hatte die Frau das Leben als Woiwodin satt. Sie ließ den Alten kommen und befahl: „Geh zm goldenen Fischchen, du alter Esel, und sag ihm: Ich will Zarin sein.“ Der Alte ging zum Meer. „Fischchen, Fischchen, stell dich mit dem Schwanz zum Meer und mit dem Kopf zu mir!“ Das goldenen Fischchen kam geschwommen. „Was wünschst du Dir, Alter? „Meine Alte ist noch närrischer geworden. Jetzt will sie Zarin sein!“ „Gräme dich nicht! Geh nach Hause, und bete zu Gott, alles wird nach deinem Wunsch geschehen.“

Als er heim kam, stand da ein Palast mit einem goldenen Dach und rundherum Soldaten als Wächter. Hinter dem Palasr lag ein großer Garten und vor dem Haus eine grüne Wiese. Darauf stand das Heer. Die Alte hatte Zarengewänder an, trat auf den Balkon, umgeben von Generälen und Bojaren und sah der Parade zu. Die Trommeln trommelten, die Musik spielte und die Soldaten schrien „Hurra!“.

Bald wollte die Alte nicht mehr Zarin sein. Sie befahl, den Alten zu suchen und vor ihre hellen Augen zu bringen. Alle suchten ihn aufgeregt und fanden ihn endlich auf dem hintersten Viehhof. „Höre, du alter Esel“, sagte sie zu ihm, „geh zum goldenen Fischchen und sag ihm, dass ich nicht mehr Zarin sein will. Ich will die Herrin der Meere sein, und alle Gewässer und alle Fische sollen mir gehorchen.“ Der Alte wollte ihr das ausreden; umsonst. „Du willst nicht gehen? Kopf ab!“ rief sie. Da ging er ganz zaghaft wieder ans Meer und rief: „Fischchen, Fischchen! Stell dich mit dem Schwanz zum Meer und mit dem Kopf zu mir.“ Aber der Fisch kam nicht. Der Alte rief abermals – umsonst. Er rief zm dritten Mal. Da begann das Meer zu rauschen und zu wogen und es wurde tief dunkel. Das Fischchen kam zum Ufer geschwommen. „Was willst du, Alter?“ „Die Alte ist noch närrischer geworden. Jetzt will sie Herrin der Meere sein. Sie will Macht haben über alle Gewässer und alle Fische sollen ihr zu Diensten sein.“

Nichts antwortete das goldene Fischchen, nichts. Stumm machte es kehrt und verschwand in der Tiefe des Meers. Der Alte ging heim, aber dort wollte er seinen Augen nicht trauen: Der Palast war verschwunden. Statt dessen stand da eine kleine elende Hütte und darin saß die Alte mit ihrem zerlumpten Rock. Nun lebten sie wie vorher. Der Alte ging fischen, aber wie oft er auch das Netz auswarf – ein goldenes Fischchen fing er nie wieder.

In: A.N. Afanasjew: Russische Volksmärchen. Dtv klassik, 1987, Bd. 1, S. 77–81)

Anmerkung: Nach diesem urwüchsigen Märchen lohnt es sich, Grimms Märchen '**Vom Fischer und seiner Frau**' zu hören (allerdings übersetzt, da KHM 19 im Dialekt steht). Das russische Märchen eignet sich für die zit. Lerngruppen gut wegen des bildstarken Inhalts, der aufreihenden Steigerung der Wünsche, der wörtlichen Reden und der Wiederholungen als Sprachmodelle.

*Woiwodin: slawische Bezeichnung in den öslichen und südöstlichen Ländern, früher für einen Heerführer im Adelsrang. Der Begriff bezeichnet verschiedene Funktionen, u.a. als Militärtitel mit entspr. Verwaltungsfunktionen.

12. Der Fuchs und der Krebs

(Märchen aus Russland, minimal ergänzt)

Der Fuchs und der Krebs standen beieinander und redeten. Der Fuchs sagte zum Krebs: „Wir wollen um die Wette laufen!" Der Krebs antwortete: „Warum nicht! Lass uns um die Wette laufen!"

Da liefen sie um die Wette. Bevor der Fuchs loslief, hängte sich der Krebs dem Fuchs an den Schwanz. Der Fuchs war schnell am Ziel angelangt, aber der Krebs blieb immer noch an seinem Schwanz hängen. Der Fuchs drehte sich um, um nach dem Krebs Ausschau zu halten, der Schwanz machte einen Bogen und hing nun über der Ziellinie. Da ließ sich der Krebs fallen und sagte: „Ich warte hier schon lange auf dich!"

In: A.N. Afanasjew: Russische Volksmärchen, dtv klassik 1987, Bd. 1, S. 33.

Anmerkung: Ich hatte zuerst '**Der Hase und der Igel**' frei erzählt. Bei den Grimms steht das Märchen unter KHM 187 im Dialekt; ins Schriftdeutsche übersetzt gibt es das Märchen auch in illustrierten Büchern. Es stellte sich heraus, dass die TN mit der russischen Variante wegen seiner Prägnanz schneller zurecht kamen, zumal die Geschichte nicht tödlich endet, sondern Witz und Verstand angesprochen sind.

13. Klein Marja

(Märchen aus Russland)

Klein Marja hatte als Kind Vater und Mutter verloren. Sie wuchs bei anderen Leuten auf, ohne Gottes schöne Welt zu sehen: Sie musste sie bedienen und hinter ihnen aufräumen und für alle und an allem schuld sein.

Ihre Herrin hatte drei erwachsene Töchter. Die Älteste hieß Einäuglein, die Mittlere Zweiäuglein und die Jüngste Dreiäuglein; die brauchten nichts zu tun, als vor dem Tor zu sitzen und auf die Straße zu schauen. Und Klein Marja arbeitete für sie, nähte ihre Kleider; spann und webte für sie, hörte aber von ihnen nie ein freundliches Wort. Und das ist das Schlimmste – es ist einer da, der dich stößt und tritt, aber es ist keiner da, der dich grüßt und lobt!

Als es einmal gar zu schlimm wurde, ging Klein Marja aufs Feld hinaus, umarmte ihre scheckige Kuh, schmiegte sich an ihren Hals und erzählte ihr, wie schwer sie es habe. „Mütterchen Kuh, sie schlagen mich, sie tadeln mich, sie gönnen mir kein Stück Brot und dulden nicht, wenn ich weine. Bis morgen muss ich fünf *Pud Flachs spinnen, weben, bleichen und das Leinen aufrollen.“ Da antwortete die Kuh: „Mein schönes Mädchen, krieche mir in das eine Ohr hinein und zum anderen heraus – alles wird getan sein.“ Und so geschah es auch. Als das schöne Mädchen aus dem Ohr herauskroch, war alles getan, es war gesponnen, gewebt, gebleicht und aufgerollt.

Sie brachte das Leinen zur Stiefmutter. Die prüfte die Arbeit, hüstelte nur, legte die Leinwand in die Truhe und trug Klein Marja noch mehr Arbeit auf. Und so geschah es von nun an immer: Marja ging zum Kühlein, umarmte und streichelte es, schlüpfte zum einen Ohr hinein, zum anderen heraus, nahm die fertige Arbeit mit und brachte sie der Frau.

Die Frau wunderte sich, rief Einäuglein und sprach zu ihr: „Mein gutes Kind, mein schönes Kind, geh hin und pass auf, wer der Waise hilft; wer webt, wer spinnt, wer rollt für sie das Leinen auf?“ Einäuglein ging mit der Waise aufs Feld und vergaß, was die Mutter ihr aufgetragen hatte. Sie streckte sich im weichen Gras aus und sonnte sich. Marja sang dazu: „Schlaf, Äuglein, schlaf Äuglein!“ Da schlief Einäuglein ein, und solange es schlief, konnte die Kuh spinnen, weben, bleichen und das Leinen rollen. So hatte die Frau nichts erfahren und schickte ihre zweite Tochter, das Zweiäuglein, und sprach: „Mein gutes Kind, mein schönes Kind, geh hin und pass auf, wer der Waise hilft.“ Aber auch Zweiäuglein wurde es in der Sonne warm. Sie streckte sich im weichen Gras aus und vergaß den Befehl der Mutter. Marja sang sie in den Schlaf: „Schlaft, Äugelein, schlaft beide ein!“ Zweiäuglein schlief ein und die Kuh webte, bleichte und rollte die Leinwand auf.

Nun wurde die Frau ärgerlich und schickte am dritten Tag ihre dritte Tochter – das Dreiäuglein. Der Waise gab sie aber noch mehr Arbeit auf. Dreiäuglein erging es nicht anders als ihren Schwestern; sie legte sich ins weiche Gras und sonnte sich. Marja aber sang: „Schlaf, Äuglein, schlaf, zweites Äuglein, schlaf!“ Das dritte Äuglein vergaß sie. Zwei Äuglein schliefen ein, aber das dritte sah alles: Wie Marja dem Kühlein zu einem Ohr hinein- und zum anderen wieder herausschlüpfte und wie sie danach die fertigen Leinwandrollen einsammelte.

Dreiäuglein kehrte nach Hause zurück und berichtete ihrer Mutter alles, was sie beobachtet hatte. Die Frau frohlockte und verlangte gleich am nächsten Tag von ihrem Mann: „Schlachte die buntscheckige Kuh!“ Der Alte wollte aber nicht: „Geh, Alte, bist du von Sinnen! Die Kuh ist jung, die Kuh ist gut!“ Sie aber rief: „Ich will nichts hören! Schlachte sie!“ Da blieb dem Mann nichts übrig und er fing an, sein Messer zu schärfen.

Marja hörte von alledem, lief zur Kuh, umarmte sie und sprach: Mein Kühlein, mein Mütterlein, sie wollen dich schlachten!“ Die Kuh antwortete: „Iss nicht von meinem Fleische, schönes Mädchen, sammle meine Knochen ein, tu sie in in ein Tüchlein, grabe sie im Garten ein, begieße sie jeden Morgen mit frischem Wasser und vergiß mich nicht!“ Und als die Kuh geschlachtet war, tat Marja, was die Kuh sie geheißen hatte; sie litt Hunger, aber sie rührte das Fleisch nicht an. Sie begoss jeden Tag die Knochen im Garten und eines Tage wuchs daraus ein Apfelbaum – und was für einer! Die Zweige waren von Silber und die Blätter von Gold. Über und über hing er voll herrlicher Äpfel. Wer vorüberfuhr, hielt an, wer vorüberging, blieb stehen und bewunderte den Baum.

Eines Tages waren die drei Mädchen im Garten, da fuhr ein wackerer Herr übers Feld, der war reich und jung und hatte den Kopf voller Locken. Der sprach zu den Mädchen: „Schöne Mädchen, wer von euch mir ein Äpfelchen pflückt, die werde ich heiraten!" Da eilten die Schwestern zum Apfelbaum. Die Äpfel hingen sonst immer ganz tief, bequem mit der Hand zu erreichen. Aber plötzlich bogen sich die Zweige in die Höhe und die Äpfel schwebten über ihren Köpfen. Die Schwestern wollten die Äpfel herunterschlagen, da fielen ihnen die Blätter in die Augen. Sie wollten sie abpflücken, aber die Zweige zerzausten ihnen die Zöpfe. Wie sehr sie sich auch mühten, sich reckten und streckten, sie zerkratzten sich nur die Hände und Arme, aber einen Apfel konnten sie nicht pflücken.

Da kam Marja heran. Die Zweige neigten sich ihr zu, die Äpfel senkten sich nieder. Sie reichte einen davon dem Mann, der heiratete sie. Von Stund an lebte Marja in Wohlstand, sie lebte fortan glücklich und zufrieden und kannte kein Unglück mehr.

Zur Quelle: Es gibt verschiedene Varianten dieses Märchens von Afanasjew. Der vorliegende Text bedient sich teils einer Vorlage von Brigitta Schieder (Erzähl mir doch ein Märchen. Don Bosco 1998, S. 121–123), teils von Alexei Tolstoi (Hg. und Bearbeiter von Märchen aus Russland. Fischer Tb 1631, S. 123–126). Hier heißt klein Marja im Original Chawroschetschka.

Anmerkung: Klein Marja hat Ähnlichkeit mit dem Grimmmärchen „Einäuglein, Zweiäuglein und Dreiäuglein" (KHM 130). Das Märchen löste besonders unter älteren Schülern durch die plastischen Bilder, die Ein- und Dreiäugigkeit, die Ungerechtigkeit, aber auch durch Marjas letztendliches, geradzu lässig dargestelltes Glück eine hohe Resonanz mit vielen kreativen und künstlerischen Aktionen aus (z. B. Szenarien in Holz- und Kartongehäusen, mit Beleuchtung, Möbeln, Figuren, Kuh usw., mit Bericht als Radiomeldung, Speisekarten, Fenstertransparenten, Elfchen und Haiku). Die versuchsweise Deutung der symbolhaften ein, zwei und drei Augen der Töchter verlockt zu Gesprächen und zur Beschäftigung mit Wesenseigenschaften.

*Pud ist ein russisches Gewichtsmaß (1 Pud = etwa 40 Pfund, unterschiedlich festgelegt je nach der Ware).

14. Die starken Zwillingsbrüder

(Märchen aus Polen, nacherzählt)

Die Frau eines Jägers ging zum Beerensammeln und verirrte sich dabei im tiefen Wald. Alleine, wie sie war, brachte sie dort kräftige Zwillinge zur Welt, danach starb sie.

Eine Wölfin und eine Bärin kümmerten sich um die Kinder; da wuchsen die Brüder zu starken Jünglingen heran. Der eine hieß Waligura. Das heißt, dass er Berge umwälzen konnte. Der andere hieß Wyrwidomb. Das heißt, dass er Eichen ohne Mühe ausreißen konnte. Die Brüder liebten einander und als sie erwachsen waren, beschlossen sie, auf Wanderschaft zu gehen, um die weite Welt kennenzulernen.

Zwei Tage dauerte es, bis sie aus dem finsteren Wald heraus waren, dann fanden sie einen Weg, der rechts und links von einer hohen Felswand abgeschlossen war. Plötzlich versperrte ein hoher Felsen den Weg. Da stemmte sich Waligura dagegen, so dass der Fels umfiel, und dann schob er ihn noch eine halbe Meile weiter. Nun war der Weg wieder frei. Am Ende lag ein freies Land.

Am nächsten Tag gerieten sie in eine Schlucht, die von einer mächtigen Eiche versperrt war. Da packte Wyrwidomb den gewaltigen Baum, riss ihn samt der Wurzel aus, trug ihn noch durch die ganze Schlucht und warf ihn dann in einen Fluss. Am Abend setzten sie sich nieder, denn nun brannten ihnen doch die Füße vom langen Wandern. Da erlebten sie etwas Seltsames: Aus der Ferne kam ein Männlein auf sie zugerannt, aber so schnell, dass sein Lauf dem Flug eines Vogels gleichkam. Und schon war es da! Es lächelte die Brüder freundlich an und sagte: „Ich sehe wohl, dass ihr müde seid. Wenn es euch recht ist, trage ich euch überall hin, wo ihr sein wollt."

Bei diesen Worten breitete das Männlein einen schönen, bunten Teppich aus, ließ sich darauf nieder und sagte einladend: „Nehmt Platz an meiner Seite!" Und kaum saßen die beiden Brüder rechts und links vom Männlein darauf, da klatschte es in die Hände, der Teppich erhob sich in die Lüfte und trug sie wie ein stolzer, großer Vogel dahin über das grüne Land.

Das Männlein lachte und sagte: „Nicht wahr, ihr wundert euch über den Teppich und sicher auch, dass ich so schnell bei euch war. Schaut, hier habe ich Zauberschuhe, die sich jeder Fußgröße anpassen. Wer sie anhat, den tragen sie bei einem einzigen Schritt eine ganze Meile vorwärts, bei jedem Sprung sogar zwei Meilen!" Da begannen die beiden, dem Männlein zu schmeicheln. Zu gerne hätte jeder von ihnen einen Stiefel gehabt, und da das Männlei ein weiches Herz hatte, gab es seine Wunderschuhe den beiden ab. Der Teppich trug die drei bis in die Nähe einer großen Stadt. Dort setzte das Männlein die Zwillinge ab und sagte: „Lebt nun wohl und fürchtet euch vor nichts. Dem Mutigen gehört die Welt!"

Die Stadt war sehr schön, aber bald erfuhren die Brüder von dem Unglück, das ständig über der Stadt schwebte. Vor den Toren der Stadt hauste ein blutrünstiger Drache, der den Menschen auflauerte und sie auffraß. Eben hatte der König verkündet, dass derjenige, der das Ungeheuer besiege, eine seiner beiden Töchter heiraten dürfe. Da ließen sich die beiden beim Herrscher melden und erklärten sich bereit, den Drachen zu besiegen. Der Herrscher war sogleich einverstanden. Den Weg zur Drachenhöhle erklärte man ihnen, mehr nicht, denn niemand getraute sich in die Nähe des schrecklichen Ungeheuers.

Die beiden hatten eben die Hälfte des Weges zurückgelegt, da stand das Männlein vor ihnen. „Ihr seid sehr tapfer", sagte es, „aber es ist besser, ihr zieht die Zauberschuhe an. Sie könnten eure Rettung sein, wenn das Scheusal plötzlich schneller aus der Höhle springt als ihr vermutet."

Waligura und Wyrwidomb dankten für den Rat und jeder zog seinen Stiefel an. An der Höhle kletterte Waligura hoch und stemmte sich gegen den mächtigen Felsblock, der das Höhlendach bildete. Sein Bruder wollte das Untier inzwischen mit einer riesigen Eiche erschlagen. Als das Untier plötzlich heraussprang, wich er zum Glück zwei Schritte rasch beiseite und damit stand er zwei Meilen von dem Drachen entfernt. Als dieser seinen Gegner nicht mehr sah, wendete er sich zur Höhle, wo Waligura am Felsendach rüttelte, dessen Felsblock sich jetzt löste und den Waligura auf das riesige Reptil schleuderte. Der Felsen fiel auf den Drachenschwanz und nagelte ihn fest. Das ging ganz schnell und Waligura sprang zur Seite – da stand er plötzlich zwei Meilen weiter neben seinem Bruder. Nun traten sie Hand in Hand wieder zwei Schritte seitwärts und standen erneut vor der Höhle. Dort erschlugen sie den Drachen endgültig.

Der König war hoch erfreut und gab den starken Brüdern seine beiden schönen Töchter zur Frau. Und als er starb, teilten sich die Zwillinge ohne Streit das Königreich, lebten glücklich und regierten weise.

In: Das große UNICEF-Märchenbuch – Märchen aus aller Welt. Ellermann Verlag 1996, S. 162–166.

Anmerkung: Die geradlinige Erfolgskarriere ohne Ränkeschmieden wirkt ermutigend. Sie bietet Kindern mit Figuren wie denen der starken Zwillinge, des Männleins als Helferfigur und des dankbaren Königs problemlose Identifikationsfiguren. Attraktiv wirkt immer auch ein Drache. Dabei sind die Sprachbilder märchenhaft plastisch.

15. Die Nachtschwärmerin

(serbokroatisch; nacherzählt)

Es war einmal ein Zar, der hatte eine sehr schöne Tochter, die jede Nacht ein Kleid und ein paar Schuhe verdarb. Er fragte die Dienerinnen, woher das käme, aber die wussten es nicht. Da ließ er eine Wache vor der Schlafzimmertür seiner Tochter aufpassen. Das half jedoch auch nichts – jeden Morgen war die Kleidung der Zarentochter zerrissen.

Da wurde der Zar zornig, schickte Boten aus und ließ seinem Volk verkünden: Der Mann, der ihm sagen könne, wohin des Zaren Tochter gehe und wie sie ihre Kleider zerreiße, der bekomme sie zur Frau. Da meldeten sich viele tapfere Burschen, aber keiner bekam heraus, wohin sie nachts spurlos verschwand, nachdem sie sich abends schön angezogen hatte. Am nächsten Morgen befand sie sich wieder in zerrissener Kleidung in ihrem Gemach.

Endlich machte sich auch ein armer Bursche auf den Weg zum Zaren. Unterwegs traf er drei Brüder, die sich stritten und drauf und dran waren, sich bis aufs Blut zu schlagen. Er fragte sie, was denn los sei, aber sie meinten, er könne ihnen doch nicht helfen. „Dann sagt mir, um was ihr euch schlagt“, sagte der Bursche und da erzählten die drei, sie hätten nach dem Tod ihres Vaters drei wertvolle Dinge geerbt: Erstens einen kleinen Teppich, der einen hinbringe, wohin mal wolle. Zweitens eine Kappe, wenn man die auf den Kopf setze, könne niemand einen sehen. Drittens einen Stock, der Stein und Eisen zerschlage.

Da sagte der Bursche: „Ich kann euch bestimmt beim Aufteilen helfen. Geht da drüben auf den Hügel. Wenn ich meine Hand hebe, rennt ihr los und wer zuerst bei mir ist, dem gebe ich den Teppich, dem zweiten die Kappe und dem dritten den Stock."

Die Brüder berieten sich eine Weile, aber dann waren sie einverstanden. Sie übergaben dem Burschen ihr Erbe und liefen zum Hügel. Aber kaum waren sie fort, da setzte der Bursche geschwind die Kappe auf, setzte sich auf den Teppich, nahm den Stock in die Hand und wünschte sich in den Zarenpalast. Vor dem Palast nahm er die Kappe wieder ab, wickelte sie in den Teppich, nahm den Stock und trat vor den Zaren, der ihm gerne die Erlaubnis gab, seine Tochte zu bewachen.

Am Abend, als sich alles am Hof zur Ruhe begeben hatte, setzte er seine Kappe auf und begann, unsichtbar vor der Tür der Zarentochter aufzupassen und zu horchen. Irgendwann öffnete sich leise, leise die Tür, die Zarentochter in einem glitzernden Kleid spähte vorsichtig heraus, sah niemanden, trat über die Schwelle und ging dann unhörbar wie ein Schatten durch den Palast ins Freie. Niemand beobachtete sie, nur der unsichtbare Bursche, der sich rasch auf den Teppich setzte, seinen Stock packte und sich wünschte, bei der Zarentochter zu sein.

Lange Zeit zogen sie geräuschlos hintereinander her, bis sie zu einer schönen Wiese kamen. Da sprach sie: „Gras, mach Platz, dass ich durchkann." Das Gras rückte auseinander, sie ging hindurch und der Bursche hinterher. Dabei pflückte er etwas von dem Gras ab und steckte es in seine Jackentasche. Da sprach das Gras: „Bis jetzt bist du durchgegangen, Zarentochter, und hast uns keinen Schaden getan." Die Zarentochter wunderte sich, was das bedeuten sollte und sah sich um, erkannte aber niemanden.

Bald kam sie in einen wunderschönen Garten mit Bäumen voller Früchte aus Gold und Edelsteinen. Da rief die Zarentochter: „Macht Platz, ihr Bäume, dass ich durchkann." Sogleich rückten die Bäume zur Seite und ließen einen Pfad frei. Der Bursche blieb hinter ihr, pflückte dabei ein paar goldene Früchte ab und steckte sie in seine Jacke. Da sprachen die Bäume: „Bis jetzt bist du durchgegangen, Zarentochter, und hast uns keinen Schaden getan." Wieder wunderte sich die Zarentochten und sah sich um, gewahrte aber keine lebendige Seele und ging weiter.

Bald darauf kam sie ans Meer und sprach: „Mach Platz, Meer, dass ich durchkann." Das Wasser wich sogleich auseinander, die Zarentochter ging mitten hindurch wie auf trockenem Land – und der Bursche immer hinter ihr her. Da sah er auf dem Grund schöne Perlmuscheln und nahm sich einige Perlen daraus mit. Da sprach das Meer: "Bis jetzt bist du durchgegangen, Zarentochter und hast uns keinen Schaden getan." Da fuhr die Zarentocher voller Schrecken zusammen und dachte, was das wohl bedeuten sollte, da sie doch nichts getan hatte. Sie sah sich um, entdeckte niemanden und beruhigte sich wieder.

Nun kam sie ans Ufer. In seinem Gefilde stand ein hoher Apfelbaum und an seiner Wurzel lag eine Steinplatte. Die Zarentochter klopfte dreimal mit ihrem Schuh auf die Platte, die sich hob und einen unterirdischen Gang freilegte. Die Platte schloss sich wieder, aber der Bursche nahm seinen Stock und schlug sie auf. Er stieg hinab und folgte weiter der Zarentochter.

Da gab es wundersame Dinge zu sehen: Paläste, Zimmer und Säle fügten sich unübersehbar aneinander und schimmerten von Gold und Edelsteinen; Leuchter erhellten wie die Sonne die Paläste, alles glänzte und funkelte. Ein Palast war voll mit Vilen, menschlichen Wesen der Unterwelt, und ihren Genossen. Diener eilten beflügelt hin und her und bedienten die zahlreichen Gäste, die von goldenem Geschirr die reichen Speisen und Getränke genossen. Da griff auch der Bursche hungrig zu, aß in Mengen von den köstlichen Speisen und trank vom funkelnden Rotwein. Die Gäste wunderten sich, als vor ihren Augen einfach die Speisen verschwanden und ebenso goldenes Geschirr, das der unsichtbare Bursche einsteckte!

Inzwischen saß die Zarentochter mit einem schönen Jüngling, dem Sohn des Vilenzaren, in einer Ecke. Die beiden scherzten und lachten voller Zuneigung miteinander.

Da erscholl von irgendwoher ein himmlisches Flötenspiel. Alle standen auf und folgten dem Klang. Auch die Zarenochte und ihr Geliebter folgten und hinter ihnen wie immer der arme Bursche. Sie kamen in einen riesigen Saal mit Säulen aus Elfenbein; darüber erhob sich ein Gewölbe wie der Himmel und dort leuchtete eine Sonne, umgeben von Mond und Sternen. Die Flöte ertönte, als wenn Engel des Himmels spielten und nun begannen alle danach zu tanzen. Der Vilenreigen begann langsam, wurde dann immer schneller und schneller. Es war, als ob die Tänzer über dem Boden schwebten. Nun wurde die Musik auch immer heftiger, die Tänzer sprangen wie verrückt umher, der Zarentochter platzte das Kleid, das nur noch in Fetzen hing, und ihre Schuhe gingen in Stücke.

So ging der Tanz weiter, bis die ersten Hähne krähten. Die Flöte verstummte, die Vilen und ihre Genossen verließen den Saal und verschwanden. Auch die Zarentochter ging, begleitet von ihrem Tänzer. Im Gang umarmten und küssten sie sich noch einmal zum Abschied. Dann trat sie ins Freie. Unsichtbar gefolgt von dem armen Burschen, kehrte sie in den Palast ihres Vaters, des Zaren, zurück. Ungesehen ging sie in ihr Zimmer und legte sich mitsamt ihren zerfetzten Kleidern und Schuhen todmüde ins Bett; der Bursche aber nahm die Kappe ab, wickelte sie in den Teppich und setzte sich mitsamt dem Stock vor die Türe, als ob er die ganze Nacht dort zur Wache gesessen hätte.

Am nächsten Morgen berichtete er dem Zaren alles, was er gesehen hatte. Da ließ der Zar seine Tochter kommen und fragte sie aus, aber sie behauptete, nichts zu wissen. Nun hielt der Bursche ihr alles vor, was er gesehen hatte, auch das, was sie mit der Wiese, den Bäumen und dem Meer gesprochen hatte. Als sie immer noch leugnete, wickelte er aus seiner Jacke zum Beweis alle Kostbarkeiten, die er unterwegs mitgenommen hatte: Gras, Äpfel, Perlen und Geschirr vom Gastmahl. Da sah die Zarentochter, dass es keinen Ausweg mehr gab – man war ihr auf die Spur gekommen. Schweigend ging sie in ihr Zimer zurück. Der Zar aber hielt Wort und gab dem armen Burschen seine Tochter zur Frau.

Anmerkung: Das Märchen ist zu finden in: Hg.: Christian Strich, Bilder: Tatjana Hauptmann: Das große Märchenbuch. Die hundert schönsten Märchen aus ganz Europa. Diogenes Verlag Zürich, S. 328–334.

Dieses Märchen ist unter anderem wegen seiner kontraststarken Sprachbilder gut geeignet, die sich einsträngig, aber ereignisreich entwickeln und sich durch den Übergang von der diesseitigen in eine geheimnisvolle jenseitige Welt farbig entfalten. Es gibt interessante Sinnhorizonte, die sich durch die gegensätzlichen Bilder assoziativ erweitern lassen, beispielsweise mit: Zarentochter und Kleiderfetzen; armer Bursche, schlau, aber auch ein Dieb; Pracht einer Jenseitswelt, aber mit zersetzenden Spuren; reiche Zarentochter und armer Bursche; Liebe zu einem Jenseitigen und aufgezwungene Ehe, Wahrheit und Lüge …

16. Das Froschmädchen

(Märchen aus Albanien, nacherzählt)

Da waren einmal ein Mann und seine Frau, die waren schon alt und hatten keine Kinder. Als alle Gebete nichts halfen, machten sie eine Wallfahrt und baten Gott, er möge ihnen doch ein Kind schenken und wenn es auch ein Frosch wäre. Sie kehrten nach Hause zurück und nach neun Montane bekam die Frau tatsächlich ein Kind, doch was für eines? Einen Frosch! Aber das war doch besser als gar kein Kind zu haben.

Der Frosch hielt sich meistens im Weinberg auf, in dem der Mann arbeitete. Die Frau brachte ihrem Mann immer das Essen dorthin, aber irgendwann klagte sie: „Ach meine alten Füße wollen nicht mehr. Ich kann dir das Essen nicht mehr bringen." Das hörte die Froschtochter, die schon vierzehn Jahre alt war und sagte: „Dann bringe ich das Essen in den Weinberg". „Das geht doch nicht, liebe Froschtochter, du hast doch keine Hände und kannst den Topf nicht anfassen", sagte die Frau. „Doch, das geht. Setzt mir nur den Topf auf den Rücken und bindet ihn an meinen Beinen fest", erwiderte der Frosch. Und so geschah es und bald trug der Frosch seine Last bis zum Weinberg. Da er das Gitter dort nicht öffnen konnte, rief er den Alten, seinen Vater, der kam und nahm ihm den Topf ab und aß. Darauf sagte der Frosch: „Hebt mich auf einen Kirschbaum." Der Vater hob ihn hinauf und der Frosch fing an, so schön zu singen, dass man hätte meinen können, die Elfen singen dort.

Da kam ein Königssohn vorüber, der war auf der Jagd gewesen. Er lauschte dem Gesang; und als der beendet war, ging er zu dem Alten und frage: „Wer singt so schön?" Der Alte antwortete, er wisse es nicht, habe keinen gesehen, auch nichts gehört, er habe nur die Krähen über sich fliegen gesehen. „Bitte, sagt mir, wer es ist", drängte der Königssohn. „Ist es ein Mann, so soll er mein Kamerad sein, ist es ein Mädchen, so soll es mein Liebchen sein." Aber der Alte schämte sich und sagte wieder, er wisse es nicht. Darauf ging der Königssohn nach Hause.

Am anderen Tag brachte der Frosch wieder das Essen, danach setzte der Vater ihn in den Kirschbaum und der Frosch begann zu singen. Und siehe da! Wieder kam der Königssohn vorbei, nur, um den Gesang zu hören und zu erfahren, wer da singe. Das ganz Tal hallte von dem herrlichen Gesang.

Er ging erneut zum Alten und fragte, wer da singe. Aber der Alte sagte: „Ich weiß es nicht.“ „Wer hat dir denn dein Mittagessen gebracht“, fragte der Königssohn. Der Alte behauptete: „Ich bin selbst heim gegangen, war aber so müde, dass ich nicht essen mochte, deshalb habe ich das Essen hierher getragen.“ „Aber der Gesang ergreift mir das Herz“, rief der Königssohn. „Sagt mir, wer da singt. Ist es ein Mann, so soll er mein Kamerad sein. Ist es ein Mädchen, so soll es mein Liebchen sein.“ Der Alte sagte: „Ich würde es euch wohl sagen, aber ich schäme mich“. „Hab keine Angst, sondern sage es mir“, sprach der Königssohn.

Schließlich erzählte der Alte: „Es ist ein Frosch, der da singt, und er ist meine Tochter.“ „Sagt ihr, dass sie herabkommen soll!“ Da kam der Frosch vom Kirschbaum herab und begann noch einmal zu singen. Dem Königssohn hüpfte das Herz vor Freude und er bat sie: „Sei mein Liebchen. Morgen kommen die Bräute meiner Brüder und welche von ihnen die schönste Rose bringt, dem will der König das ganze Reich hinterlassen. Geh du als mein Liebchen dahin und bringe eine Rose, wie du sie ausgesucht hast“.

Der Frosch antwortete: „Ich werde kommen, wie du es wünschst, aber du musst mir vom Hof einen weißen Hahn schicken, auf dem will ich hinreiten.“ Der Königssohn war einverstanden und schickte einen weißen Hahn. Der Frosch aber ging zur Sonne und bat um Sonnenkleider. Am nächsten Tag bestieg er den weißen Hahn und nahm die Sonnenkleider mit. Als die Stadtwache den Frosch auf dem Hahn nicht einlassen wollte, drohte der, sich beim Königssohn zu beklagen. Da ließen sie ihn ein. Sowie Frosch und Hahn in der Stadt waren, verwandelte sich der Hahn in eine weiße Elfe und aus dem Frosch wurde das schönste Mädchen von der Welt. Es zog die Sonnenkleider an und nahm statt der Rose eine Weizenähre. So ging es zum Königspalast.

Der König trat erst vor das Liebchen seines ältesten Sohnes und fragte nach ihrer Rose. Sie zeigte eine wirkliche Rose. Dann trat er vor das Liebchen des zweiten Sohnes. Sie zeigte eine Nelke. Dann wandte er sich zu dem Liebchen seines jüngsten Sohnes, bemerkte gleich die Weizenähre und sagte:

„Du hast uns die schönste und nützlichste Rose gebracht. Man sieht, du weißt, dass man ohne Weizen nicht leben kann und dass du zu wirtschaften verstehst. Werde die Frau meines jüngsten Sohnes, dessen Liebchen du bist und ich will ihm mein Königreich hinterlassen.“ Und so wurde die Froschtochter Königin.

In: Brigitta Schieder: Erzähl mir doch ein Märchen. Don Bosco 1998, S. 70–73.

Anmerkung: Diese Zaubermärchen ist im Aufbau recht unkompliziert und in der Bilderfolge überschaubar. Als ermutigendes Moment erweist sich das absolute Vertrauen des Königssohn in den Frosch und in den verheißungsvollen Gesang; er überwindet damit alle äußere Befremdlichkeit. Der Königssohn erkennt Schein und Sein; bemerkenswert ist aber gleichermaßen die zielsichere Handlung des Frosches und insgesamt die Symbolik der Sprachbilder (z. B. mit dem Frosch, dem Gesang, dem Hahn, der Rose, der Weizenähre …) innerhalb der originellen Geschichte, die mit leichter Hand innere Werte beschreibt und von Vertrauen spricht.

17. Der Gärtner und der Gastwirt

(ein Märchen aus Syrien, nacherzählt)

Man sagt, es war einmal ein Gärtner, der war mit einem Gastwirt befreundet und das kam so: Er brachte alle zwei oder drei Tage zwei Doppelsäcke Gemüse auf den Markt. Dabei wurde er mit einem Mann bekannt, der ein Restaurant und Kochtöpfe hatte, der das Feuer anblies und kochte. Der Gärtner kam jeden zweiten oder dritten Tag bei ihm vorbei, allerdings ohne eine Gabe. Der Gastwirt hieß ihn freundlich willkommen und setzte ihm eilends ein köstliches Gericht vor; entweder mit Reis gefüllte Gemüsespeisen, einen Bohneneintopf oder einen Hammelbraten. Der Gärtner, der solche Speisen nicht gewöhnt war, aß und war mit dem Gastwirt sehr zufrieden.

Eines Tages sagte er zum Gastwirt: „Bitte, Abu Hassan, besuch uns mal.“ Der entgegnete: „Ja, wenn ich mal Gelegenheit finde.“ Und an einem Freitag sagte er zu sich: „Wahrlich, ich will den Gärtner besuchen. Er ist schon vier- oder fünfmal zu mir gekommen und ich habe ihm keinen Gegenbesuch gemacht.“ Er machte sich auf den Weg und wurde vom Gärtner mit einem „Herzlich willkommen, lieber Freund!“ begrüßt.

Der Gast setzte sich auf eine Strohmatte und sah sich um. Da gab es Aprikosen, Äpfel, Pflaumen auf den Bäumen und es gab Beete. O mein Auge, es war alles wie eine blühende Rose. „Bald wird er mir wohl eine Schüssel Aprikosen anbieten, dachte der Gastwirt, oder Äpfel oder verschiedene Früchte. Doch der Gärtner brachte ihm nichts und der Gast wartete vergeblich bis zum Nachmittag. Da nahm der Gärtner ein paar trockene Brotstücke, befeuchtete sie mit Wasser, bestreute sie mit Thymian und sagte: „Da, iss!“ Der erstaunte Gatswirt aß und war sehr entrüstet. „Verflucht noch mal,!“ sagte er zu sich. „Möge Allah ihn strafen! Da bin ich zu ihm gekommen, nachdem er vier-, fünfmal mich besucht hat und von mir bewirtet wurde. Verflucht nochmal. Ein paar Aprikosen – nimm doch ein paar Aprikosen ab und lass sie mich kosten!“ Entrüstet ging er seines Weges.

Der Gärtner blieb eine Weile aus, dann kam er wieder. „Sei willkommen, lieber Freund!“, begrüßte ihn der Gastwirt und stellte ihm einen Stuhl hin. Der Gärtner blieb lange da sitzen. Der Gastwirt war damit beschäftigt, einige Fische zu braten. In einem Topf kochte gefülltes Gemüse, in einem anderen Fleisch, in einem dritten Reis und Bohnen. Es war ein großes Restaurant, wo immer wieder Leute kamen und gingen.

Der Gärtner fragte nach einiger Zeit: „Na, Abu Hassan?“ „Hab Geduld!“ erwiderte der Gastwirt. Und immer wieder: „Na, Abu Hassan?“ – „Hab Geduld!“ So ging es weiter bis zum Nachmittag. Da nahm der Gastwirt einige übriggebliebene Brotkanten, die er in einen Korb legte, mit Wasser anfeuchtete und mit Koriander bestreute. Dies bot er seinem Gast an. Der Gärtner sprach: „Nein, Abu Hassan, was soll denn das heißen? Gib mir von den schönen Fischen!“ Da entgegenete der Gastwirt: „Wahrlich, Abu Faris, wenn du mir Aprikosen angeboten hättest, würde ich dir Fisch angeboten haben; aber ich fand, dass du mir Thymian angeboten hast. Deshalb biete ich dir nun Koriander an."

In: Märchen der Welt. Arabische Märchen. Fischer Tb., Nr. 2892, S. 150–151.

Anmerkung: Das Märchen ist gut geeignet, um gerade mit Flüchtlingen aus dem arabischen Raum über Gastfreundschaft, Essen, Rezepte usw. zu sprechen, wie wir es auch getan haben. Auch der Witz der Geschichte reizt dazu, sich darüber zu äußern.

18. Dschuha und der König

(ein Märchen aus Palästina, nacherzählt)

Dschuha war ein kluger Mann. Einmal wurde er vom König gefragt: „Kannst du in einer kalten Dezember- oder Januarnacht nackt und ohne Feuer eine Nacht im Freien verbringen? Wenn du das schaffst, erhältst du ein königliches Geschenk." Dschuha behauptete, das zu können und verbrachte wirklich ohne Kleider eine ganze Nacht auf einer Bergspitze. Wegen der eisigen Kälte wäre er fast erfroren.

Am nächsten Tag ging er zum König, und sagte: „O König der Zeiten, ich habe wirklich die letzte Nacht ohne Kleidung und Feuer im Freien verbracht. „Hast du durchaus kein Feuer gesehen?", fragte der König. „Nein", erwiderte Dschuha, „nur ein winziges Fünkchen in weiter Ferne". Da sprach der König: „Also hast du dich doch gewärmt, Dschuha!" „Ich soll mich daran gewärmt haben?", fragte Dschuha ungläubig. Doch der König blieb dabei.

Das will ich dir heimzahlen, dachte Dschuha bei sich. Er wartete, bis diese Begebenheit vergessen war. Eines Tages dann lud er den König und seine Minister zu einem Picknick im Freien ein. Die freuten sich. Dschuha ließ sie in seiner Gartenlaube Platz nehmen. Dann ging er mit seinen Töpfen und Geräten weiter in den Garten, wo er nicht gesehen werden konnte. Er hängte die Töpfe in die Äste eines hohen Baumes, machte ein kleines Feuer am Boden und setzte sich daneben.

Die Gäste sahen den Rauch und dachten, Dschuha koche. Die Mittagszeit ging aber vorüber und der König rief: „Wo bleibt das Mittagessen, Dschuha?" „Ich bin am Kochen, König der Zeiten. Das Kochen ist Sache des Feuers", antwortete Dschuha. „Beeil dich, wir haben Hunger", befahl der König, und Dschuha wiederholte: „Es hängt vom Feuer ab." So ging das stundenlang. Schließlich befahl der König, dass man aufstehe und nachschaue. Da fanden sie die Töpfe im Baum hängen, Dschuha aber saß seelenruhig am Feuer. Als der König das sah, fragte er verwundert: „Wie, die Kochtöpfe hängen im Baum und das Feuer ist auf der Erde? Wie sollen da die Speisen warm werden?"

Da entgegenete Dschuha: „So, wie ich warm geworden bin, als ich nachts in der Ferne ein Fünkchen sah! Die Töpfe sind ja gar nicht weit von dem Feuer hier entfernt, während ich ein Fünkchen in zwei Stunden Entfernung wahrnahm." Da merkte der König den Witz, lachte und sagte: „Lass gut sein, Dschuha. Setz die Töpfe jetzt aufs Feuer."

Da wurde nun fertig gekocht und sie speisten alle zusammen. Und der König gab Dschuha das Geschenk, das er ihm versprochen hatte.

In: Märchen der Welt. Arabische Märchen. Fischer Tb 2892, S. 130–131.

Anmerkung: Dschuha ist der arabische Eulenspiegel. Der Witz der Geschichte ist bald gut durchschaubar. Die Zeit wird hier in Stunden gemessen, die Anrede an den König wirkt blumig und ehrerbietig.

19. Die Geschichte von dem Holzhauer Alî

(aus: Arabische Märchen; nacherzählt)

Es war einmal ein Holzhauer mit Namen Alî, der hatte sieben Kinder, eine Frau und eine Kuh. Er zog jeden Tag hinaus und fällte Holz, aber so viel er auch fällte und verkaufte, das Geld reichte nie für mehr als Brot und Käse oder Brot und Oliven. Das war ein trübseliges Leben.

Eines Tages traf er auf der Straße eine Alte, die sagte: „Guten Tag, Sohn meines Bruders." Er antwortete: „Ich habe doch gar keine Tante", sie aber versicherte: „Doch, doch, ich bin deine Tante. Ich bin hergekommen, weil ich gehört habe, dass du arm bist. Du bist doch der Holzhauer Alî, deine Frau heißt Nafîsa und deine Kinder heißen soundo?" „Ja, und was willst du jetzt?", fragte der Holzhauer. „Ich will, dass ihr alle zu mir kommt und bei mir schlaft und esst und trinkt, so viel ihr wollt, und dass ihr es euch gut gehen lasst", sprach die Alte. „Hol deine ganze Familie, ich warte hier auf dich."

Der Holhauer ging heim und erzählte alles. Das sagte seine Frau: „Die Alte ist sicher eine Dämonin." „Nein, das ist meine Tante!" „Du hast ja gar keine Tante." „Ja, aber die Alte kannte alle unsere Namen". So ging das hin und her und schließlich gingen alle auf die Straße zu der Alten. Die nahm sie mit zu ihrem Haus und da war wirklich alles auf das Schönste eingerichtet. Sie bekamen zu essen und zu trinken und blieben vierzig Tage, ohne zu arbeiten. Sie schliefen in einem eigenen Raum und pflegten dort auch ihre Kuh hinter der Türe anzubinden.

Eines Nachts, während alle schliefen, wurde bei ihnen an die Türe geklopft und die Alte sprach dabei: „Weh, dass mein Korn und mein Öl vergingen; ich will meines Hauses Pfleglinge verschlingen!" Da antwortete die Kuh: „Mein Auge ist eine Lampe für dich und mein Schwanz ist eine Geißel für dich und wenn du hereinkommst, so stoße ich dich mit meinen Hörnern!". Als das die Alte, die eine Dämonin war, hörte, kehrte sie in ihr Gemach zurück. Aber jede Nacht kam sie und sprach die gleichen Worte, während die Kuh ihr antwortete, wie sie ihr das erste mal geantwortet hatte.

Eines Nachts aber hörte die Frau des Holzhauers zu und versuchte , ihren Mann zu wecken. Der wachte aber nicht auf und so schlief sie wieder ein. Am nächsten Morgen erzählte sie ihm, was sie gehört hatte. Doch der entgegnete: „Schweig still, lüge nicht, ist meine Tante nicht immer freundlich zu uns?" Und er glaubte ihr einfach nicht.

Am Mittag bat die Alte den Mann zu sich und sprach: „Sohn meines Bruders, was willst du mit der Kuh? Schau, wir haben doch so viele Kühe hier. Wir wollen die deine schlachten und aufessen."

Als der Holzhauer das seiner Frau berichtete, erschrak sie und sagte: „Das darf nie geschehen! Das würde gegen meinen Willen geschehen!". Er aber antwortete: „Doch, das geschieht auch gegen deinen Willen!" Und er packte die Kuh und schlachtete sie. Da nahm die Frau des Holzhauers einen Schenkel von der geschlachteten Kuh, gab ihn ihrem Sohn und sprach: „Nimm diese Keule und geh zu deiner Tante ins Zimmer; wenn du siehst, dass ihre Augen gelb sind, so gib ihr die Keule. Siehst du aber, dass ihre Augen rot und ihre Haare aufgelöst sind, so hüte dich, hüte dich, ihr zu nahe zu kommen. Wirf ihr nur die Keule Fleisch von der Tür aus zu und lauf zurück! Siehe, ich warne dich, hüte dich, gib acht!"

Das versprach der Sohn. Als er bei seiner Tante ankam, sah er von der Tür aus, dass ihre Augen rot wie Blut waren und sah ihre Haare in Unordnung. Da warf er ihr die Fleischkeule von der Tür aus zu, lief rasch zu seiner Mutter zurück und berichtete ihr, was er gesehen und getan hatte. „Das war gut so", sprach sie. Am Abend sagte sie zu ihrem Mann, dem Holzhauer: „Ich will nicht mehr hier bei der Alten bleiben. Wenn du hierbleiben willst, so tu nach deinem Belieben. Ich nehme meine Kinder und gehe nach Hause." Er antwortete: „Ich gehe nicht, ich will bei meiner Tante bleiben. Wenn du gehen willst, so gehe, tu, wie du willst."

Darauf holte sie aus dem Haus der Alten Reis, Mehl, Butter und von allem, was dort war, gab es ihren Kindern und ging dann mit ihnen fort.

Als der Alte sich alleine abends zum Schlafen gelegt hatte, kam die Dämonin und rief wieder: „Weh, dass mein Korn und mein Öl verrannen, meines Hauses Pfleglinge zogen von dannen." Als keine Antwort kam, ging sie ins Zimmer und sah, wie der Alte halbtot vor Angst dasaß. „Du bist mir nun verfallen", sagte sie. „Von wo an soll ich dich auffressen?" „Ich denke doch, du bist meine Tante", sagte der Mann. „Ach, schweig still, hier gibt es keine Tante. Sag, von wo an soll ich dich fressen?" rief die Alte wieder. Und dann packte sie ihn und fraß ihn auf und zermalmte seine Knochen.

Am nächsten Tag ging sie zum Haus der Frau. Die hatte aber einen Kessel voll Pech hinter die Türe gestellt. Als die Alte nachts an die Tür klopfte, öffnete die Frau und warf die Alte sogleich in den Kessel mit Pech, so dass sie starb. Dann schnitten sie alle zusammen die Alte auf. In ihrem Leib fanden sie goldene und diamantenbesetzte Ringe, da sie gerne junge Frauen gefressen hatte. Und nun gingen sie in das Haus der Alten, holten alles, was darin war und lebten in schönster Freude.

Daus, daus – die Geschichte ist aus.

In: Arabische Märchen. Aus mündlicher Überlieferung gesammelt und übertragen von Enno Littmann. Insel taschenbuch 779, 2016[4]; S. 403–406.

Anmerkung: Die herbe Geschichte, die ich erst älteren TN bzw. Erwachsenen erzählen würde, zählt zu den arabischen Gruselgeschichten und lässt ansatzweise eine Verwandtschaft mit 'Hänsel und Gretel' (KHM 15) ahnen. Allerdings tauchen in der arabischen Fassung die Schätze im Körperinneren der Dämonin auf (vs. im Hexenhaus), sie stirbt durch Pech (vs. dem Feuertod) und eine Mutter führt ihre ganze bedrohte Kinderschar in die Sicherheit zurück (vs. Aussetzung von Hänsel und Gretel durch die Eltern). Die Dämonin zählt zu den Menschenfressern und entspricht weitgehend der Hexe in europäischen Märchen. Wenn man einer arabischen Dämonin ihre verwilderten Nägel schneidet und ihre Haare pflegt, kann sie sich hilfsbereit zeigen. Im vorliegenden Märchen erkennt man die Alte als Dämonin an ihren Augen und dem aufgelösten Haar. – Für Kinder eher geeignet ist 'Hänsel und Gretel', das trotz seiner grausigen Züge weniger archaisch wirkt als die Geschichte vom Holzhauer, der aber ältere TN reizen wird.

20. Die vierzig Räuber

(aus: Türkische Märchen; motivisch im vorderen Orient als „Ali Baba und die vierzig Räuber" bekannt; nacherzählt)

In früherer Zeit lebten zwei Brüder mit Namen Kasim und Ali Baba. Kasim war reich, Ali aber arm. Ali schlug jeden Tag im Wald Holz, brachte es mit seinem Esel in die Stadt und verkaufte es. Eines Tages sah er beim Holzfällen, dass aus der Ferne viele Reiter herangaloppierten. Schnell kletterte er auf einen Baum und versteckte sich. Von dort beobachtete er vierzig Räuber, die mit ihren vierzig Kisten vom Pferd stiegen. Ihr Anführer sprach vor einer von Gestrüpp verdeckten Tür laut: „Sesam, öffne dich!" Da öffnete sich die Türe sofort. Alle gingen hinein und schlossen die Türe hinter sich.

Lange musste Ali warten, bis die Räuber wieder heraustraten. Der Anführer sprach nun: „Sesam, schließe dich!" und da schloss sich die Tür.

Als alle vierzig verschwunden waren, stieg Ali vom Baum, ging zu dieser seltsamen Tür und sprach: „Sesam, öffne dich!". Da ging die Türe auf. In der Höhle entdeckte er in goldenen und kristallenen Schüsseln zahllose Diamanten, Perlen und Rubine. Er war ganz verwirrt von der Pracht. Dann aber füllte er so viel Gold und Edelsteine in die Tragtaschen, wie sein Esel tragen konnte. Beim Hinausgehen sprach er: „Sesam schließe dich!", und er verließ mit seinem Esel und den Schätzen den Wald.

Zuhause erzählte er seiner Frau sein Erlebnis und schärfte ihr ein, niemandem etwas davon zu sagen. Sie wurden reich, konnten aber gar nicht so viel verkaufen, wie sie an Gold und Edelsteinen besaßen. Schließlich wollten sie das Gold wiegen. Ali ging zu seinem Bruder Kasim, um eine Waage zu leihen. Kasims Frau war neugierig, was es da zu wiegen gebe und bestrich heimlich eine Waagschale am Grund mit Honig.

Nach dem Wiegen brachte Ali die Waage zurück und bemerkte dabei nicht das Gold, das am Honig festklebte. Als Kasim nun von der Arbeit heim kam, rief seine Frau gleich: „Wenn du meinst, wir wären reich, dann irrst du dich. Dein Bruder ist noch viel reicher. Sein Geld zählt er nicht, sondern wiegt es sogar."

Kasim wurde neidisch und verbrachte eine schlaflose Nacht. Am nächsten Morgen ging er zu Alis Frau. Da merkte sie, dass Kasim Wind von der Sache bekommen hatte und sie sprach zu ihm: „Verrate keinem etwas davon. Wir wollen uns das Gold teilen." Kasim aber bedrängte Ali Baba so lange, bis dieser erzählte, wie er das Gold gefunden hatte.

Da beschloss Kasim, sich selber den größten Teil des Schatzes zu holen. Mit Mauleseln ging er in den Wald und rief vor der Türe: „Sesam, öffne dich!" Sie ging auf, er ging hinein und die Tür schloss sich hinter ihm.

Um das viele Gold und die Edelsteine auf die Maultiere zu laden, ging er zur Tür, aber dort hatte er vergessen, was er sagen musste, um sie zu öffnen. Da war doch etwas mit einem Getreidenamen ... Er rief: „ Gerste, öffne dich! Hirse, öffne dich! Weizen, öffne dich!" ... Aber die Türe blieb verschlossen und nun begann Kasim vor Furcht zu weinen.

Nach einigen Stunden kamen die Räuber zu ihrer Höhle. Als sie die Maulesel vor der Türe sahen, war ihnen klar, dass ihr Geheimnis an den Tag gekommen war. Mit gezücktem Schwert in der Hand rief der Anführer: „Sesam öffne dich!". Da ging die Türe auf und Kasim stürzte heraus, um zu fliehen. Aber er konnte den Räubern nicht entkommen. Inmitten seiner Schätze töteten sie ihn.

In: Türkische Märchen. Diederichs Märchen der Weltliteratur. Hg. und übertragen von Otto Spieß. rororo. Tb., S. 138–140.

Anmerkung: Der Stoff stammt aus '1001 Nacht' und ist zu einem Volksmärchen geworden. Für TN mit entsprechendem Migrationshintergrund ist die Ali Baba-Geschichte ein bekanntes Erzählgut, aber auch so gut wie jedes deutsche Kind wird irgendwann mit diesem 'Klassiker' vertraut gemacht. Das Phänomen von Gier und Neid findet in jedem Resonanz; dabei ist der einsträngige Erzählverlauf mit eindrucksvollen Sprachbildern versetzt (Räuber, Schatzhöhle, Gold und Edelsteine, Maultiere, verräterische Waage, magischer Spruch ...). Auch diese Geschichte kann zum Auslöser für weitere Märchen unter den TN einer Lerngruppe werden.

21. Die Katze und der Löwe

(ein Märchen aus der Türkei; nacherzählt)

Ein Löwe war alt geworden und schlief deshalb mit offenem Maul. Da aber zwischen seinen Zähnen immer die Fleischreste seiner letzten Mahlzeit steckten, kamen die Mäuse in sein Maul spaziert und fraßen die Reste auf. Das störte seinen Schlaf und so bat er die kluge Katze, ein paar Tage bei ihm zu bleiben und die Mäuse alle aufzufressen. Das tat die Katze und hatte auf einmal ein bequemes Leben, denn Fleisch gab es nun genug.

Da dachte sie: „Dieses schöne Leben möchte ich behalten. Ich werde meine Arbeit einfach in die Länge ziehen, indem ich die Mäuse nur erschrecke und verjage. Dann kommen sie immer wieder zurück." Dem Löwen aber erklärte sie jeden Abend, wie schwierig es sei, die vielen Mäuse zu fangen und zu fressen.

Nach einiger Zeit gebar die Katze Junge. Die versorgte sie bestens mit Milch und Fleisch. Und als die Jungen größer wurden und selbst jagen konnten, ermahnte die Katzenmutter ihre Kinder, die Mäuse nur zu erschrecken, aber nicht zu fressen, damit sie ihr schönes Leben weiterführen könnten.

Eines Tages hatte der Löwe die Katze mit einem Auftrag weggeschickt. Die unerfahrenen Kätzchen aber vergaßen die Ermahungen ihrer Mutter und fraßen innerhalb von zwei Tagen alle Mäuse auf. Als die Katzenmutter zurückkam, sah sie die schlimme Lage und hatte Angst, vom Löwen nun fortgejagt zu werden.

Sie suchte überall nach Mäusen, fand aber keine mehr. Da erklärte sie ihren Kindern die schwierige Lage und sagte, sie sollten ins Löwenmaul klettern und Fleisch holen, aber ohne zu kratzen.

Ein Kätzchen stieß jedoch aus Versehen mit seinen spitzen Krallen ins Zahnfleisch des Löwen; der wachte auf und sprang hoch. Da rief die Katzenmutter schnell: „In deinem Maul waren Mäuse; meine Kinder haben sie vertrieben!" Ein andermal verschluckte der Löwe sogar ein Katzenkind. Da bekam die Katzenmutter Angst. Sie verkündete in der ganzen Nachbarschaft, die Mäuse sollten doch wieder kommen, sie würde ihnen nichts tun und sie nur wie früher erschrecken. Aber keine einzige Maus kam zurück.

Als der Löwe bemerkte, dass es gar keine Mäuse mehr gab und die Katze ihm etwas vormachen wollte, jagte er die ganze Katzenfamilie davon. Zum Abschied meinte die Katzenmutter freundlich: „Schade, wir hatten uns aneinander gewöhnt, aber die unerfahrenen Jungen haben sich eingemischt. Vergib mir, wenn ich etwas gegen dich verschuldet habe! Wenn wir am Leben bleiben, sehen wir uns sicher wieder."

In: Türkische Märchen. Diederichs Märchen der Weltliteratur. Hgeg. und übertragen von Otto Spieß. Rowohlt Taschenbuchverlag Reinbek bei Hamburg. S. 257–259.

Anmerkung: Das ungewöhnliche Paar in Gestalt von Groß- und Kleinkatze und die Mäuse setzen rasch Assoziationen frei, die ein inhaltliches Verstehen erleichtern. Reizvoll ist das Spiel von latenter Gefahr und Versöhnlichkeit. Das Märchen steht auch in: Zitzlsperger, Helga: Striezel, ein Katzenleben. Ein erzählendes Sachbuch über Leben und Verhalten von Katzen – mit Mythen und Märchen. Schneider Verlag Hohengehren 2017.

7.2 Ausblick PRAXIS: Märchen und Geschichten vertiefen

Dieses Kapitel wird nur angedeutet, um die Vielfalt der Möglichkeiten zu zeigen. Hilfreich zur Realisierung ist z. B. das Buch von Zitzlsperger, Helga: *Märchenhafte Wirklichkeiten* (2007) mit vielen erprobten, kreativen, pädagogisch-didaktisch fundierten Vorschlägen. Es gibt aber noch viel mehr Praxisorientiertes auf dem Markt; suchen lohnt sich. Mit 'Märchen' sind im Folgenden generell Märchen, Sagen, Geschichten, Bilderbücher usw. gemeint:

Vorschläge:

Mit Märchenmotiven auf selbst hergestellten Karten spielen: Memory, Terzett, Quartett; Karte ziehen und über das Motiv erzählen – Aus je zwei/drei Karten eine neue Geschichte fabulieren – Kartenstapel, der Reihe nach in der Gruppe Karte ziehen, damit eine Geschichte gemeinsam weiterfabulieren – Bilderbuch anlegen, gemalt oder mit Collage – Märchen aus dem Kulturkreis der TN vorlesen oder erzählen (lassen), gemeinsam Thema gestalten – Textbilder entwerfen – Märchenabläufe in kleinen Skizzen zeichnen: als Erzählhilfe – Lieblingsmotiv malen – Wachsgraffitto – Figuren aus Kleister und Zeitungspapier herstellen, farbig bemalt, für szenisches Spiel angefertigt: Köpfe von Riesen, Zwergen, Drachen o.ä., auch

Früchte, Geschirr und derlei – Wappen für den Helden der Geschichte entwerfen – Dichten: Haiku, Elfchen oder eine andere Gedichtform mit der Essenz eines Märchens verfassen – Klangillustrationen: Geräusche, Töne, Klänge zu einzelnen Figuren und Handlungen entwerfen, als Folge zusammenstellen – Rollenspiele: für einzelne Szenen oder die ganze Handlung – Interessant gestalteter Lesevortrag – Ratespiele mit Pantomimen – Tierbuch mit Märchentieren anlegen: malen oder Ausgeschnittenes aufkleben und beschriften, z. B. Frösche, Vögel, Füchse, Drachen, Wölfe, Pferde, Bienen, Ameisen, Enten, Katzen ... – Speisekarten entwerfen, z. B. für den Zaren, das Hochzeitsfest, für die starken Zwillinge, den Gärtner, den Gastwirt usw. – Mehrgliedriges Leporello mit aufgemalten Szenerien, Lücken, Durchgängen für Diesseits- und Jenseitsdimensionen herstellen, Spiel darin mit den Schafwollfiguren (oder anderen Figürchen) – Schattentheater – Tischtheater: mit Figuren in einer umfassenden Szenerie spielen: Elemente für Behausung, Wasser, Wald, Berg, Schloss, Höhle (mit Tüchern Moos, Steinen usw.), am Tisch von allen Seiten bespielbar – Spiel mit Stockhandpuppen – Inhalt als Bild abstrahiert darstellen, reduziert auf Grundformen (Kreise, Dreiecke, Recht- und Vielecke, die durch Farben, Größenverhältnisse usw. symbolisch vertieft werden, ebenso durch symbolisch wirkende Positionen der Zeichen (Nähe, Ferne, Gruppierungen) – Bilder mit Szenerien in Wachsfarben, Wachsschmelztechnik oder Wasserfarben, dazu aufgeklebte Scherenschnittfiguren – Nachrichtensprecher im Rundfunk oder Fernsehen, der dramatisierend berichtet, was (im Märchen) passiert ist—Fenstertransparente (mit Seiden- und Transparentpapier) – Räumliche Szenen in Kartons oder Kästen mit Requisiten, bespielbar – Gemeinsam einen Gedichtband (gesammelte Haiku, Elfchen, gereimt usw.) zu bekannten Märchen entwerfen – gemeinsam einen Band mit entsprechenden Comics entwerfen – Interkulturelles Märchenfest mit entsprechenden Speisen und Getränken – Pantomimisches Rätselraten – Hörspiel – Märchenspaziergang in derNatur – Gerichtsspiel: Anklage, Kläger und Verteidigung der 'Schädiger' ... und sicher weiß jeder noch andere Vertiefungsformen.

7.3 Kleine Übersicht über die Märchen

Übersicht über die kurz kommentierten Märchen:

1. Rotkäppchen (KHM 26)
2. Der gestiefelte Kater (KHM Anh.5 / Perrault)
3. Der süße Brei (KHM 103)
4. Die Bremer Stadtmusikanten (KHM 27)
5. Der Froschkönig (KHM 1)
6. Fundevogel (KHM 51)
7. Die Bienenkönigin (KHM 62)
8. Frau Holle (KHM 24)

Übersicht über die Gesamtfassungen:

9. Die Geschichte vom dicken, fetten Pfannkuchen (Norwegen)
10. Die Rübe (Russland)
11. Das goldene Fischchen (Russland)
12. Der Fuchs und der Krebs (Russland)
13. Klein Marja (Russland)
14. Die starken Zwillingsbrüder (Polen)
15. Die Nachtschwärmerin (serbokroatisch)
16. Das Froschmädchen (Albanien)
17. Der Gärtner und der Gastwirt (Syrien)
18. Dschuha und der König (Palästina)
19. Die Geschichte von dem Holzhauer Ali (arabisch)
20. Die vierzig Räuber (Türkei/Vorderer Orient)
21. Die Katze und der Löwe (Türkei)

Literatur

Abraham, Ulf mit Knopf, Julia: BilderBücher in den Bildungsstandards und im Deutschunterricht. In: Knopf, Julia; Abraham, Ulf (Hg.): BilderBücher. Schneider Verlag Hohengehren, Baltmannsweiler; vollst. überarbeitete Neuauflage 2019.

Armbruster, Joachim: Warum Kinder Angst haben – Kinderängste verstehen und bewältigen helfen. Freiburg 2013.

Arndt, Marga; Singer, Waltraud (Hg.): Das ist der Daumen Knuddeldick. Ravensburger Buchverlag 2009.

Ayres, A. Jean: Bausteine kindlicher Entwicklung. Sensorische Integration verstehen und anwenden. Im Text zit. nach Original von 1984. völlig neu überarbeitete 6. Aufl. 2016. Springer Verlag, Heidelberg, Berlin, New York [5]2013.

Bauer, Angelina: Die Angst überwinden und stark sein. Märchen zum Gelingen des Lebens. Verlagshaus Gütersloh 2002.

Bauer, Ernst: Humanbiologie. Berlin 1976, Cornelsen 2006.

Baddeley, Alan: So denkt der Mensch. Unser Gedächtnis und wie es funktioniert. Knaur München 1990.

Belgrad, Jürgen und Schünemann, Ralf: Leseförderung durch Vorlesen: Ergebnisse und Möglichkeiten eines Konzepts zur basalen Leseförderung. In: Eriksson, Brigit und Behrens, Ulrike (Hg.): Sprachliches Lernen zwischen Mündlichkeit und Schriftlichkeit. Bern: hep verlag 2011, S. 144–171.

Betz, Otto: Märchen als Weggeleit. Echter Verlag, Würzburg 1998.

Bücken, Hajo: Kimspiele. Spiele zum Sehen, Schmecken, Riechen, Tasten, Hören und Denken. dtv spiele, München 1987/1996.

Butzkamm, Wolfgang und Butzkamm, Jürgen: Wie Kinder sprechen lernen. Kindliche Entwicklung und die Sprachlichkeit des Menschen. Francke, Tübingen 2004.

Damasio, Antonio: Am Anfang war das Gefühl. Der biologische Ursprung menschlicher Kultur. Siedler, München 2017.

Diepmann, Rita: Die 50 besten Fingerspiele. Don Bosco, Minispielothek. dtv München 2013.

Eberhard-Metzger, Claudia: Glück ist, wenn die Chemie stimmt. In: Bild der Wissenschaft 3/1999. Konradin Medien GmbH, Leinfelden Echterdingen. ISSN 0006-2375.

Eccles, John: Strukturelle und funktionelle Veränderungen, die möglicherweise Bezug zum Gedächtnis haben. In: Popper, Karl und Eccles, John: Das Ich und sein Gehirn. München, Zürich 1987.

Ebenda: Willkürmotorik (Kap. E3) und: Selbstbewusster Geist und das Gehirn (Kap. E7)

Evaluation: Erzählzeit IPP München, Dateiformat: PDF (mit Bericht) – www.erzaehlzeit: mit Dokumentation. – http://www.ipp-muenchen.de/texte/ap_9.pdf – Arbeitspapier Nr. 9.

Faller, Adolf; Schünke, Michael und Schünke, Gabriele: Der Körper des Menschen – Einführung in Bau und Funktion. Thieme, Tb. 17. Aktualisierte Aufl. 2016.

Fröbel, F.: Mutter- und Koselieder sowie auch Lieder zu Körper-, Glieder- und Sinnesspielen. Blankenburg 1844.

Gartner, Bettina: 11 Gründe, warum Lesen klug macht. In: bild der wisssenschaft: Wissenschaftsmagazin, 55. Jahrgang, 7/2018. Konradin Medien GmbH, Leinfelden Echterdingen. ISSN 0006-2375.

Haas, Gerhard: Märchen: Wege in die Welt – Wege in die Literatur. In: Wardetzky, Kristin und Zitzlsperger, Helga (Hg.) im Auftrag der Märchen-Stiftung Walter Kahn in Verbindung mit der Europäischen Märchengesellschaft: ‘Märchen in Erziehung und Unterricht heute’. Band II. Schneider Verlag Hohengehren, Baltmannsweiler 1997; S. 44 bis 58, bes. S. 48 f.

Hannaford, Carla: Bewegung – das Tor zum Lernen. VAK Freiburg. Zit. aus 1997. Neuauflage: [9]2016.

Hark, Helmut (Hg.): Lexikon Jungscher Grundbegriffe. Mit Originaltexten von C. G. Jung. Walter-Verlag, Olten 1988. Für 'Phantasie' zusammengefasst aus GW 16, § 98, in Hark, S. 125–127; für 'Symbol' zusammengefasst aus GW 6; § 903, in Hark, S. 157–161 (vgl. Jung, Carl Gustav).

Heger, Dietmar: Überlegungen zu: Phantasie in der Entwicklung. In: Wardetzky, Kristin / Zitzlsperger, Helga (Hg.): Märchen in Erziehung und Unterricht heute. Band II: Didaktische Perspektiven. Im Auftrag der Märchen-Stiftung Walter Kahn. Schneider Verlag Hohengehren, Baltmannsweiler. 1997, S. 59–77.

Hessbrügge, Rolf: Raus aus der Smartphone-Falle. In: bild der wissenschaft, Oktober 2018 ISSN 0006-2375, S. 80–85. Konradin Mediengruppe. Die Studie unter: www.wissenschaft.de/magazin/die-nachrichtenquellen

Hofbauer, Friedl: Minitheater. Fingerspiele, Spielgedichte. G&G Verlag 2004.

Holzwarth, Constanze : „Schülern empfehle ich: Lernt, wie man lernt!" In: bild der wissenschaft, 55. Jg., Juni 2018, S. 37. Konradin Mediengruppe.

Hoppe-Graff, Siegfried / Hye-On Kim: Die Bedeutung der Medien für die Entwicklung von Kindern und Jugendlichen. In: Oerter, Rolf und Montada, Leo: Entwicklungspsychologie. Beltz; Weinheim, Basel, Berlin 2002, S. 907 ff., Kap. 3.3 (S. 916–919). Zitat S. 918.

Hübsch, Nikola und Wardetzky, Kristin (Hg): Zeit für Geschichten. Erzählen in der kulturellen Bildung. Schneider Verlag Hohengehren, Baltmannsweiler 2017.

Hüther, Gerald: Weshalb wir Märchen brauchen. Neurobiologische Argumente für den Erhalt einer Märchenerzählkultur. In: Lox, Harlinda; Schmidt, Werner und Bücksteeg, Thomas: Stimme des Nordens in Märchen und Mythen. Märchen und Seele. Urania Königsfurt 2006, S. 124–136.

Hynek Burda; Bayer, Peter und Zrzavy, Jan: Humanbiologie. Utb/basics, Band 4130, Verlag Eugen Ulmer, Stuttgart 2014.

Illert (1997): Die Hand – Geniestreich der Evolution. In: GEO Nr. 7, Juli 1997, S. 120–138.

Jung, Carl Gustav: Die Gesammelten Werke von C.G.Jung. Hgeg. von Lilly Jung-Merker und Elisabeth Rüf. Walter-Verlag, Olten 1988.

Kniess, Michael: Im Internet unter: 'Vorlesestudie 2019. Warum Vorlesen mehr als Vor – lesen ist' (Aufruf: 29.10.2019).

Lippert, Herbert: Lehrbuch der Anatomie. Elsevier, München 1993, [8]2011.

Lippert, H.; Herbold, Desirée; Lippert-Burmester; Wunna: Anatomie: Text und Atlas. 1989. Elsevier München, neubearb. und erweitert [9]2010.

Linder Biologie, Gesamtband. Hg.: H. Bayerhuber und U. Kull. Schroedel Schulbuchverlag. [20]2005.

Linder Biologie, Gesamtband: Hg.: U. Kull. Westermann [24]2019.

Lüthi, Max: Das europäische Volksmärchen. Form und Wesen. Eine literaturwissenschaftliche Darstellung. UTB Francke Verlag München 2005.

Lüthi, Max: Märchen. Sammlung Metzler 2004.

Manassi, Sabina: Einführung. In: Tomatis, A.: Der Klang des Lebens. (s. unter Tomatis 1987/2000).

Merkel, Johannes: „… und damit sind wir nicht unwissend" – Erzähler als Volksbildner in historischen Erzähltraditionen. Öffentliches Erzählen als gesellschaftliches Medium. In: Hübsch, Nikola und Wardetzky, Kristin (Hg.): Zeit für Geschichten. Erzählen in der kulturellen Bildung. Schneider Verlag Hohengehren, Baltmannsweiler 2017, S. 15–23.

Oksaar, Els: Spracherwerb des Kindes. Psycho- und pädolinguistische Aspekte. In: Lange, G.; Neumann, K.; Ziesenis, W. (Hrsg.): Taschenbuch des Deutschunterrichts. Grundlagen – Sprachdidaktik – Mediendidaktik. Bd. 1; 6., vollst. überarb. Aufl.; Jubiläumsgabe, Schneider Verlag Baltmannsweiler 2003[8].

Petzold, Bettina und Erler, Luis (Hg.): Bilderbücher im Blickpunkt verschiedener Wissenschaften und Fächer. W.nostheide verlag gmbh. 1990 (mit Beiträgen von A. C. Baumgärtner, I. Baldauf, O. Beisbart. L- Fried, B. Jürgens, B. Petzold und J. Thiele).

Popper, Karl/Eccles, John: Das Ich und sein Gehirn. Piper Verlag, München 1989.

Radigk, Werner: Kognitive Entwicklung und zerebrale Dysfunktion. Verlag modernes Lernen, Dortmund 1991, [4]1998.

Röhrich, Lutz: Märchen und Wirklichkeit. Schneider Verlag Hohengehren:, Baltmannsweiler 2001.

Röhrich, Lutz: „und weil sie nicht gestorben sind …". Anthropologie, Kulturgeschichte und Deutung von Märchen. Böhlau Verlag, Köln, Weimar, Wien 2006.

Rölleke, Heinz: Alt wie der Wald. Reden und Aufsätze zu den Märchen der Brüder Grimm. Wissenschaftlicher Verlag, Trier 2006.

Rogge, Jan-Uwe: Kinder haben Ängste: Von starken Gefühlen und schwachen Momenten. Rowohlt; Reinbek bei Hamburg 2001.

Schachl, Hans: Was haben wir im Kopf? Die Grundlagen für gehirngerechtes Lernen. Veritas, Linz 2005.

Schäfer, Claudia: Hilfe, mein Kind spricht nicht richtig! Sprachförderung in der Familie. Deutscher Taschenbuch Verlag, München 2007.

Schenda, Rudolf: Fingererzählungen. In: Enzyklopädie des Märchens. Handwörterbuch zur historischen und vergleichenden Erzählforschung. Hg.: Kurt Ranke u. a., Berlin, New York 1977 ff.

Sennlaub, Gerhard: Und mittendrin der freche Hans. Gedichte für Grundschulkinder. Cornelsen, Berlin 1993, 2009.

Stiftung Lesen u. a. (2011): Die Bedeutung des Vorlesens für die Entwicklung von Kindern. Repräsentative Befragung von 10- bis 19-Jährigen. Eine Studie der Stiftung Lesen, der Deutschen Bahn und der ZEIT. Online: http://www.stiftunglesen.de/vorlesestudie-2011 [21.12.2012]. Dazu Folgestudien, s. stiftunglesen.de 2019.

Szagun, Gisela: Sprachentwicklung beim Kind. Beltz, Weinheim Basel, neu ausgestattete Ausgabe [6]2016.

Siegmüller Julia und Bartels, Henrik (Hg.): Leitfaden – Sprache, Sprechen, Stimme, Schlucken. Elsevier GmbH Deutschland 2017. ISBN 978-3-437-477843.

Singer, Waltraud und Funke, Cornelia: Sprachspiele für Kinder. Über 300 lustige Verse und Geschichten. Ravensburger 2005.

Spectrum der Wissenschaft, Wissenschaftsmagazin seit 1978. Titel hier: Gehirn und Nervensystem Heidelberg 1988[9]. ISBN 3-922508-21-9.

Spitzer, Manfred: Digitale Demenz: Wie wir uns und unsere Kinder um den Verstand bringen. Verlag Droemer 2012.

Spitzer, Manfred: Cyberkrank!: Wie das digitalisierte Leben unsere Gesundheit ruiniert. Verlag Droemer HC 2015.

Stöcklin-Meier: Eins, zwei, drei, Ritsche Ratsche Rei. Kinderspielverse zum Necken, Lachen, Hüpfen, Tanzen. Aarau 1999, Kösel 2004.

Tenzer, Eva: Immer der Nase nach! Was den Menschen zum Geruchstier macht. In: bild der wissenschaft. Wissenschaftsmagazin, 55. Jahrgang, Januar 2018, S. 62–68. Konradin Mediengruppe, ISSN 0006-2375-55.

Thiele, Jens: Das Bilderbuch. Ästhetik – Theorie – Analyse – Didaktik – Rezeption. Isensee Verlag Oldenburg 2000.

Tomatis, Alfred: Der Klang des Lebens – vorgeburtliche Kommunikation – die Anfänge der seelischen Entwicklung. Reinbek bei Hamburg 1989, [12]2000.

Wardetzky, Kristin und Weigel, Christiane: Sprachlos? Erzählen im interkulturellen Kontext. Erfahrungen aus einer Grundschule. Schneider Verlag Hohengehren [2]2010.

Wardetzky, Kristin: Inkubationszeit des Mündlichen. Über das Zuhören beim Märchenerzählen. In: Dehn, Mechthild und Merklinger, Daniela (Hg.): Erzählen – vorlesen – zum Schmökern anregen. Grundschulverband e. V. Frankf. am Main, Bd. 139, 2014, S. 47–55.

Wiedenmann, Marianne und Holler-Zittlau, Inge (Hg.): Handbuch Sprachförderung. Basiswissen – integrative Ansätze, Praxishilfen. Beltz, Weinheim 2007.

Wygotski, L.: Denken und Sprechen. Frankfurt a. M. 1969.

Zimmer, Renate: Handbuch der Sinneswahrnehmung. Grundlagen einer ganzheitlichen Erziehung. Herder, Freiburg i. Br.1995 Dieselbe in Neuauflage: Handbuch der Sinneswahrnehmung. Grundlagen einer ganzheitlichen Bildung und Erziehung. Freiburg 2019.

Zimmermann, Harm-Peer: „Das Fürchten lernen“. Warum und inwiefern haben die Brüder Grimm Grausamkeiten in Märchen gerechtfertigt? In: Lox, Harlinda; Lukas, Ricarda und Lutkat, Sabine (Hg.): Das Böse. Gedeutet von Märchen, Philosophie und Religion. Forschungsbeiträge aus der Welt der Märchen; im Auftrag der Europäischen Märchengesellschaft. Königsfurt-Urania, Krummwisch 2016, S. 31–46.

Zitzlsperger, Helga: Ganzheitliches Lernen. Welterschließung über alle Sinne. Beltz, Weinheim/Basel 1995.

Zitzlsperger, Helga: Märchenhafte Wirklichkeiten. Beltz, Weinheim/Basel 2007.

Zitzlsperger, Helga: Vom Gehirn zur Schrift. Handbuch Anfangsunterricht. Schneider Verlag Hohengehren, Baltmannsweiler 2008.

Zitzlsperger, Helga: Haben Märchen einen Bildungswert? In: Lox, Harlinda; Lukas, Ricarda und Lutkat Sabine (Hg.): Vom Geben und Vergeben im Alter/Kinder brauchen Märchen. Veröffentlichung der Europäischen Märchengesellschaft, Bd. 39. Königsfurt Urania, Krummwisch 2014, S. 205–224.

Zitzlsperger, Helga: Wollen oder brauchen Kinder das Böse im Märchen? In: Lox, Harlinda und Hirsch Angelika (Hg.): Das Böse. Gedeutet von Märchen, Philosophie und Religion. Forschungsbeiträge aus der Welt der Märchen, im Auftrag der Europäischen Märchengesellschaft. Köngsfurt-Urania, Krummwisch 2016. S. 83–103.

Literatur zu den ausgeführten Märchen: Die Quellenangaben hierzu stehen unter „Anmerkungen“ am Ende der jeweiligen Märchen (s. Kap.7.1).